Entwicklung europäischer Grenzräume
bei abnehmender Bedeutung nationaler Grenzen

Deutsch-dänische und deutsch-niederländische Grenzräume
im europäischen Integrationsprozess

AM Nr. 308
Best.-Nr. 308
ISBN 3-88838-308-0
ISSN 0946-7807
Alle Rechte vorbehalten • Verlag der ARL • Hannover 2004
© Akademie für Raumforschung und Landesplanung
Druck: poppdruck, 30851 Langenhagen

Bestellmöglichkeiten:

über den Buchhandel

VSB Verlagsservice Braunschweig GmbH
Postfach 47 38
38037 Braunschweig
Tel. (0 18 05) 7 08-7 09
Fax (05 31) 7 08-6 19
E-Mail: vsb-bestellservice@westermann.de

Onlineshop auf der ARL-Homepage:
www.ARL-net.de (Rubrik „Bücher")

Verlagsanschrift:
Akademie für Raumforschung und Landesplanung (ARL®)
Hohenzollernstraße 11, 30161 Hannover
Tel. (05 11) 3 48 42-0, Fax (05 11) 3 48 42-41
E-Mail: ARL@ARL-net.de
Internet: www.ARL-net.de

Akademie für Raumforschung und Landesplanung

ARBEITSMATERIAL

Entwicklung europäischer Grenzräume bei abnehmender Bedeutung nationaler Grenzen

Deutsch-dänische und deutsch-niederländische Grenzräume im europäischen Integrationsprozess

Ludwig Thormählen (Hrsg.)

Nr. 308 Hannover 2004

Autorinnen und Autoren
zugleich Mitglieder der Arbeitsgruppe
„Europäische Grenzräume in Nordwestdeutschland"
der Landesarbeitsgemeinschaft Bremen, Hamburg, Niedersachsen,
Schleswig-Holstein der ARL

Rainer Danielzyk, Dr., Prof., Direktor des Instituts für Landes- und Stadtentwicklungsforschung und Bauwesen des Landes Nordrhein-Westfalen, Dortmund, Ordentliches Mitglied der ARL

Huib Ernste, Dr., Prof., Vakgroep voor Sociale Geografie, Head of the Department of Human Geography, University of Nijmegen, Netherlands

Hayo Herrmann, Dr., Wiss. Mitarbeiter am Institut für Regionalforschung, Universität Kiel, Korrespondierendes Mitglied der ARL

Hans-Ulrich Jung, Dr., Prof., Wiss. Mitarbeiter am Niedersächsischen Institut für Wirtschaftsforschung e.V., Hannover, Korrespondierendes Mitglied der ARL

Konrad Lammers, Dr., Abteilungsleiter Europäische Integration, Hamburgisches Welt-Wirtschafts-Archiv, Hamburg, Ordentliches Mitglied der ARL

Michael Schack, Assistent Professor MS, Institut for Graenseregionsforsking, Danish Institute of Border Studies, Aabenraa/Dänemark

Silvia Stiller, Dr., Projektleiterin im Schwerpunkt Europäische Integration und räumliche Entwicklungsprozesse, Hamburgisches Welt-Wirtschafts-Archiv, Hamburg

Ludwig Thormählen, Dipl.-Ing. agr., Ministerialrat a.D., Leiter des Referates „Koordinierung von Raumansprüchen, Regionale Strukturpolitik, Rechtsangelegenheiten" in der Landesplanung des Landes Schleswig-Holstein in Kiel (bis Januar 2001), Freiburg im Breisgau, Korrespondierendes Mitglied der ARL

Das Konzept und Zwischenergebnisse der Arbeitsgruppe sind mehrfach in der LAG vorgestellt und diskutiert worden. Die Beitragsentwürfe der Autoren wurden in der Arbeitsgruppe wiederholt diskutiert (interne Qualitätskontrolle). Die von der Arbeitsgruppe verabschiedeten Manuskripte wurden darüber hinaus vor der Veröffentlichung durch einen Gutachter einer Evaluierung unterzogen (externe Qualitätskontrolle) und nach Berücksichtigung der Empfehlungen der externen Begutachtung dem Sekretariat der ARL zur Drucklegung übergeben. Die wissenschaftliche Verantwortung für die Beiträge liegt allein bei den Verfassern.

Sekretariat der ARL: Prof. Dr.-Ing. Dietmar Scholich (scholich@ARL-net.de)

INHALT

Ludwig Thormählen	1.	Einführung	1
Silvia Stiller	2.	Integrationseffekte in Regionen an EU-Binnengrenzen – Implikationen der Standort- und Handelstheorie	9
Hayo Herrmann, Michael Schack	3.	Fallstudien für deutsch-dänische Grenzräume	20
	3.1	Überblick über die Grenzräume	20
	3.2	Sønderjylland/Schleswig	23
	3.3	Storstrøms Amt/Ostholstein-Lübeck	38
	3.4	Fyns Amt/KERN-Region	57
	3.5	Fazit	72
Rainer Danielzyk, Huib Ernste, Hans-Ulrich Jung	4.	Fallstudien für deutsch-niederländische Grenzräume	78
	4.1	Überblick über die Grenzräume Ems Dollart, EUREGIO und Rhein-Waal	78
	4.2	Bisherige Entwicklungen auf niederländischer Seite	85
	4.3	Bisherige Entwicklungen auf deutscher Seite	95
	4.4	Entwicklungstrends und Schlussfolgerungen	103
	4.5	Fazit	114
Konrad Lammers	5.	Die Entwicklung in deutsch-dänischen und deutsch-niederländischen Grenzregionen vor dem Hintergrund ökonomischer Theorien	116
Ludwig Thormählen	6.	Grenzübergreifende Zusammenarbeit in europäischen Grenzräumen – eine bewertende Zusammenfassung	121
Literatur			131
Anhang		Ergänzende empirische Befunde zu den deutsch-dänischen und deutsch-niederländischen Grenzräumen	135
Kurzfassungen/Abstracts			160

LUDWIG THORMÄHLEN

1. Einführung

Integration in Grenzräumen, ein Thema mit wachsender Bedeutung

Der historische Schritt einer Erweiterung der Europäischen Union von 15 auf 25 Mitglieder steht unmittelbar bevor (s. Abb.n 1 und 2). Dadurch erhöht sich die Zahl der Grenzräume an den Binnen- und Außengrenzen der EU erheblich. Die Grenzräume an den EU-Binnengrenzen erhalten dadurch als Raumtyp eine wachsende Bedeutung. Die neuen Grenzräume werden von tief greifenden Anpassungsprozessen betroffen sein, aber auch in den alten EU-Grenzräumen werden sich auf Grund der EU-Erweiterung neue Herausforderungen ergeben. „Entwicklung europäischer Grenzräume bei abnehmender Bedeutung nationaler Grenzen" ist insofern in vielen europäischen Räumen ein sehr aktuelles Thema.

Im Zuge der europäischen Integration wurden bereits tarifäre Grenzhemmnisse vollständig beseitigt und nicht tarifäre Hemmnisse für grenzüberschreitenden Handel sowie für den Austausch von Gütern, Dienstleistungen, Informationen und Produktionsfaktoren kontinuierlich reduziert. Viele Grenzhemmnisse sind inzwischen weitgehend abgebaut. Die Wirtschaft der Mitgliedsländer profitiert von dieser Entwicklung wie auch von den allgemeinen Tendenzen zur Internationalisierung und Globalisierung. Sie wird getragen von vielfältigen Integrationsprozessen, die zahlreiche Gesellschaftsbereiche berühren.

Allerdings bestehen weiterhin Hemmnisse auf Grund unterschiedlicher institutioneller Regulierungen der Mitgliedsländer auf verschiedenen Gebieten wie zum Beispiel auf dem Arbeitsmarkt, in den Rechts-, Verwaltungs- und Sozialsystemen, in der Gesundheitsvorsorge und der beruflichen Qualifikation. Hier sind von den EU-Mitgliedsländern bisher nur wenige Anpassungen vorgenommen worden. Diese Unterschiede wirken weiter als Hemmnisse für grenzüberschreitende Aktivitäten in Wirtschaft und Politik. Hiervon sind Grenzräume naturgemäß besonders betroffen.

Ähnliche Fragestellungen in vielen Grenzräumen

Ausgangspunkt für die vorliegende Untersuchung ist die Frage, wie sich europäische Grenzräume an den EU-Binnengrenzen im Zuge der europäischen Integration bislang entwickelt haben. *„Grenzräume"*, im Folgenden als Bezeichnung für das Gesamtgebiet von benachbarten *„Grenzregionen"* diesseits und jenseits einer nationalen Grenze verwendet, stellen die geographischen Brennpunkte der Integration dar. Sie haben häufig eine längere gemeinsame, zum Teil auch kontroverse Geschichte, weil die Grenzen sich im Laufe der Jahrhunderte immer wieder verändert haben und in ihrer heutigen Gestalt zum Teil noch relativ jung sind.

Unter sonst gleichen Standortbedingungen müssten gerade die Grenzräume vom Abbau der Grenzhemmnisse profitieren, da sie in eine zentrale Lage zwischen zwei benachbarten Binnenmärkten rücken. Hinzu kommt, dass das Marktpotenzial für die lokalen Arbeits- und Dienstleistungsmärkte bei Grenzöffnung größer wird. Darüber hinaus könnte die Grenzöffnung auch im kommunalen und staatlichen Bereich zu einer grenzüberschreitenden Zusammenarbeit in der lokalen und regionalen Standortpolitik führen.

■ **Einführung**

Abb. 1: EU-Mitglieds- und Beitrittsländer

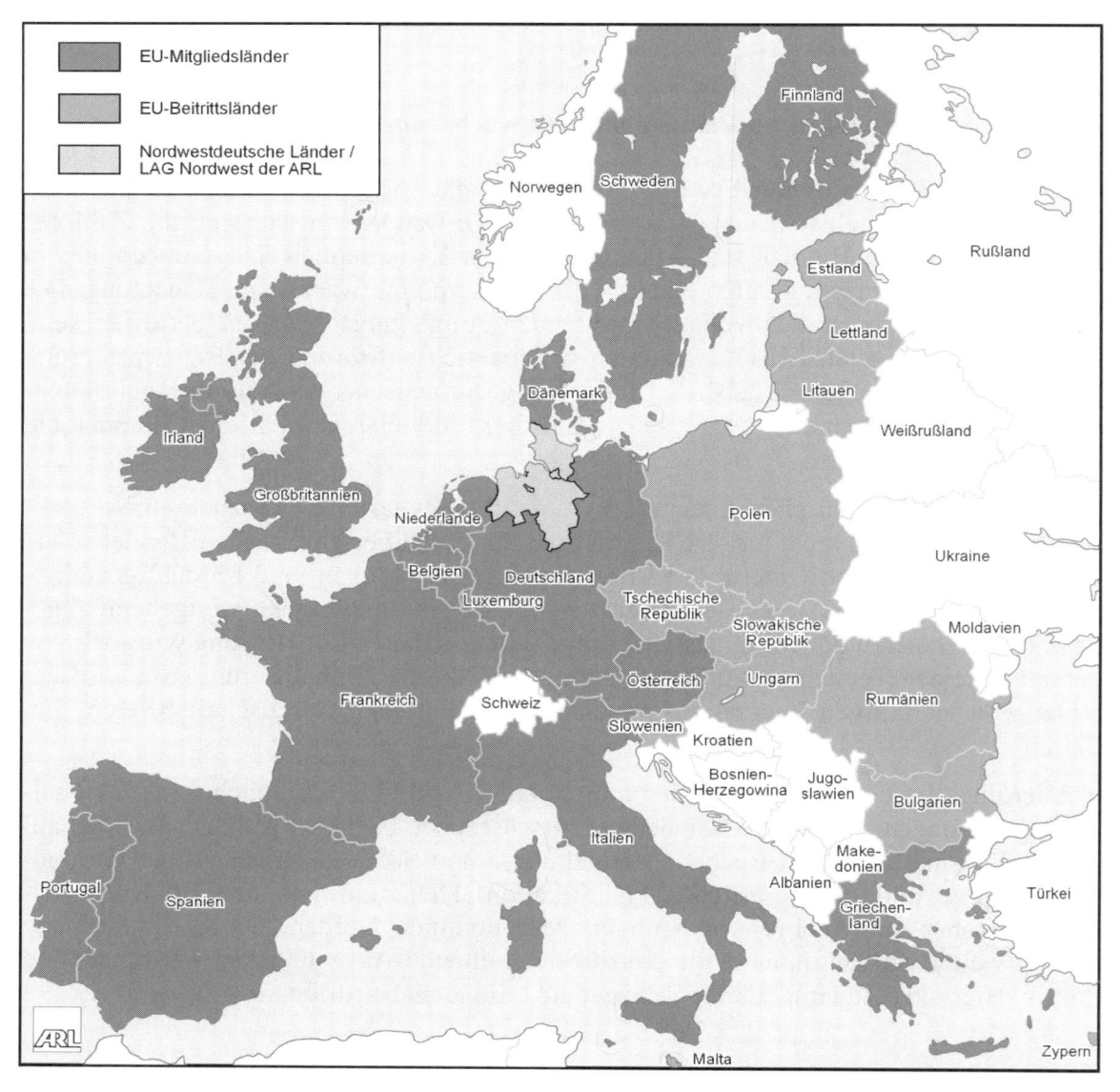

Durch die Öffnung von Grenzen könnten aber auch Möglichkeiten erschlossen werden, um die Verschiedenartigkeit von Land, Leuten und Strukturen positiv zu erfahren und für die grenzübergreifende Regionalentwicklung zu nutzen. So könnte sich die Zugehörigkeit zu zwei verschiedenen nationalen Gesellschaften und Kulturen als Alleinstellungsmerkmal der Grenzräume mit positiven Binnen- und Außenwirkungen herausstellen und für das Regionalmarketing genutzt werden.

Einführung

Abb. 2: Grenzüberschreitende Zusammenarbeit

Arbeitsgebiete der Euroregionen, Euregios und grenzübergreifende Arbeitsgemeinschaften mit deutscher Beteiligung

sonstige grenzüberschreitende Arbeitsgemeinschaften

Anmerkung: Die Karte ist nicht rechtsverbindlich. Die regionale Abgrenzung der Arbeitsgebiete der Euregios ist nicht immer vergleichbar und nur z.T. gemeindescharf.

Datenbasis: von Malchus, 1999

© BBR Bonn 2000
ROB 2000

Einführung

Zum Aufbau des Berichtes

Im Mittelpunkt der Untersuchung steht die Frage nach den Integrationseffekten in den Grenzräumen. Zunächst werden im *Kapitel 2* von SYLVIA STILLER Integrationseffekte in Grenzregionen aus Sicht der ökonomischen Theorie beleuchtet. Grenzregionen liegen in einem nationalen Gebiet mehr oder weniger peripher. Mit abnehmender Bedeutung nationaler Grenzen rücken sie aber in eine relativ zentrale Lage zwischen den betreffenden Mitgliedstaaten. Hier setzt die Untersuchung mit der Frage an, was sich nach verschiedenen Theorieansätzen durch den Bedeutungsverlust nationaler Grenzen für die Grenzregionen ändert.

Im Ergebnis zeigt sich, dass die vorliegenden theoretischen Erkenntnisse im Hinblick auf die räumlichen Aspekte dieser Fragestellung kein eindeutiges und umfassendes Bild liefern. Daher schließen sich empirische Untersuchungen für je drei deutsch-dänische und deutsch-niederländische Grenzräume (Fallbeispiele) an. HAYO HERRMANN und MICHAEL SCHACK untersuchen in *Kapitel 3* deutsch-dänische Grenzräume. RAINER DANIELZYK, HUIB ERNSTE und HANS-ULRICH JUNG setzen sich in *Kapitel 4* mit deutsch-niederländischen Grenzräumen auseinander.

An die Fallstudien schließen sich in *Kapitel 5* eine Bewertung der Ergebnisse der Fallstudien vor dem Hintergrund der in Kapitel 2 dargestellten theoretischen Betrachtungen (Konrad Lammers) sowie in *Kapitel 6* eine bewertende Zusammenfassung der – im Rahmen der Fallstudien gewonnenen – Erkenntnisse über die grenzübergreifende Zusammenarbeit in den untersuchten Grenzräumen an (LUDWIG THORMÄHLEN).

Die Grenzräume müssten auch in anderer Hinsicht davon profitieren, dass sie im Zuge der europäischen Integration aus einer mehr oder weniger ausgeprägten Randlage herausrücken. Eine Randlage ist gekennzeichnet durch die Ferne zu großen Beschaffungs- und Absatzmärkten, durch eine periphere Position in überregionalen Kommunikations- und Verkehrsnetzen und eine große Distanz zu nationalen oder europäischen Entscheidungszentren. Bei einer nationalen Randlage besteht die Gefahr, dass die Region aufgrund nationaler Entscheidungen zu einem bevorzugten Standort umweltkritischer Produktionen wird, und die Steuerung wichtiger Betriebe erfolgt häufig von Zentralen außerhalb der Region. Mit Grenzregionen wird im Allgemeinen eine nationale Randlage verbunden. Bei einer Grenzregion mit nationaler, nicht aber europäischer Randlage wäre dann zu erwarten, dass sich die Entwicklungsnachteile im Zuge der europäischen Integration abbauen.

Fallstudien zu ausgewählten Grenzräumen

Die Fallstudien konzentrieren sich auf die in der Tab. 1 und der Abb. 3 dargestellten Grenzräume im unmittelbaren Interessengebiet der Landesarbeitsgemeinschaft Bremen, Hamburg, Niedersachsen und Schleswig-Holstein (LAG Nordwest, s. Abb. 1) der Akademie für Raumforschung und Landesplanung (ARL).

Die Darstellung längerfristiger ökonomischer Entwicklungstrends erfolgt anhand der Merkmale Bevölkerung, Wirtschaftsleistung, Beschäftigung und Arbeitslosigkeit. Zur Beschaffung und Aufbereitung von vergleichbaren Daten für die 1980er und 1990er Jahre waren an der deutsch-dänischen Grenze zum Teil schwierige und zeitraubende Schritte erforderlich. Im Hinblick auf die Verfügbarkeit von Daten wurde als Referenzraum für die Entwicklung im angegebenen Zeitraum „Deutschland West" herangezogen. An der deutsch-niederländischen Grenze wäre es zu aufwändig gewesen, die erfor-

Einführung

derlichen Daten grenzübergreifend nach der gleichen Vorgehensweise wie an der deutsch-dänischen Grenze zu erfassen. Die deutschen und niederländischen Grenzregionen konnten daher hinsichtlich der Aufbereitung von statistischen Daten und der daraus abgeleiteten Darlegung der Entwicklungstrends nicht nach der gleichen Methode behandelt und dargestellt werden. Wesentliche statistische Grundlagen für die regionale Zusammenarbeit, insbesondere ein einheitliches, über die Grenze hinweg abgestimmtes vergleichbares Datengerüst der Raumbeobachtung, standen für keinen Grenzraum zur Verfügung.

Die Fallstudien wurden von den Mitgliedern der Arbeitsgruppe „Europäische Grenzräume" im Kontakt mit regionalen Akteuren und anderen Experten vor dem Hintergrund folgender konkreter Fragestellungen erarbeitet:

- Wie haben sich die Grenzregionen im Vergleich zur jeweils größeren nationalen Gebietseinheit entwickelt?
- Gibt es parallele Entwicklungen in den früher durch nationale Grenzen getrennten Teilen des jeweiligen Grenzraumes? Oder folgen die Grenzregionen eher der Entwicklung ihres nationalen Gesamtraumes?
- Wie vollzieht sich die weitere Integration des Grenzraumes in Bezug auf grenzübergreifende Aktivitäten in Wirtschaft, Verwaltung und Politik?
- Welche Entwicklungsperspektiven zeichnen sich für die betreffenden Grenzräume und -regionen ab?

Vor dem Hintergrund der in den Fallstudien auf Grund statistischer Daten gewonnenen Erkenntnisse über einen längeren Zeitraum wurde der Versuch unternommen, in Hintergrundgesprächen mit regionalen Akteuren einige Hinweise zu Aspekten zu erhalten, für die statistische Unterlagen weitgehend fehlen und die daher nur teilweise und lückenhaft zu erfassen sind:

- Lokale Veränderungen und grenzübergreifende Verflechtungen wie zum Beispiel: Arbeits- und Wohnungsmarkt mit Auswirkungen auf die Pendler- und Verkehrsströme
- Überregionale Veränderungen und Verflechtungen, z.B. mögliche Einbindung in europäische Arbeitsteilungen und Unternehmensverflechtungen innerhalb und außerhalb der Grenzräume, Direktinvestitionen von außen etc.

Unterschiede in den untersuchten Grenzräumen

Die ausgewählten Grenzräume (s. Tab. 1 und Abb. 3) zeichnen sich durch Gemeinsamkeiten, aber auch durch erhebliche Unterschiede aus. In den untersuchten Grenzräumen gibt es – anders als an den neuen EU-Binnengrenzen – keine gravierenden Wohlstandsunterschiede.

Aus wirtschaftsgeographischer Sicht sind die Lage der Grenzräume im großräumigen europäischen Verkehrsnetz und ihre Entfernung zu Agglomerationsräumen hervorzuheben. Alle Grenzräume mit Ausnahme der Ems Dollart-Region, die nur am Rande von einer entsprechenden Verbindung tangiert wird, werden von europäischen Verkehrsadern durchzogen:

Durch die deutsch-dänischen Grenzräume führen die beiden – die Metropolregionen Hamburg und Kopenhagen/Malmö verbindenden – großen Verkehrsachsen zwischen den westeuropäischen Wirtschaftszentren und Skandinavien, und zwar die Jütlandroute

Einführung

und die Vogelfluglinie, die im Zuge der weiteren EU-Entwicklung eine stark zunehmende Belastung erfahren.

Die Jütlandroute, zurzeit die einzige feste Landverbindung zwischen Mitteleuropa und Skandinavien mit festen Querungen über den Großen Belt und den Öresund, verbindet Sønderjylland und Schleswig mit dem Oberzentrum Flensburg. Sie verbindet auch Fyns Amt und die KERN-Region mit den Oberzentren Odense und Kiel, wobei allerdings auf diesem Wege erst der Grenzraum Sønderjylland/Schleswig durchquert werden muss.

Tab. 1: Untersuchte Grenzräume und Grenzregionen – Fläche, Einwohner und Bevölkerungsdichte

Grenzräume/Grenzregionen	Fläche (qkm)	Einwohnerzahl	Bevölkerungsdichte (E/qkm)
Sønderjyllands Amt	3.938	253.000	64
Region Schleswig	4.177	445.000	107
Sønderjylland/Schleswig	**8.115**	**698.000**	**86**
Fyns Amt	3.485	472.000	135
KERN-Region	3.458	715.000	207
Fyns Amt/KERN	**6.933**	**1.187.000**	**171**
Storstrøms Amt	3.398	259.000	76
Ostholstein-Lübeck	1.606	415.000	259
Storstrøms A./OH-Lübeck	**5.004**	**674.000**	**135**
Niederländische Grenzregion	10.245	1.539.000	150
Deutsche Grenzregion	8.778	1.104.000	126
Ems Dollart Region	**19.023**	**2.643.000**	**139**
Niederländische Grenzregion	4.400	979.000	223
Deutsche Grenzregion	8.600	2.206.000	257
EUREGIO (Rhein-Ems-Ijssel)	**3.000**	**3.187.000**	**245**
Niederländische Grenzregion	3.249	1.400.000	431
Deutsche Grenzregion	2.507	1.300.001	519
Euregio Rhein-Waal	**5.756**	**2.700.000**	**469**

Quelle: Angaben der regionalen Geschäftsstellen

Die Vogelfluglinie verbindet den Grenzraum Storstrøms Amt/Ostholstein-Lübeck, der auf der Insel Sjælland und im Bereich des Oberzentrums Lübeck an die Metropolregionen Kopenhagen bzw. Hamburg angrenzt, und zwar mit einer Fährverbindung über den rd. 20 km breiten Fehmarn Belt.

Die deutsch-niederländischen Grenzräume sind durch eine von Nord nach Süd zunehmende Nähe zu dicht besiedelten Räumen und durch entsprechend bedeutsame Verkehrsadern gekennzeichnet:

Durch die EUREGIO (Rhein-Ems-Ijsel) mit einer Vielzahl mittelgroßer Zentren und engen funktionalen Verknüpfungen mit dem wirtschaftlichen Zentralraum der Niederlande und dem Rhein-Ruhr-Gebiet führt die West-Ost-Achse zwischen der niederländischen Randstad über Hannover nach Berlin und Osteuropa. Sie berührt am Rande auch die Ems-Dollart-Region.

Die Euregio Rhein-Waal, in unmittelbarer Nachbarschaft zu den Verdichtungsräumen Randstad und Rhein-Ruhr-Gebiet gelegen, wird durch den Rheinkorridor, einem international bedeutsamen Korridor der Logistikwirtschaft, durchquert.

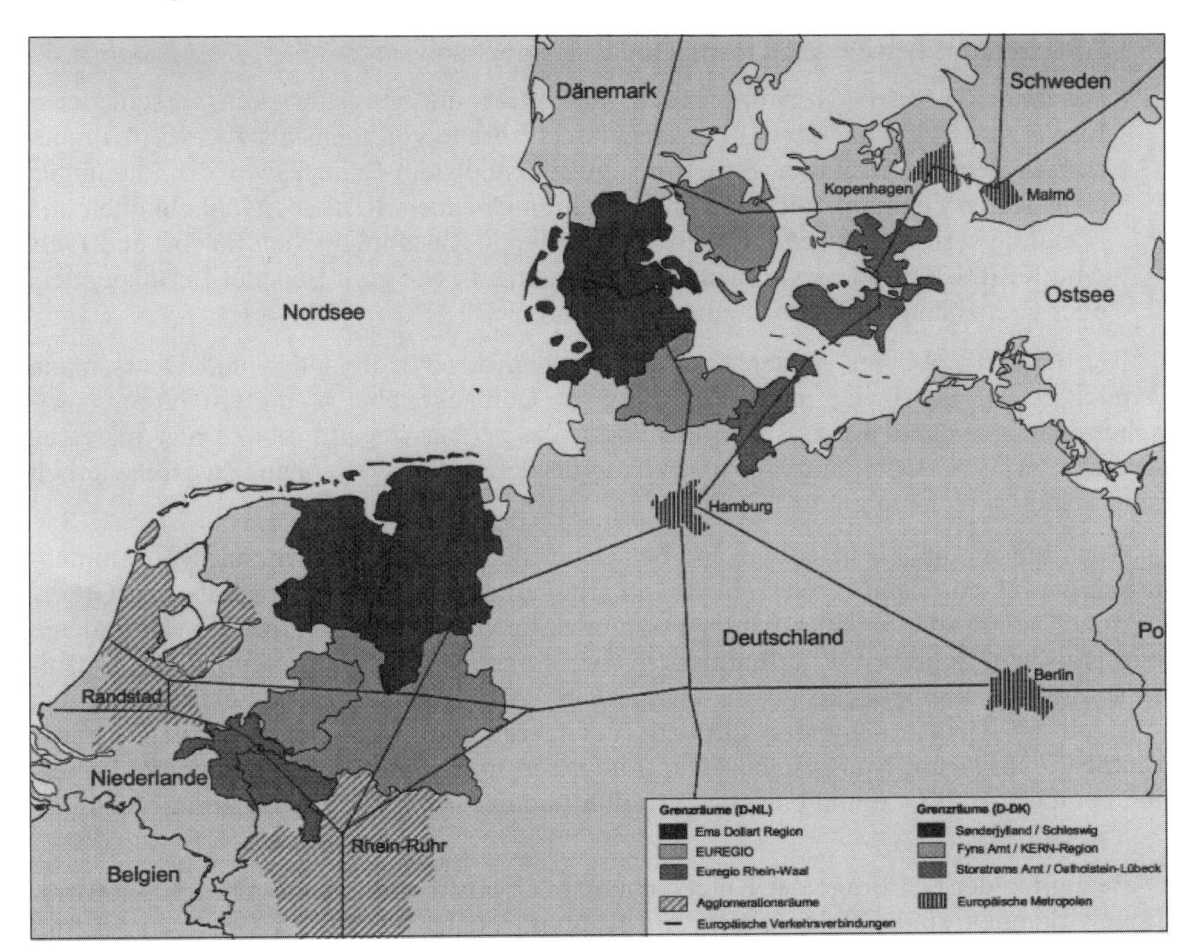

Abb. 3: Lage der untersuchten Grenzräume

Bei den Grenzräumen handelt es sich einerseits um dünn besiedelte, periphere ländliche Räume und andererseits, wie insbesondere bei den beiden zuletzt genannten Grenzräumen, um Räume in enger Nachbarschaft zu großen Metropolen und Hauptabsatzmärkten. Hinsichtlich der für die Erreichbarkeit wichtigen Anbindung an die großen Verkehrsknotenpunkte, insbesondere internationale Flughäfen, sowie der Entfernung zu den Hauptabsatzmärkten unterscheiden sich die Grenzregionen somit erheblich. Die Siedlungsdichten der Grenzräume weisen eine große Spannbreite auf. Sie liegen zwischen 86 E/qkm in Sønderjylland-Schleswig und 469 E/qkm im Grenzraum Rhein-Waal (s. Tab. 1). Entsprechend unterschiedlich sind die regionalen Entwicklungs- und Gestaltungsmöglichkeiten. Agglomerationsräume beziehungsweise Metropolregionen können Motoren der ökonomischen Entwicklung sein, von denen auch die benachbarten ländlichen Räume profitieren.

Die Lage der Grenzen bzw. die betreffenden *geographischen und natürlichen Verhältnisse* in den Untersuchungsräumen verleihen den Grenzen und der Zusammenarbeit über die Grenzen hinweg einen unterschiedlichen Charakter. Die Untersuchungsräume weisen diesbezüglich Besonderheiten auf, die wie folgt zu kennzeichnen sind:

- *Landgrenzen* mit einer Vielfalt von Grenzfunktionen, so in den Grenzräumen Sønderjylland/Schleswig (wozu allerdings auch zahlreiche Inseln und Halligen gehören), EUREGIO und Rhein-Waal,

Einführung

- eine *Grenze mit verschiedenen natürlichen Barrieren* (Meeresarm, zahlreiche Inseln und ehemalige Moorgebiete), die die Verbindungen zwischen den benachbarten Grenzregionen erschweren (Ems-Dollart-Region) sowie
- *maritime Grenzen* (Trennung durch die Ostsee und Zugehörigkeit verschiedener Inseln zu den Grenzräumen) mit einer Meeresbreite von mehr als zwanzig Kilometern in den Grenzräumen Storstrøms Amt/Ostholstein-Lübeck, wo die Planungen einer festen Fehmarn-Belt-Querung mit ihren Chancen, Risiken, Möglichkeiten und Handlungserfordernissen die grenzübergreifende Zusammenarbeit belebt, und Fyns Amt/KERN-Region, wo grenznahe Verbindungen, wie zum Beispiel Berufspendeln oder Grenzhandel, praktisch unmöglich sind.

Bei der rund 600 km langen Grenze zwischen den Niederlanden und Deutschland handelt es sich durchweg um eine Landgrenze. Demgegenüber ist die Landgrenze zwischen Dänemark und Deutschland nur 70 km lang, überwiegend gibt es hier maritime Grenzen. Die Ansätze und Schwerpunkte der grenzübergreifenden Zusammenarbeit sind dementsprechend unterschiedlich.

Auch hinsichtlich des Beginns und der Dauer der grenzüberschreitenden Zusammenarbeit gibt es erhebliche Unterschiede. So arbeiten die deutsch-niederländischen Grenzregionen schon seit den 50er Jahren zusammen. Die EUREGIO hat hier für alle anderen europäischen Regionen Pilotfunktionen übernommen. Eine intensivere deutsch-dänische Zusammenarbeit begann im Grenzraum Sønderjylland/Schleswig praktisch erst mit dem EG-Beitritt Dänemarks in den 70er Jahren und in den beiden anderen Grenzräumen – auf Grund von gemeinsamen Interessen im Hinblick auf die Planung der festen Fehmarn-Belt-Querung bzw. nach Einführung der INTERREG-Förderung – schließlich in den 80er Jahren.[1]

Bezüglich der Kernfrage der Untersuchung nach positiven – ökonomischen – Integrationswirkungen sind Effekte durch Ausdehnung lokaler Märkte in Grenzräumen mit geringen Siedlungsdichten, ungünstigen geographischen Gegebenheiten und maritimen Grenzen in der Hälfte der genannten Grenzräume kaum zu erwarten. Im Hinblick auf andere Fragestellungen der Untersuchung wurden dennoch alle sechs Grenzräume mit den sehr unterschiedlichen Ausgangslagen in die Untersuchung einbezogen.

Anregungen zu aktuellen Diskussionen

Ein Anliegen der ARL und der Verfasser ist es, mit den Untersuchungsergebnissen und insbesondere mit dem Vergleich von Strukturdaten und längerfristigen Entwicklungstendenzen der sechs sehr unterschiedlichen Grenzräume sowie mit Überlegungen zu möglichen regionalen Entwicklungsstrategien Grundlagen zu bieten für die Überprüfung der entwicklungspolitischen Ziele in den untersuchten Grenzregionen für die Zeit nach 2006. Darüber hinaus sollte der Bericht auch Anregungen geben im Hinblick auf wissenschaftliche Diskussionen über Grenzregionen. Schließlich könnten Ergebnisse dieser Studie möglicherweise hilfreiche Hinweise für die Entwicklung in anderen EU-Grenzräumen geben. Diese Entwicklung hängt jedoch nicht nur von den regionalen Akteuren ab, sondern entscheidend auch von den Weichenstellungen auf nationaler Ebene sowie vom Ergebnis der Überprüfung und Fortschreibung der Ziele, die im Hinblick auf das Auslaufen der bisherigen Strukturfonds-Förderung im Jahre 2006[2] und die EU-Erweiterung erforderlich ist.

---

[1] Ausführlichere Hinweise auf die Vielfalt regionaler Kooperationen auch über die deutsch-dänische Grenze hinweg enthält die Schrift „Regionale Entwicklungsinitiativen in Schleswig-Holstein". Die Ministerpräsidentin des Landes Schleswig-Holstein, Kiel, 1999.
[2] Siehe z. B. Positionspapier Nr. 53 „Regionale Strukturpolitik der EU nach 2006" der ARL, Hannover, 2003.

SILVIA STILLER

2. Integrationseffekte in Regionen an EU-Binnengrenzen – Implikationen der Standort- und Handelstheorie

2.1 Einleitung

Aus geographischer Sicht unterscheiden sich Grenzregionen von anderen Regionen durch ihre Lage an der nationalen Grenze. Eine nationale Grenze bildet die Trennlinie zwischen Kultur-, Gesellschafts-, Wirtschafts- und Finanzsystemen und häufig unterscheidet sich die Sprache diesseits und jenseits einer nationalen Grenze. In vielen Mitgliedstaaten der Europäischen Union treffen im Grenzraum Regionen mit sehr unterschiedlichen Entwicklungsniveaus sowie Umwelt- und Sozialstandards aufeinander. Zudem ist die Grenzregion die Schnittstelle zwischen inländischen und ausländischen Infrastruktursystemen. Wegen der Vielfalt der Grenzfunktionen und -eigenschaften beeinflusst der Grenzabbau im Zuge von Integrationsprozessen zahlreiche Gesellschaftsbereiche. Deshalb ist die Grenzregionsforschung ein Gebiet, das in zahlreichen Wissenschaftsdisziplinen seinen Platz hat, so etwa in der Soziologie, der Geographie und den Wirtschaftswissenschaften. In diesem Beitrag wird die Bedeutung der nationalen Grenze - und ihres Abbaus - aus Sicht der Regionalökonomie diskutiert.

Nationale Grenzen sind ökonomisch relevant, weil sie internationalen Handel und die internationale Mobilität von Produktionsfaktoren hemmen oder verhindern können. Die Intensität interregionaler ökonomischer Beziehungen ist gering oder diese kommen ganz zum Erliegen, wenn sich zwischen Regionen eine teilweise oder vollständig undurchlässige Grenze befindet (vgl. Abbildung 1).

Im Zuge der europäischen Integration sind tarifäre Grenzhemmnisse vollständig beseitigt und nicht-tarifäre Grenzhemmnisse für Güter, Dienstleistungen, Informationen und Produktionsfaktoren kontinuierlich reduziert worden. Deshalb haben die Grenzen zwischen den EU-Staaten als Hemmnisse für internationale ökonomische Beziehungen stark an Bedeutung verloren. Die empirischen Untersuchung von NITSCH (2000) und HEAD/MAYER (2000) implizieren eine starke Abnahme der Grenzhemmnisse in den EU-Staaten in den 80er Jahren und einen graduellen Rückgang in den 90er Jahren des letzten Jahrhunderts. Diese Studien zeigen aber gleichzeitig, dass Grenzhemmnisse nach wie vor den Handel zwischen den EU-Ländern beeinflussen. Die Handelsbeziehungen zwischen Regionen innerhalb eines Landes sind weiterhin intensiver als mit Regionen in anderen Ländern. Verlieren Grenzen im Zuge der fortschreitenden Integration weiterhin an Bedeutung, dann sind regionale Integrationseffekte aufgrund der Zunahme internationalen Handels zu erwarten.

Abb. 1: Grenzen behindern ökonomische Interaktionen

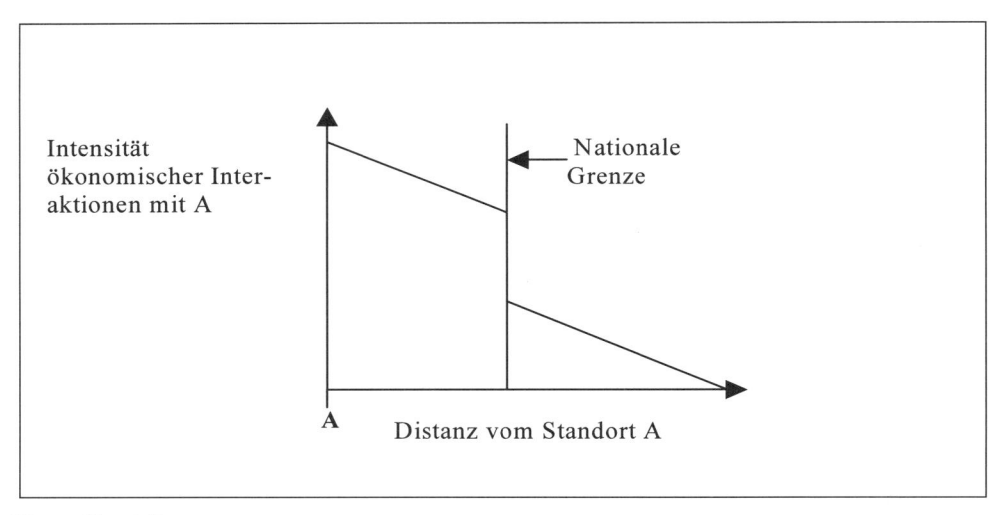

Quelle: Eigene Darstellung

Der Abbau von Grenzhemmnissen ermöglicht die Intensivierung von internationalem Handel, grenzüberschreitender Faktormobilität und somit der internationalen und interregionalen Arbeitsteilung in der EU. Es ist eine kontrovers diskutierte Frage, wie die zunehmenden grenzüberschreitenden ökonomischen Verflechtungen die ökonomische Situation in den Regionen beeinflussen, die sich entlang der Grenzen zwischen EU-Staaten befinden. Diese inneren EU-Grenzregionen sind der geographische Brennpunkt der Integration.

Die abnehmende Bedeutung von nationalen Grenzen hat die wirtschaftsgeographische Lage der inneren Grenzregionen der EU immens verändert. Während Grenzregionen auf nationaler Ebene periphere Regionen sind, erlangen die Regionen entlang der Schnittstelle zwischen inländischen und ausländischen Märkten eine zentrale Lage im gemeinsamen Markt zweier aneinander angrenzender EU-Länder (siehe Abbildung 2).

Im europäischen Integrationsraum gibt es bereits zahlreiche Regionen dieser Art.[1] Die Bedeutung solcher inneren Grenzregionen wird mit der anstehenden EU-Erweiterung noch weiter steigen.[2] Die spezifische wirtschaftsgeographische Lage von inneren Grenzregionen und die damit verbundene räumliche Nähe zu den ausländischen Absatz-, Beschaffungs- und Arbeitsmärkten werfen die Frage auf, ob beim Abbau von Grenzhemmnissen ökonomische Effekte hier besonders schnell und intensiv auftreten. Generell könnte man dies für den Fall vermuten, dass es einen positiven Zusammenhang gibt zwischen der Intensivierung grenzüberschreitender ökonomischer Beziehungen auf Güter- und Faktormärkten und der räumlichen Nähe einer Region zu einem Integrationspartner. Dieser Beitrag geht der Frage nach, ob ökonomische Theorien diese Vermutung rechtfertigen. Grundlage für diese Analyse sind Theorierichtungen, die sich explizit mit Integrationsfragen befassen: die internationale Handelstheorie (Abschnitt 2.2.1), die traditionelle Standorttheorie (Abschnitt 2.2.2) und die Neue Ökonomische Geographie (Abschnitt 2.2.3). Am Schluss des Beitrags werden die aus theoretischen Ansätzen abgeleiteten Kernaussagen zu den Integrationseffekten in inneren Grenzregionen zusammengefasst (Abschnitt 2.2.4). Der Beitrag schließt mit einem Fazit.

---

[1] Auch die Fallstudien in diesem Bericht beziehen sich auf innere Grenzregionen der EU.
[2] Siehe COMMISSION OF THE EUROPEAN COMMUNITIES (2001).

Abb. 2: Innere Grenzregionen

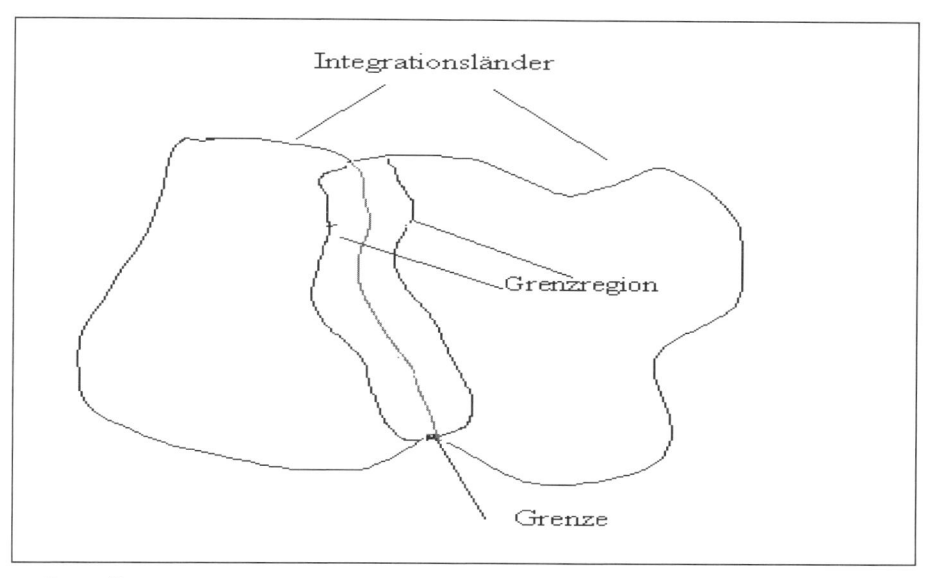

[Abbildung: Innere Grenzregionen mit Beschriftungen "Integrationsländer", "Grenzregion" und "Grenze"]

Quelle: Eigene Darstellung

2.2 Grenzregionen in der ökonomischen Theorie

2.2.1 Internationale Handelstheorie

Die Theorie des internationalen Handels ist ein wesentlicher Bestandteil der Integrationstheorie. In internationalen Handelsmodellen behindern oder verhindern Grenzen den internationalen Güteraustausch. Folglich wird Integration in Form von sinkenden nicht tarifären und tarifären Handelshemmnissen zwischen Ländern modelliert. Produktionsfaktoren sind vollständig mobil innerhalb von Ländern, während sie international vollkommen immobil sind. Deshalb haben Länder unveränderbare Faktorbestände. Des Weiteren wird angenommen, dass es keine Transportkosten für handelbare Güter innerhalb von Ländern gibt. Aufgrund der Annahmen zu der Faktormobilität und den Transportkosten entsprechen Länder einzelnen Standorten und sind somit dimensionslose Punkte im Raum. Dies gilt gleichermaßen in der traditionellen wie auch in der neuen Handelstheorie.

Die Reduzierung oder Abschaffung von Handelshemmnissen bewirkt in diesen Modellen einen Anstieg des grenzüberschreitenden Güteraustausches. Es ist ein grundlegendes Ergebnis der internationalen Handelstheorie, dass die Zunahme oder Aufnahme von internationalem Handel die Spezialisierungsmuster in der Produktion zwischen den Ländern verändert. Innerhalb der Länder reflektiert die Reallokation von Produktionsfaktoren zwischen Sektoren die nationale Spezialisierung entsprechend dem jeweiligen komparativen Vorteil. Zu den Auswirkungen intensivierten Güteraustauschs auf die räumliche Struktur innerhalb von Ländern können aus der traditionellen Handelstheorie keine Aussagen abgeleitet werden, weil diese Theorierichtung räumliche Differenzierung innerhalb von Ländern vernachlässigt. Die Nichtberücksichtigung der räumlichen Dimension steht im starken Kontrast zu empirischen Ergebnissen. Denn empirische Schätzungen von Gravitationsmodellen zeigen, dass räumliche Entfernungen bedeutsame Determinanten für bilaterale Handelsvolumina sind. Ein stärkerer Realitätsbezug von Handelsmodellen erfordert deshalb die Berücksichtigung von entfernungsabhängigen Handelskosten.

Ein früher Ansatz, die üblicherweise nicht räumliche Struktur von Handelsmodellen aufzuheben, geht auf Bertil Ohlin[3] zurück. Das Fazit seiner Überlegungen ist, dass die Implikationen internationaler Handelsmodelle in ähnlicher Weise auf interregionalen Güteraustausch zutreffen. Interregionaler Handel beeinflusst mithin das Spezialisierungsmuster zwischen Regionen. Ein neueres Beispiel für die Berücksichtigung räumlicher Aspekte in Handelsmodellen ist der Ansatz von RAUCH (1991), der Elemente der Stadtökonomie, der Handelstheorie und distanzabhängige Handelskosten kombiniert. In Rauchs Modell haben Hafenstädte einen geographischen Vorteil in der Produktion von Gütern, weil sie geringere Zugangskosten zu ausländischen Märkten haben. In der Realität ist es allerdings nicht so, dass Güter nur über Häfen gehandelt werden. Güter werden auch auf dem Landweg zwischen In- und Ausland ausgetauscht, so dass Grenzregionen ebenfalls einen geographischen Vorteil in der Produktion haben könnten, weil sie direkt an einem Exportmarkt gelegen sind.

2.2.2 Traditionelle Standorttheorie

Anders als die Handelstheorie richtet die traditionelle Standorttheorie[4] ihren Fokus auf die Standortwahl der Unternehmen. Hieraus resultieren die internationalen und interregionalen Handelsverflechtungen. Ökonomische Integration ist bereits in der traditionellen Standorttheorie thematisiert worden[5], wobei LÖSCH (1944) im Rahmen seiner Standortstrukturtheorie die klarsten Aussagen zu den räumlichen Effekten der Integration entwickelt hat.[6] Die grundlegende Annahme von LÖSCH ist, dass Konsumenten gleichmäßig im Raum verteilt sind. Es gibt Transportkosten, die proportional zu der Entfernung zwischen Konsumenten und Produzenten sind, so dass die Produktpreise mit zunehmender Entfernung vom Produzenten steigen. Deshalb sind das kreisförmige Marktgebiet und somit die Zahl der Konsumenten, welche von einem bestimmten Standort bedient werden können, räumlich begrenzt (siehe Abbildung 3, A sei der Produktionsstandort). Die Firmen siedeln sich dort an, von wo sie bei maximalen Gewinnen die räumlich verteilte Nachfrage versorgen können. Die Größe der Marktgebiete differiert zwischen den einzelnen Produkten aufgrund produktspezifischer Angebots- und Nachfragebedingungen.

LÖSCH argumentiert, dass die Wirtschaftslandschaft, welche ein System der Marktgebiete für unterschiedliche Produkte ist, durch die Einführung von nationalen Grenzen verändert wird. Denn Grenzen sind Hemmnisse für internationale Güterströme. Sie teilen Marktgebiete und begrenzen deshalb die erreichbare Marktnachfrage, welche das Marktpotenzial eines Standortes ist. Eine Grenze reduziert den Absatz und Gewinn einer Firma A, wenn sie ihren Standort in Grenznähe wählt (siehe Abbildung 4). Die mit der Grenzlage verknüpften ökonomischen Nachteile halten nach Gewinnmaximierung strebende Firmen davon ab, sich in Grenznähe anzusiedeln. Im räumlichen Gleichgewicht sind deshalb Firmen umso weiter von der Grenze entfernt und umso näher im geographischen Zentrum des Landes angesiedelt, je größer ihr erforderliches Marktgebiet ist. Folglich haben Grenzregionen eine relativ geringe Wirtschaftsdichte.[7] In Grenz-

---

[3] Vgl. OHLIN (1967), Kapitel 12: Interregional Trade Theory and Location Theory.
[4] Für einen ausführlicheren Überblick über die traditionelle Standorttheorie siehe KOPP (1999).
[5] Vgl. bspw. HOOVER (1963): The locational significance of borders. Siehe auch HANSEN (1977).
[6] Vgl. BRÖCKER (1990: 50).
[7] Die Wirtschaftsdichte kann gemessen werden durch die Zahl der Firmen, der Beschäftigten oder der Wertschöpfung je Flächeneinheit.

regionen siedeln sich nur Firmen an, die ein kleines Marktgebiet benötigen, um profitabel zu produzieren. Deshalb beschreibt LÖSCH Grenzregionen als eine Wüste, ein Ödland in denen viele Produkte nur über eine weite Entfernung oder gar nicht bezogen werden können.[8]

Ähnlich wie LÖSCH entwickeln GIERSCH (1949/50), HEIGL (1978) und GUO (1996) Standortmodelle, die implizieren, dass Grenzregionen ökonomisch benachteiligte Regionen sind. Sind potenzielle Standorte grenznah gelegen, so verhindert dies die Ansiedlung von Firmen, während geographisch zentrale Regionen diese anziehen. Des Weiteren werden sich Firmen, die einen hohen Absatz zur Gewinnmaximierung benötigen, in zentralen Regionen mit gutem Zugang zu den Konsumenten ansiedeln. Im Gegensatz hierzu arbeiten die Firmen, die ihren Standort in Grenzregionen wählen, bereits auf einem kleinen Absatzmarkt profitabel. Solange Grenzeffekte relevant sind, wird die Wirtschaftsdichte in Grenzregionen geringer als in Binnenregionen sein.

Abb. 3: Räumliche Nachfrage

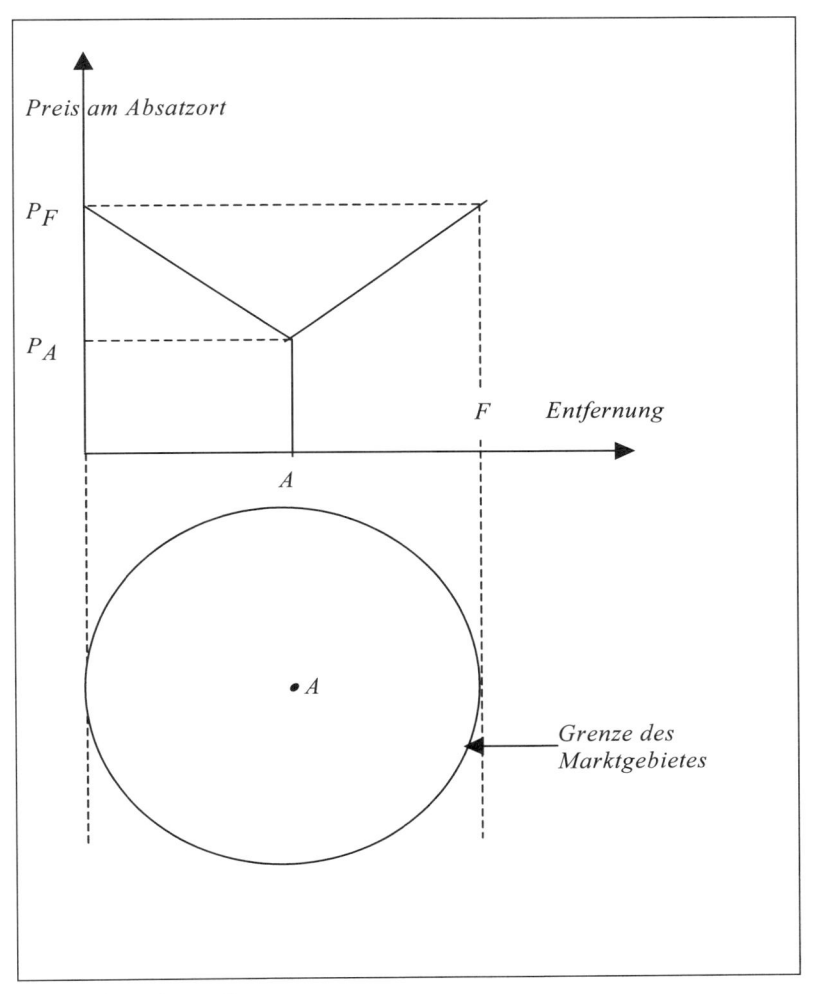

Quelle: Eigene Darstellung

---

[8] Zitiert nach VAN HOUTUM (1999: 113).

Abb. 4: Nationale Grenze und Marktgebiet

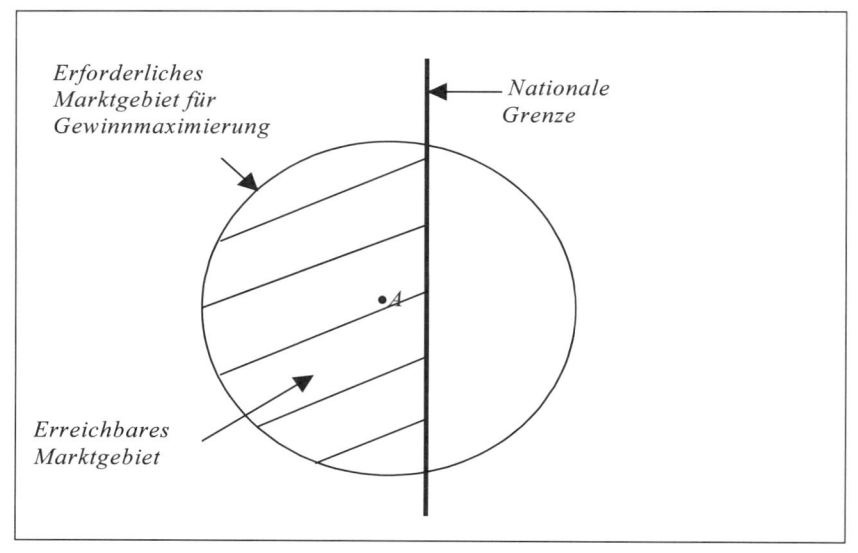

Erforderliches Marktgebiet für Gewinnmaximierung

Nationale Grenze

Erreichbares Marktgebiet

Quelle: Eigene Darstellung

Die Begründung LÖSCHS und anderer Standorttheoretiker für die ökonomische Rückständigkeit von Grenzregionen in geschlossenen Ökonomien hat Implikationen für die ökonomischen Auswirkungen der Grenzöffnung. Wenn eine Grenze für Handel durchlässiger wird oder Grenzhemmnisse vollständig abgebaut werden, dann nehmen die mit der geographischen Randlage verbundenen Gründe für geringe ökonomische Aktivitäten ab oder fallen ganz weg. Der Abbau von Handelshemmnissen erhöht die Standortattraktivität von Grenzregionen, weil Handelsliberalisierung das Marktgebiet von Firmen mit Standorten in Grenzregionen erweitert. Wenn es entfernungsabhängige Transportkosten gibt, steigt das Marktpotenzial von in Grenzregionen ansässigen Firmen im Zuge von Handelsliberalisierung im Vergleich zu jenem von Regionen im Landesinneren überproportional stark an. Der Anstieg des Marktpotenzials fördert die Ansiedlung von Firmen in zentralen Grenzregionen, d.h. in Regionen entlang der Grenze zwischen Integrationspartnern. Von hier aus können Firmen neben der inländischen ebenfalls die ausländische Nachfrage nach ihren Produkten bedienen. Des Weiteren können Firmen Produkte, für die der heimische Markt zu klein war, im integrierten Markt gegebenenfalls gewinnbringend anbieten, wenn sie sich an zentralen Standorten des Integrationsraums ansiedeln.

Während LÖSCHS Überlegungen zu den räumlichen Effekten der Integration sich auf keinen konkreten Integrationsfall beziehen, befasst sich GIERSCH (1949/50, 1988) explizit mit den räumlichen Auswirkungen der freien Faktormobilität und des Freihandels zwischen europäischen Ländern. Er begründet auf Basis eines Standortmodells, dass besonders zentrale Grenzregionen von der Europäischen Gemeinschaft ökonomisch profitieren werden. Ursächlich für diese Entwicklung ist nach GIERSCHS Ansicht, dass der Abbau von Grenzhemmnissen Agglomerationskräfte zugunsten von Standorten in zentralen europäischen Grenzregionen stärkt.[9]

---

[9] Vgl. GIERSCH (1949/50: 91).

2.2.3 Neue Ökonomische Geographie[10]

Die Neue Ökonomische Geographie befasst sich - ebenso wie die traditionelle Standorttheorie - mit der Erklärung räumlicher Wirtschaftsstrukturen und ihrer Veränderung im Zuge von Integrationsprozessen. Im Unterschied zu traditionellen Standortmodellen beinhaltet die Neue Ökonomische Geographie eine stark formalisierte Modellstruktur. Im Rahmen dieser Theorierichtung werden Elemente der neuen Außenhandelstheorie mit Ideen der traditionellen Standortlehre kombiniert. Hauptmerkmale dieser Modelle sind eine explizite räumliche Struktur, interregionale Transportkosten und steigende Skalenerträge in der Produktion. Die gleichgewichtige Raumstruktur resultiert aus den Standortentscheidungen von Firmen und Arbeitkräften (= Konsumenten), welche von konzentrationsfördernden (zentripetalen) und konzentrationshemmenden (zentrifugalen) Kräften beeinflusst werden.[11] Wenn die Zentripetalkräfte dominieren, dann sind die Produktionsfaktoren und Firmen ungleich auf die Regionen verteilt. Neben Agglomerationen mit hoher Wirtschaftsdichte gibt es dann Regionen, in denen nur wenig produziert wird.

Bedeutsame Zentrifugalkräfte sind die relative Knappheit von immobilen Produktionsfaktoren und nicht handelbaren Gütern in Agglomerationen sowie negative Agglomerationsexternalitäten, wie etwa Staukosten und hohe Kriminalitätsraten. Die wesentliche Zentripetalkraft, die ökonomische Akteure in eine Region zieht, ist ein relativ großer Heimmarkt, d.h. ein relativ hohes Marktpotenzial in der jeweiligen Region. Ein großer Heimmarkt beeinflusst den Gewinn von Firmen und den Nutzen der Arbeiter positiv. Ausschlaggebend hierfür sind zahlreiche Vorwärts- und Rückwärtsbeziehungen im Konsum- und Produktionsbereich. Arbeiter bevorzugen einen relativ großen Markt wegen des großen Angebotes relativ preiswerter lokal produzierter Güter und der dort herrschenden höheren Reallöhne (Vorwärtsbeziehung). Firmen haben im Falle eines großen Marktes guten Zugang zu Käufern von Zwischen- und Endprodukten (Rückwärtsbeziehung). Und schließlich konzentrieren sich vertikal verknüpfte Firmen räumlich, um Handelskosten für Zwischenprodukte zu sparen (Vorwärtsbeziehung).

Das interregionale Transportkostenniveau sowie der Mobilitätsgrad der Arbeitskräfte und Firmen sind ausschlaggebend für das Kräfteverhältnis von Zentrifugal- und Zentripetalkräften, und somit für die gleichgewichtige Verteilung von ökonomischen Aktivitäten im Raum. Sowohl die Transportkosten als auch die internationale Faktormobilität sind Gegenstand von Integrationsmaßnahmen, so dass Integration die räumliche Verteilung ökonomischer Aktivitäten verändern kann. Hinsichtlich des Einflusses von Integrationsmaßnahmen auf die Raumstruktur - und möglicherweise auf Grenzregionen - sind zwei Ergebnisse der Neuen Ökonomischen Geographie hervorzuheben:

(1) Die Reduktion von internationalen Handelskosten sowie die Liberalisierung internationaler Arbeitskräftemobilität beeinflusst das Kräfteverhältnis von Zentripetal- und Zentrifugalkräften auf der internationalen Ebene. Deshalb kann Integration die Verteilung von Produktionsfaktoren und Firmen zwischen Ländern verändern.

(2) Die Öffnung der ausländischen Märkte verändert die Referenzmärkte für inländische Nachfrager und Anbieter. Die hieraus resultierende geographische Neuorientierung

---

[10] Das Grundmodell der Neuen Ökonomischen Geographie geht zurück auf den amerikanischen Ökonomen KRUGMAN (1991a, 1991b). Inzwischen sind aus dem ursprünglichen Modell zahlreiche Modellvarianten hervorgegangen, die FUJITA et. al. (1999) zusammenfassen. Einen guten Einstieg in die Thematik bieten auch BRAKMAN et. al. (2001).

[11] Vgl. STILLER (2000).

ökonomischer Akteure kann die räumliche Verteilung von Produktionsfaktoren und Firmen zwischen den Regionen innerhalb von Ländern verändern.

Der unter Absatz (1) angesprochene Zusammenhang impliziert, dass Integration prinzipiell räumliche Auswirkungen haben kann. Der Übergang zu einer offenen Ökonomie kann Arbeitskräfte- und Firmenwanderungen zwischen den Integrationspartnern induzieren und dadurch die nationalen Faktorbestände verändern. Die Richtung dieser räumlichen Veränderungen ist nach Maßgabe der Modelle der Neuen Ökonomischen Geographie jedoch nicht eindeutig. In Abhängigkeit von der Modell- und Parameterwahl, insbesondere der an dem Niveau der internationalen Handelskosten gemessenen Integrationsintensität, kann Integration die räumlichen Disparitäten zwischen Ländern stärken, reduzieren oder sie erst entstehen lassen.

Der unter Absatz (2) angesprochene Zusammenhang impliziert, dass ein veränderter Marktzugang im Zuge von Integrationsprozessen die Standortwahl von Firmen und Arbeitskräften (Konsumenten) innerhalb von Ländern beeinflusst. Während ökonomische Akteure in geschlossenen Volkswirtschaften nach innen – auf den inländischen Absatz- und Beschaffungsmarkt – ausgerichtet sind, gewinnt die Außenorientierung bei Handelsliberalisierung an Bedeutung. Dann verliert der heimische Absatzmarkt für die Standortwahl in Relation zu dem gesamten erreichbaren Markt an Gewicht. Dies kann eine räumliche Umverteilung der Bevölkerung und der Industrie innerhalb von Ländern – möglicherweise zwischen Binnen- und Grenzregionen – auslösen.

In erster Linie zeigen die Modelle von ELIZONDO und KRUGMAN (1996) und FUJITA et. al. (1999), dass die Öffnung ausländischer Gütermärkte zu einer Veränderung der Ressourcenaufteilung zwischen den Regionen innerhalb eines Landes führen kann. Das wesentliche Ergebnis dieser Modelle ist, dass die internationale Liberalisierung des Güteraustausches das relevante Marktgebiet für Käufer und Verkäufer verändert. Sinken internationale Handelskosten, dann verliert der Inlandsmarkt als Absatz- und Beschaffungsort an Bedeutung.

Nach Maßgabe der Neuen Ökonomischen Geographie hängt es von einer Reihe von Faktoren ab, ob Integration tatsächlich die räumliche Verteilung von Wirtschaftsaktivitäten innerhalb von Ländern verändert. Nur unter bestimmten Bedingungen gibt die Ausrichtung ökonomischer Aktivitäten auf ausländische Märkte Anlass zur Bildung neuer wirtschaftlicher Zentren. Entscheidend für die räumlichen Auswirkungen der Integration sind das Niveau der internationalen Handelskosten und die Mobilität der Firmen und der Bevölkerung. Dass Integration die ökonomische Geographie eines Landes verändert und neue wirtschaftliche Zentren entstehen, ist umso wahrscheinlicher, je stärker die internationalen Handelskosten sinken, je mobiler die Firmen und die Bevölkerung innerhalb eines Landes sind und je größer die Bedeutung des Auslandsmarktes im Vergleich zum heimischen Markt ist. Eine weitere Voraussetzung für interregionale Veränderungen im Zuge von Integration ist, dass Agglomerationskräfte, welche vor Integration für die räumliche Verteilung ökonomischer Zentren maßgeblich waren, an relativer Stärke verlieren. Denn dann ist es möglich, dass Firmen und Arbeitskräfte aus bisherigen ökonomische Zentren in Regionen wandern, welche vor Integration ökonomisch relativ unbedeutend waren, beispielsweise in Grenzregionen.

Ob Grenzregionen von den durch Integration ausgelösten Ressourcen-Reallokationen profitieren, geht aus den Modellen der Neuen Ökonomischen Geographie allerdings nicht unmittelbar hervor. Es sprechen jedoch einige ökonomische Argumente dafür, dass Integration einen Anstieg der Wirtschaftsdichte in zentralen Grenzregionen bewirken könnte.[12] Denn gerade zentrale Grenzregionen haben – bedingt durch ihre geographische Lage – geringe Zugangskosten zu den ausländischen Märkten. Dann haben sie erstens einen Kostenvorteil im internationalen Handel. Zweitens lässt die Nähe zu den ausländischen Absatz-, Beschaffungs- und Faktormärkten erwarten, dass zwischen den Regionen diesseits und jenseits der Grenze intensive grenzüberschreitende Rückwärts- und Vorwärtsbeziehungen im Konsum- und Produktionsbereich entstehen. Dies ist zumindest in fortgeschrittenen Integrationsphasen wahrscheinlich.

Aufgrund intensiver grenzüberschreitender ökonomischer Verflechtungen wächst das Marktpotenzial und damit der Heimmarkt zentraler Grenzregionen. Die durch Integration ausgelöste Veränderung des Marktpotenzials kann einen sich selbst verstärkenden Prozess industrieller Konzentration bedingen. Denn Arbeitskräfte wandern in die Regionen, wo ihre Verdienstmöglichkeiten am höchsten sind, also in Regionen mit hohem Marktpotenzial. Die Zuwanderung führt zu einem weiteren Anstieg des Marktpotenzials und des Reallohnniveaus, was weitere Zuwanderung nach sich zieht. Für Firmen sind Regionen mit steigendem Markpotenzial ebenfalls attraktive Standorte wegen des guten Zugangs zu Absatz- und Beschaffungsmärkten, der ihren Gewinn positiv beeinflusst. Auch die Möglichkeit von grenzüberschreitenden vertikalen Verflechtungen im Produktionsprozess kann Anlass für die Standortwahl in Grenzregionen sein. Setzt ein sich selbst verstärkender Prozess industrieller Konzentration ein, dann erfahren die Regionen diesseits und jenseits der Grenzen einen ökonomischen Aufschwung im Zuge der Integration.[13]

2.2.4 Zusammenfassung

Wir sind der Frage nachgegangen, was ökonomische Theorien hinsichtlich der Integrationseffekte in Grenzregionen implizieren. Generell sind Handelsmodelle relevant für Integrationsfragen, weil sie sich mit den Auswirkungen von Handelsliberalisierung auf nationale Produktionsmuster befassen. Sie thematisieren aber nicht, wie sich die Veränderungen der gesamtwirtschaftlichen Produktion im Zuge von Spezialisierungsprozessen auf die einzelnen Regionen eines Landes auswirken. Deshalb können auf Basis von Handelsmodellen in dieser Tradition keine Aussagen zu den Integrationseffekten in Grenzregionen getroffen werden.

Hingegen betrachten die traditionelle Standorttheorie und die Neue Ökonomische Geographie explizit die räumliche Dimension. Diese Modellansätze implizieren, dass die Aufnahme und Intensivierung internationalen Handels die räumliche Verteilung von Ressourcen innerhalb von Ländern verändern kann. Im Zuge von Handelsliberalisierung gibt die geographische Umorientierung von Firmen auf ausländische Absatz- und Beschaffungsmärkte möglicherweise Anstoß zur Bildung neuer Wirtschaftszentren, während bisherige Standorte an Bedeutung verlieren.

Wenn es im Zuge von Integrationsprozessen zu räumlichen Verlagerungsprozessen kommt, dann ist deren Richtung nach Maßgabe der traditionellen Standorttheorie eindeutig. Firmen werden ihre Standorte von Binnenregionen in zentrale Grenzregionen verlagern. Auch aus Sicht der Neuen Ökonomischen Geographie sprechen einige Ar-

---

[12] So auch HANSON (1996).
[13] Interessant sind in diesem Zusammenhang die Studien von HANSON (1996, 1998) und KRUGMAN/HANSON (1993), deren Ergebnisse nahe legen, dass Handelsliberalisierung starke ökonomische Auswirkungen zugunsten von Grenzregionen mit sich bringen kann. Diese Studien zeigen, dass die Zollreduzierung zwischen den USA und Mexico dazu geführt hat, dass zahlreiche Firmen ihren Standort von Mexico-City in Regionen nahe der Grenze zu den USA verlegt haben.

gumente dafür, dass Integration die Wirtschaftsdichte in zentralen Grenzregionen positiv beeinflusst. Die traditionelle Standorttheorie und die Neue Ökonomische Geographie betonen hinsichtlich der räumlichen Effekte von Integration ähnliche Ursachen. Der Abbau von Handelshemmnissen hat positiven Einfluss auf die Standortbedingungen in zentralen Grenzregionen. Der Anstieg der Standortattraktivität von zentralen Grenzregionen geht im Wesentlichen darauf zurück, dass Handelsliberalisierung die Ausrichtung der ökonomischen Aktivitäten auf Auslandsmärkte stimuliert. Im Gleichzug verliert die Binnenorientierung an Bedeutung. Aufgrund ihrer räumlichen Nähe zu den Auslandsmärkten bieten sich zentrale Grenzregionen als Standorte für grenzüberschreitende ökonomische Interaktionen an. Grenzregionen erfahren im Zuge von Integrationsprozessen einen im Vergleich zu Binnenregionen höheren Anstieg ihres Marktpotenzials.

Ob es zentralen Grenzregionen aufgrund veränderter Standortbedingungen tatsächlich gelingt, Firmen, Bevölkerung und Produktionsfaktoren zu attrahieren, hängt nach Maßgabe der Neuen Ökonomischen Geographie davon ab, wie stark sich ihr Marktpotenzial verändert, wie groß ihr relativer Zugangsvorteil zu ausländischen Märkten ist, wie mobil Arbeitskräfte sowie Firmen sind und welches Potenzial für die Entwicklung grenzüberschreitender Vorwärts- und Rückwärtsbeziehungen es hier gibt. Integration verändert die räumliche Verteilung von Firmen und Produktionsfaktoren eher nicht, wenn Lock-in-Effekte und raumdifferenzierende Faktoren, welche die ursprüngliche Raumstruktur bewahren, dominieren.

Zu den angesprochenen Modellen der internationalen Handelstheorie, der traditionellen Standorttheorie und der Neuen Ökonomischen Geographie ist generell anzumerken, dass es sich bei den diskutierten Ansätzen um rein statische Modelle handelt. Dies impliziert, dass die Firmenzahl und die Verfügbarkeit an Produktionsfaktoren konstant sind. Hat Integration räumliche Effekte, so zeigen sich diese in einer regionalen Umverteilung der Firmen, wobei der Übergang zwischen den Gleichgewichten vor und nach Integration als Anpassungsprozess interpretiert wird. Langfristig dürften die Wachstumseffekte von Integration jedoch bedeutender sein als diese einmaligen Allokationseffekte, weil Integration zahlreiche dynamische Komponenten beinhaltet. Wachstumstheoretische Ansätze sind im Hinblick auf unsere Fragestellung jedoch ungeeignet, weil sie in der Regel die räumliche Dimension vernachlässigen und die geographische Lage einer Region in diesen Modellen irrelevant für ihren Wachstumspfad ist. Deshalb erlaubt diese Theorierichtung noch weniger Rückschlüsse auf die Entwicklung von Grenzregionen im Integrationsprozess als die angesprochenen statischen Modelle. Es gibt auch Modelle, die Wachstumsaspekte in die Neue Ökonomische Geographie integrieren.[14] Die grundsätzlichen Schlussfolgerungen zu den Integrationseffekten, wie sie aus den statischen Modellen resultieren, verändern sich durch die Erweiterung der Modelle der Neuen Ökonomischen Geographie um Wachstumsaspekte jedoch nicht.

2.3 Fazit

Eine spezifische Theorie zur Analyse von Integrationseffekten in Grenzregionen existiert nicht. Und der Grundbaustein der Integrationstheorie, die traditionelle Handelstheorie, ist zur Herleitung räumlicher Implikationen von Integrationsprozessen wenig geeignet. Hingegen haben die traditionelle Standorttheorie und die Neue Ökonomische Geographie Implikationen für die räumlichen Auswirkungen von Integration. Die Ursache für die Möglichkeit positiver Integrationseffekte in Grenzregionen ergibt sich gemäß diesen Theorierichtungen aus der Veränderung der relativen geographischen Lage

---

[14] So zum Beispiel MARTIN; OTTAVIANO (1999).

der Grenzregionen. Während Grenzregionen auf der nationalen Ebene periphere Regionen sind, erlangen die Regionen entlang der Schnittstelle zwischen Inlands- und Auslandsmärkten eine zentrale Lage im gemeinsamen Markt zweier aneinander grenzender Integrationsländer. Deshalb steigt das Marktpotenzial von Grenzregionen im Zuge von Integrationsprozessen an.

Ohne konkrete Kenntnis der Integrationsbedingungen erlauben die betrachteten Theorien keine eindeutige Prognose darüber, ob Integration die Wirtschaftskraft von Grenzregionen erhöht. Die räumlichen Effekte des Grenzabbaus hängen vor allem von der Höhe der internationalen Handelskosten, der Integrationsintensität und der Mobilität von Firmen und Arbeitskräften ab. Ferner gibt es Faktoren, welche die Bewahrung der Raumstruktur, wie sie vor der Integration entstanden ist, unterstützen. Sind diese Kräfte relativ stark, dann sind gravierende Veränderungen der geographischen Verteilung wirtschaftlicher Aktivitäten im Zuge von Integrationsprozessen relativ unwahrscheinlich. Das Fazit der Betrachtungen ist mithin, dass ökonomische Integrationstheorien alles in allem nur sehr vage Schlussfolgerungen erlauben hinsichtlich der ökonomischen Effekte von Integration in Grenzregionen.

Letztlich ist es eine empirische Frage, ob und gegebenenfalls wie die Integration die Grenzräume entlang der Schnittstelle zwischen sich öffnenden Inlands- und Auslandsmärkten beeinflusst und ob im Zuge von Integrationsprozessen neue wirtschaftliche Zentren in Grenzregionen entlang der EU-Binnengrenzen entstehen.[15] Allerdings gibt es bislang keine umfassende empirische Studie zur Entwicklung von europäischen Grenzregionen im Integrationsprozess. Und die bisher vorliegenden Fallstudien erlauben es nicht, eindeutige Aussagen zu den Integrationseffekten in Grenzregionen abzuleiten. Um Integrationsprozesse in Grenzregionen politisch adäquat begleiten zu können, besteht mithin umfangreicher theoretischer und empirischer Forschungsbedarf hinsichtlich der Integrationsauswirkungen in Grenzregionen. Neben der Betrachtung „alter" EU-Grenzregionen ist es angezeigt, aufmerksam zu beobachten, wie sich die im Zuge der Erweiterung hinzukommenden „neuen" EU-Grenzregionen entwickeln werden.

---

[15] Für einen Überblick zu empirischen Studien über Grenzregionen und Grenzeffekte siehe VAN HOUTUM (2002) und NIEBUHR; STILLER (2002).

Hayo Herrmann / Michael Schack

3. Fallstudien für deutsch-dänische Grenzräume

Die empirischen Analysen beschäftigen sich u.a. mit der Frage, inwieweit die sozioökonomische Entwicklung der Grenzräume auf beiden Seiten der Grenze unterschiedlich verläuft und sich eher nach den jeweiligen übergeordneten Regionen bzw. der nationalen Ebene richtet oder ob sie sich eher an der Nachbarregion jenseits der Staatsgrenze orientiert.

3.1 Überblick über die Grenzräume

Die deutsch-dänischen Grenzräume stellen ein Bindeglied zwischen den Staaten Skandinaviens und Westeuropas dar. Seitdem Dänemark im Jahre 1973 der Europäischen Gemeinschaft beitrat, gewann auch die grenzüberschreitende Zusammenarbeit an Bedeutung. Die Freizügigkeit von Arbeitnehmern, Kapital, Gütern und Dienstleistungen erstreckte sich mit dem Beitritt auch auf ein Land des skandinavischen Raumes. Seit Ende der 80er Jahre wurden zudem grenzüberschreitende Projekte initiiert, die durch die Gemeinschaftsinitiative INTERREG (I, IIA, IIIA) gefördert werden und die grenzüberschreitende Zusammenarbeit gefestigt haben.

Die großräumige wirtschaftsgeographische Lage der Grenzräume steht unter dem Eindruck der Nord- und Osterweiterung der Europäischen Union und der Einbindung Polens und der Baltischen Staaten in die europäische Arbeitsteilung. Der westliche Ostseeraum, bislang eher eine europäische Randregion, bildet nun eine Schnittstelle zwischen den traditionellen Wirtschaftszentren Westeuropas und der gesamten Ostseeregion. Er hat damit die Chance, als Drehscheibe für den Ostseehandel und als Landbrücke für Skandinavien zu einem entscheidenden Motor in diesem Integrationsprozess zu werden. Für den Grenzraum liegen Potenziale und Risiken dieser Prozesse dabei eng beieinander: Die Öffnung bedeutet besseren Marktzugang, aber auch mehr Konkurrenz. Die wachsenden Verkehrsströme sind Abbild zunehmender Zusammenarbeit, aber auch Quelle für Belastungen von Menschen und Umwelt.

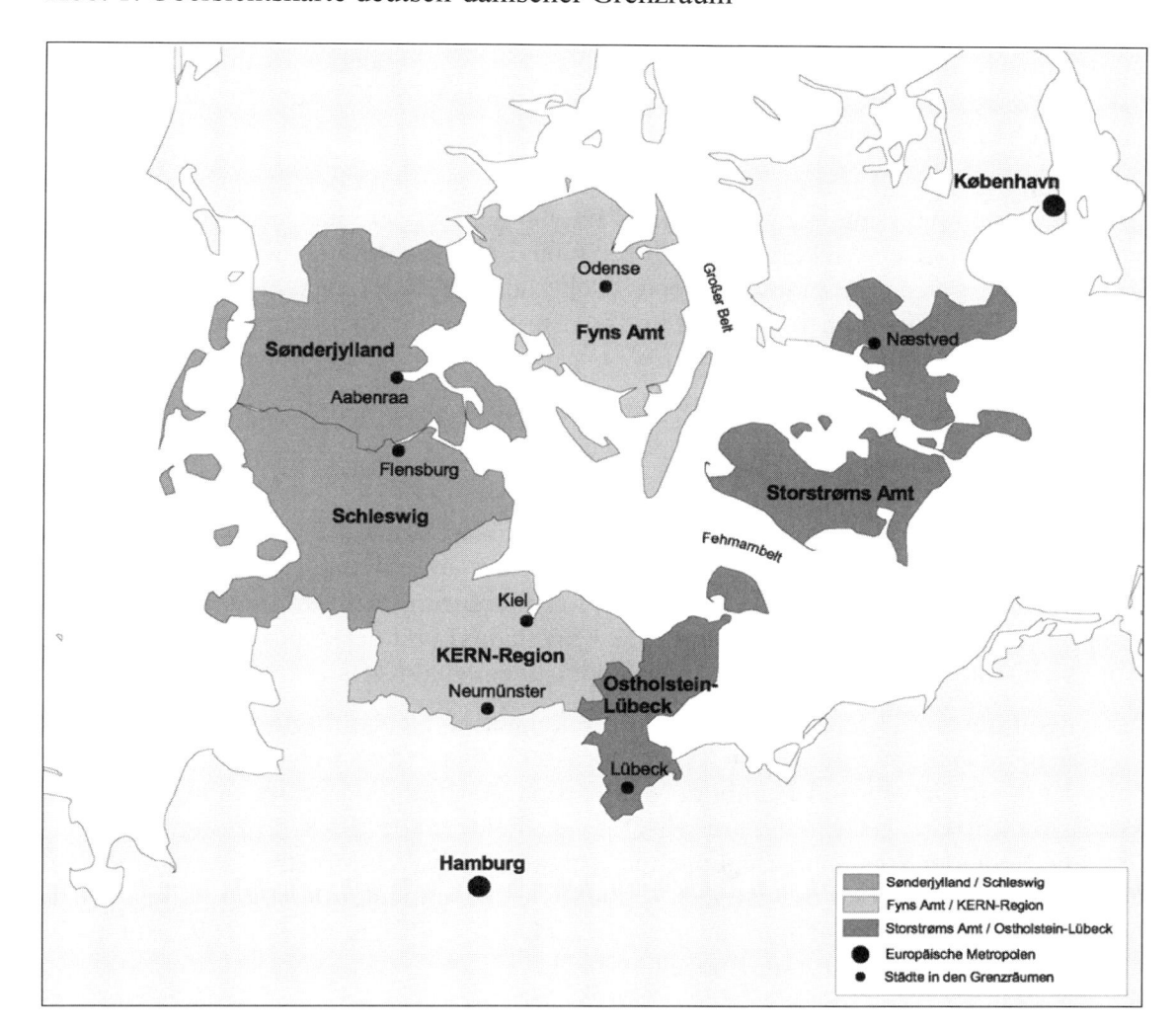

Abb. 1: Übersichtskarte deutsch-dänischer Grenzraum

Sønderjylland/Schleswig

Der einzige deutsch-dänische Grenzraum, der durch eine Land- und nicht durch eine Wassergrenze getrennt ist, bildet den Arbeitsbereich der grenzüberschreitenden Kooperation zwischen Sønderjyllands Amt auf dänischer Seite und den Kreisen Nordfriesland und Schleswig-Flensburg sowie der kreisfreien Stadt Flensburg auf deutscher Seite. Es kann dabei auf eine lange Zusammenarbeit zurückgeblickt werden, die in den vorangegangenen Jahren eher projektorientiert organisiert wurde. Insbesondere auch – aber nicht nur – angelehnt an die INTERREG-Fördermittel seit 1989/1990 entwickelte sich zunehmend eine institutionalisierte Zusammenarbeit. Mit der Unterzeichnung der *Vereinbarung über die Errichtung der Region Sønderjylland/Schleswig* am 16. September 1997 wurde ein grenzüberschreitender Regionalrat gebildet, in dem je 21 Vertreter von deutscher und dänischer Seite aus Politik und Interessenverbänden repräsentiert sind.

Die Interaktionen über die Grenze hinweg werden in diesem Grenzraum zum Teil auch durch sozio-kulturelle Faktoren behindert. So sind es nicht nur, vielleicht nicht einmal vorrangig, wirtschaftsgeographische Differenzen, die einer weitergehenden Integration des Grenzraumes entgegenstehen, sondern ein ganzes Bündel von Faktoren, die in ihrer Summe hoch gesteckte Erwartungen dämpfen.

Eine gemeinsame Interessenlage ist im Grenzraum vor allem in Bezug auf die Schaffung eines gemeinsamen grenzüberschreitenden Arbeitsmarktes zu sehen. Raumordnungspolitisch steht außerdem seit Ende 2002 ein Regionalentwicklungsplan in der Diskussion, in dem ein gemeinsames grenzüberschreitendes Konzept für die regionalökonomische Entwicklung formuliert werden soll.

Insgesamt gesehen hat die grenzregionale Zusammenarbeit über die letzten Jahre an Form gewonnen, und entgegen den Befürchtungen der Gegner einer institutionell gefestigten Kooperation entwickeln sich Sønderjylland und Schleswig mehr und mehr zu einem gemeinsamen Grenzraum – wenngleich auch deutlich langsamer als in anderen vergleichbaren Grenzräumen Europas und z.T. mit einem eher pragmatischen und problemorientierten Zugang.

Storstrøms Amt/Ostholstein-Lübeck

Der Grenzraum Storstrøms Amt/Ostholstein-Lübeck ist der östliche der drei deutsch-dänischen Grenzräume, die in der EU-Gemeinschaftsinitiative INTERREG verankert sind. Er besteht aus der dänischen Grenzregion Storstrøms Amtskommune im Norden (Inseln Lolland, Falster, Møn, südlicher Teil Sjællands) und der deutschen Grenzregion Ostholstein-Lübeck im Süden (kreisfreie Stadt Lübeck und Kreis Ostholstein).

Für den Grenzraum ist die europäische Verkehrsader „Vogelfluglinie" ein wichtiges Bindeglied, das dem Grenzraum den Charakter einer Transitregion zwischen Südschweden/Kopenhagen und Hamburg/Westeuropa gibt. Ende der 80er Jahre führte die Diskussion um eine feste Fehmarnbelt-Querung beide Teile des Grenzraumes zusammen: Die Ende der 70er Jahre begonnenen Kontakte zwischen Storstrøms Amt und dem Kreis Ostholstein wurden intensiviert, schließlich führte nicht zuletzt die Fehmarnbelt-Diskussion zu einer Teilnahme am ersten INTERREG-Programm ab 1992, nunmehr unter Einschluss der Hansestadt Lübeck.

Der Antrieb zu enger Zusammenarbeit bildete sich also nicht aus grenzüberschreitenden Aktivitäten. Sie spielen hier wie beim Grenzraum Fyns Amt/KERN-Region keine Rolle. Verbindend wirken vielmehr gemeinsame Strategien gegenüber zentraler Verkehrspolitik und zur Entwicklung einer gemeinsamen Position zu den großen jeweils benachbarten Metropolen Hamburg und Kopenhagen. Insofern bestehen im Vergleich zum traditionellen deutsch-dänischen Grenzraum Sønderjylland/Schleswig erhebliche Unterschiede, auch gegenüber dem Grenzraum Fyns Amt/KERN-Region, bei dem eine entsprechende Klammer gemeinsamer Interessen nicht so offenkundig vorliegt.

Fyns Amt/KERN-Region

Der Grenzraum Fyns Amt/KERN-Region ist der mittlere der drei deutsch-dänischen Grenzräume, die in der EU-Gemeinschaftsinitiative INTERREG verankert sind. Im Gegensatz zum Grenzraum Sønderjylland/Schleswig besteht zwischen dem dänischen und deutschen Teil keine gemeinsame Land-, sondern eine „nasse" Grenze in Gestalt der südwestlichen Ostsee (Kieler Bucht), die die beiden Grenzregionen trennt. Dagegen ist die europäische Verkehrsader „Jütlandroute" (E20/E45) ein wichtiges Bindeglied, sie verläuft durch beide Teile des Grenzraumes und verbindet Südschweden und Dänemark mit dem deutschen und westeuropäischen Wirtschaftsraum. Dieser Verkehrsweg hat in den letzten Jahren durch die Fertigstellung der festen Verbindungen zwischen den Inseln Fyn und Sjælland (Große Belt-Querung) und zwischen Kopenhagen und Malmö/Südschweden (Öresund-Querung) an Bedeutung gewonnen.

Eine Beziehung zwischen den beiden Teilen des Grenzraumes ergibt sich ebenso wie im Raum Storstrøms Amt/Ostholstein-Lübeck nicht aus grenznahen Aktivitäten (Einkaufs-, Berufspendeln, Grenzhandel), wie sie in Grenzräumen mit einer Landgrenze üblich sind, sondern aus Ähnlichkeiten der Raumstruktur der beiden Grenzregionen, z.B. in Form von Kooperationspotenzialen der beiden in den Grenzregionen dominierenden Städte Kiel und Odense. Insofern bestehen gegenüber dem deutsch-dänischen Grenzraum Sønderjylland/Schleswig erhebliche Unterschiede, aber auch gegenüber dem Grenzraum Storstrøms Amt/Ostholstein-Lübeck, bei dem die Verkehrsader „Vogelfluglinie" eine starke Klammer gemeinsamer Interessen darstellt.

3.2 Sønderjylland/Schleswig

3.2.1 Positionierung

Die wirtschaftsgeographische Orientierung Sønderjyllands verläuft in Nord-Süd-Richtung. Sowohl zu den anderen angrenzenden Regionen im Norden als auch zu den wirtschaftsgeographisch bedeutsamen Gebieten in Dänemark existieren Austauschbeziehungen. Deutschland ist nach wie vor der wichtigste Handelspartner Dänemarks und bei weitem der wichtigste Exportmarkt für Sønderjylland. Eine spiegelbildliche Ausrichtung lässt sich in der deutschen Grenzregion nur bedingt wiederfinden. Zwar wird die Nähe zu Dänemark im Bereich Tourismus vermarktet (insbesondere in Flensburg), doch scheint es für deutsche kleinere und mittlere Betriebe schwieriger zu sein, auf dem dänischen Markt Fuß zu fassen.

Der deutsch-dänische Grenzraum umfasst die Landkreise Nordfriesland und Schleswig-Flensburg sowie die kreisfreie Stadt Flensburg auf der deutschen Seite, der dem Planungsraum 5 entspricht. Auf der dänischen Seite umfasst die Grenzregion allein das Amt Sønderjylland. Der Grenzraum wurde in Verbindung mit dem grenzüberschreitenden Programm INTERREG Ende der 1980er Jahre definiert und trägt seit 1997 die Bezeichnung Region Sønderjylland/Schleswig. Die Landesgrenze ist 68 km lang und verläuft quer über die Halbinsel Jütland. Der dänische Teil der Grenzregion wird häufig als Sønderjylland, der südliche Teil mit Landesteil Schleswig bezeichnet. Weiterhin finden sich für den südlichen Teil der Grenzregion im Dänischen die Bezeichnungen „Syd-Slesvig" oder einfach nur „Slesvig", während Sønderjylland auch als „Nordschleswig" bezeichnet wird.

■ Fallstudien für deutsch-dänische Grenzräume

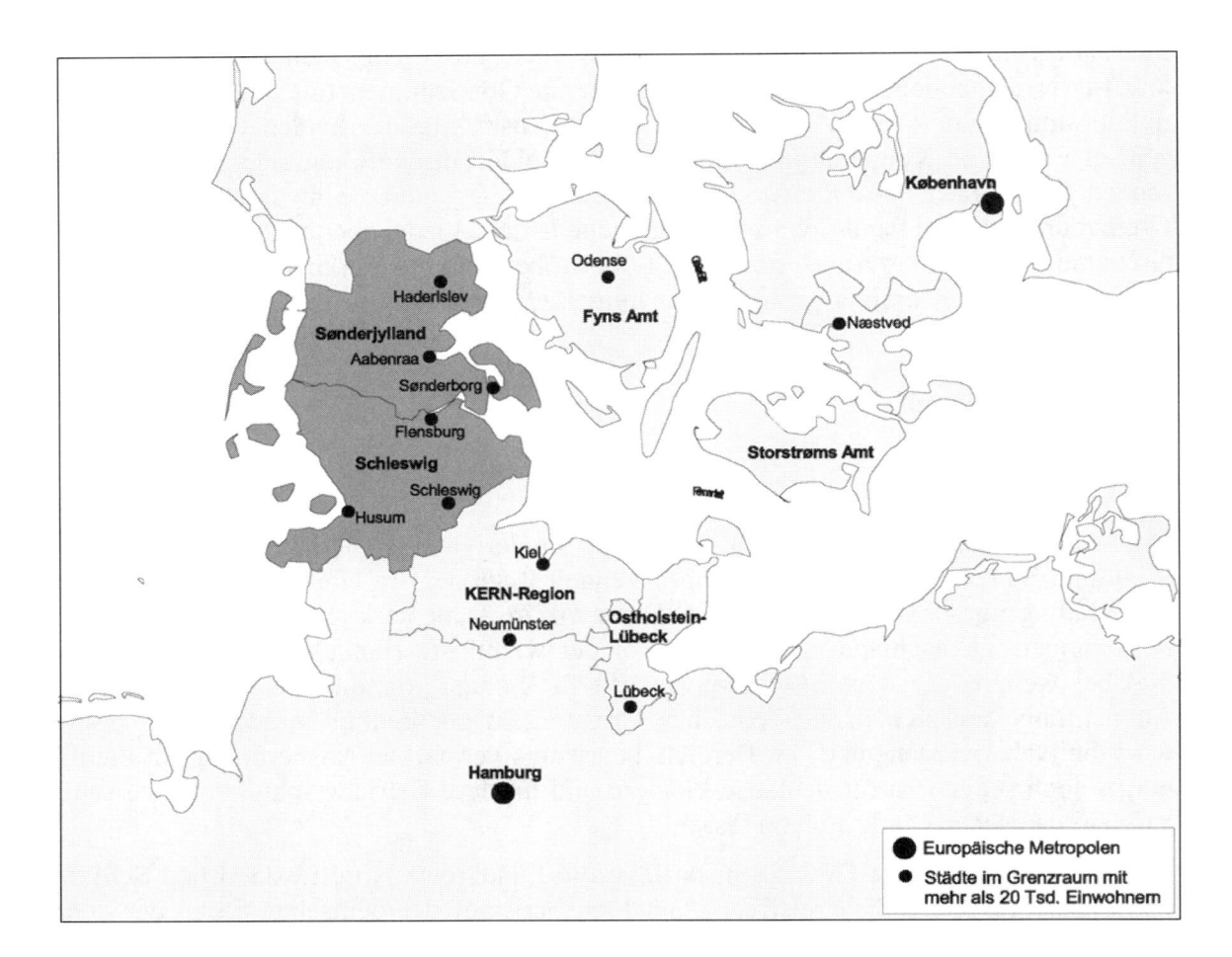

Abb. 2: Grenzraum Sønderjylland/Schleswig

Es existieren zwei Eisenbahnübergänge, ein Autobahnübergang, sechs weitere Straßenübergänge und einige kleinere, vorwiegend von der lokalen Bevölkerung genutzte Grenzübergänge, die seit Anfang des Jahres 2001 im Zuge des Schengen-Abkommens nicht mehr systematisch kontrolliert werden.

Die Grenze teilt den Grenzraum flächenmäßig in etwa zwei gleich große Hälften (Sønderjylland 3.938 km^2, Schleswig 4.177 km^2), wobei sich der Raum in nord-südlicher Richtung auf etwa 130 km erstreckt. Im südlichen Teil des Grenzraumes leben etwa 446.000, im nördlichen Teil etwa 250.000 Einwohner. Flensburg ist mit 80.000 Einwohnern die größte Stadt des Grenzraumes. Weitere Städte der Region sind Sønderborg (26.500), Haderslev (21.000) und Aabenraa (21.000) auf dänischer, Schleswig (26.500) und Husum (21.500) auf deutscher Seite. Der Grenzraum ist relativ zum übrigen Dänemark und Schleswig-Holstein dünn besiedelt (85 Einwohner je km^2), wobei die Bevölkerungsdichte im Westen am geringsten ist und gegen Osten hin zunimmt.

Die innere Raumstruktur der dänischen Grenzregion ist wesentlich von dem Fehlen eines regionalen Zentrums gekennzeichnet. Auf deutscher Seite nimmt Flensburg, die größte Stadt des Grenzraumes, eine Sonderposition ein. Ein weiterer wichtiger Aspekt der inneren Raumstruktur ist die unterschiedliche Größe der Verwaltungseinheiten. Während die deutsche Grenzregion unterhalb der Kreisebene über mehr als 200 Kommunen verfügt, ist das Amt Sønderjylland in nur 23 Kommunen gegliedert, die ein breiteres Aufgabenspektrum haben und entsprechend mit mehr Kompetenzen ausgestattet sind als die deutschen Kommunen.

Aus dieser unterschiedlichen Verwaltungsstruktur ergeben sich in der konkreten Zusammenarbeit über die Grenze zuweilen Unklarheiten über die Entscheidungsmöglichkeiten und -spielräume der beteiligten Gebietskörperschaften.

Tab. 1: Grenzraum Sønderjylland/Schleswig

Gebietskörperschaft	Einwohner
Sønderjyllands Amtskommune	250.000
Städte: Sønderborg	27.000
Haderslev	21.000
Aabenraa	21.000
Grenzregion Schleswig	446.000
Kreisfreie Stadt Flensburg	84.000
Landkreis Schleswig-Flensburg	198.000
Landkreis Nordfriesland	164.000
Weitere Städte: Schleswig	25.000
Husum	21.000
Grenzraum Sønderjylland/Schleswig	**696.000**

Städte mit mehr als 20.000 Einwohnern

3.2.2 Entwicklungslinien in den 80er und 90er Jahren

Die großräumige wirtschaftsgeographische Lage des Grenzraumes ist durch die Lage zwischen den Zentren beiderseits der Grenze gekennzeichnet. Während sich im Norden die Triangel-Region zwischen den Städten Vejle, Fredericia und Kolding anschließt und weiter nördlich Århus (die zweitgrößte Stadt Dänemarks) folgt, schließt sich im Süden des Grenzraumes die KERN-Region mit Kiel als Zentrum an. Die Transportwege über den Grossen Belt, die Øresundbrücke zwischen Kopenhagen und der Region rund um Malmö in Schweden, aber auch die zahlreichen Fährlinien in Richtung Norwegen und Schweden stellen die Verbindung zwischen Skandinavien und Deutschland her, die für den Grenzraum von Bedeutung sind. Hier bleibt abzuwarten, ob eine feste Querung über den Fehmarnbelt („Vogelfluglinie") realisiert wird und wie sich dies dann für den Grenzraum auswirkt.

Die Bevölkerungsentwicklung des Grenzraumes ist durch eine Zunahme der Anzahl von älteren Bürgern im Verhältnis zu den Jüngeren in der Bevölkerung geprägt. Dies entspricht dem generellen demographischen Wandel sowohl in Dänemark als auch in Deutschland. Eine insbesondere für die dänische Grenzregion bedeutsame Konsequenz besteht darin, dass damit auch die Anzahl der jüngeren Erwerbsaktiven abnimmt und auch weiter abnehmen wird (siehe Abb. 3, vor allem die Prognose bis 2010). Auf regionaler Ebene ist nur durch erhöhte Zuwanderung und/oder regionales Pendeln ein Ausgleich herzustellen. Davon kann allerdings, zumindest in der dänischen Grenzregion, vorerst kaum die Rede sein.

Der Zuwanderungssaldo ist über die letzten 10 Jahre für die Grenzregion negativ ausgefallen. Außerdem ist eine regionale Konkurrenz um diese Bevölkerungsgruppe zu konstatieren, wobei das Hauptproblem darin besteht, dass es vor allem die Jüngeren sind, die sich in andere Regionen Dänemarks (häufig größere Städte) orientieren – und dies entgegen dem üblichen Bild in Grenzräumen unter ökonomisch relativ günstigen Bedingungen und einem großen Angebot an Arbeitsplätzen. Hinzu kommt, dass sich in den letzten zwei Jahren das Lohngefälle zugunsten der größeren Wachstumszentren des Landes verlagert hat, was in den zehn Jahren zuvor kaum der Fall war. Daher steht zu befürchten, dass sich der Zuwanderungssaldo in Bezug auf die Bevölkerungsgruppe der jüngeren Erwerbsaktiven nicht zum Positiven verändern wird.

Was kurzfristig auf dem Arbeitsmarkt zu Engpässen führt, hat langfristig Auswirkungen auf die Haushaltslage der Ämter und Kommunen. Steigen auf der einen Seite die Ausgaben mittelfristig für soziale Einrichtungen aufgrund des Alterungsprozesses der Bevölkerung an, steht gleichzeitig zu erwarten, dass die Einnahmeseite durch verminderte Steuereinnahmen zunehmend unter Druck gerät. Auch das regionale Pendeln, das derzeit jedoch nicht unbedingt günstig für die dänische Grenzregion ausfällt, ändert an diesem Bild nichts.

In der deutschen Grenzregion zeichnen sich nicht im gleichen Maße Abwanderungstendenzen ab. Zwar machen sich auch hier die Veränderungen im Altersaufbau deutlich bemerkbar, doch werden sie nicht durch Abwanderung noch verstärkt. In den Jahren von 1990-1998 war hier ein Bevölkerungszuwachs von 5,4% zu verzeichnen, was in etwa dem Durchschnitt Schleswig-Holsteins entspricht (vgl. GRÖZINGER; SCHACK 2001: 11 f.).

Die Wirtschaftsstruktur im Grenzraum Sønderjylland/Schleswig stellt sich zum Teil unterschiedlich dar. In Sønderjylland ist der Großteil der Beschäftigten im Dienstleistungssektor beschäftigt, gefolgt vom produzierenden Gewerbe und hier insbesondere von der Metallindustrie. Südlich der Grenze findet man ein ähnliches Bild, wenngleich der Dienstleistungssektor eine etwas größere Bedeutung hat. Das produzierende Gewerbe gehört auch hier zu den größeren Beschäftigungsbereichen, wobei eine Besonderheit in der Schwerpunktbildung auf sehr kapitalintensiven Branchen liegt. Dies lässt sich auf einige große Einzelunternehmen zurückführen, die vor allem in der Kühltechnik, der Elektronik und im Schiffbau tätig sind.

Der Bereich Qualifikation, Forschung und Entwicklung weist in beiden Teilen des Grenzraumes Ähnlichkeiten auf. Als grundlegend muss dabei angesehen werden, dass ein Mangel an Hochqualifizierten schon seit Jahren konstatiert wird. Es ist jedoch nicht ganz eindeutig zu klären, wie Hochqualifizierte definiert werden. Offensichtlich gibt es auch Bewertungsunterschiede zwischen der Wirtschaft und der Politik, bzw. zwischen dem Bedarf, der sich aus der bestehenden Wirtschaftsstruktur ableitet, und eher politisch-programmatischen Zielsetzungen. Im Hinblick auf eine weitere Bedeutungszunahme des tertiären Sektors, aber auch unter Berücksichtigung der Bedeutungszunahme von wissensintensiven Produktionsweisen, stellt die Qualifizierung eine der Schlüsselherausforderungen innerhalb der Region dar. Es hat sich verstärkt in den letzten Jahren ein Wandel der Anforderungsprofile ergeben, vor allem induziert durch die Umstellung der Produktionsweisen und ein hohes Maß an Rationalisierung und Effektivierung mit dem Ziel der Produktivitätssteigerung. Man spricht hier von „jobless growth", also von Wachstum ohne größere Beschäftigungseffekte. Gleichzeitig stieg in den letzten Jahren der Bedarf an qualifizierten Arbeitnehmern, der zum Teil nicht mehr gedeckt werden konnte. Auch im tertiären Wirtschaftsbereich, vor allem im Gesundheitswesen, fällt es schwer, Personal zu rekrutieren. In der dänischen Grenzregion macht sich zunehmend die starke regionale Konkurrenz um Arbeitskräfte bemerkbar, die auch damit zusammenhängt, dass junge Menschen in Dänemark häufig zur Aufnahme eines Universitätsstudiums abwandern und nach abgeschlossener Ausbildung nicht zurückkehren (vgl.

HANSEN 2003). Ein Phänomen, das sich auch in anderen Grenzregionen als Problem darstellt, zeigt sich also auch hier, obwohl beispielsweise Hochschulstandorte der Syddansk Universitet oder der Universität und Fachhochschulen Flensburgs zur Verfügung stehen.

Das Problem des Grenzraumes scheint sich also nicht darauf zu beschränken, dass zu wenige Ausbildungsplätze vorhanden sind, sondern eher, dass es schwer fällt, diese Ausbildungsplätze zu besetzen. Eine Antwort auf diese Entwicklung ist die Zusammenarbeit von Bildungsinstitutionen im Grenzraum, um die Attraktivität der Ausbildungsstandorte zu erhöhen. So wurden gemeinsame Ausbildungsgänge initiiert und im Zuge der Hochschulzusammenarbeit durchgeführt.

Zu beiden Seiten der Grenze nimmt der Bereich der Aus-, Fort- und Weiterbildung eine wichtige Stellung ein. Während nördlich der Grenze Bildung traditionell einen sehr hohen Status hat, der sich in dem breit gefächerten Bildungsangebot widerspiegelt (erinnert sei an die dänischen *folkehøjskoler*, die nicht mit den deutschen Volkshochschulen vergleichbar, sondern internatsartige Ausbildungseinrichtungen sind), findet man in der Region Schleswig einen sehr hohen Anteil an Fördermitteln für die berufliche Bildung, der über dem Durchschnitt Schleswig-Holsteins und auch über dem Durchschnitt der alten Bundesländer liegt (GRÖZINGER; SCHACK 2001: 21). Dies trifft auch für die Ausgaben für allgemeine Arbeitsbeschaffungsmaßnahmen zu. In der Zusammenschau zeichnet sich ein Bild ab, in dem das Qualifikationsniveau insgesamt für die Grenzregion ein Problem darstellt, denn wenigen Hochqualifizierten stehen viele Niedrigqualifizierte auf den Arbeitsmärkten gegenüber (vgl. auch: DALL SCHMIDT 2002: 14 ff.).

Das Wirtschaftswachstum in den 80er und 90er Jahren und die konjunkturelle Entwicklung in Sønderjylland lässt sich in vier Phasen einteilen. Von 1980-1983 und im Zeitraum 1987-1993 kann man von einer schwachen konjunkturellen Entwicklung sprechen. Im Zeitraum 1983-1987 und vor allem seit Mitte der 90er Jahre hat sich die Konjunktur deutlich belebt. Die konjunkturelle Entwicklung und verschiedene arbeitsmarktpolitische Maßnahmen, die das frühere Ausscheiden aus dem Arbeitsmarkt begünstigten, führten auch dazu, dass sich die Zahl der Arbeitslosen im Zeitraum 1993-1999 halbiert hat. Gleichzeitig beträgt über den Zeitraum 1993-2000 der durchschnittliche Zuwachs des realen Bruttoinlandsproduktes 3,5% (gegenüber 3,1% für Dänemark insgesamt). Im Jahr 2000 liegt dieser Wert bei 4,1%. Damit zählt Sønderjylland in diesem Jahr zu den Regionen in Dänemark mit den höchsten Wachstumsraten neben Ribe und Roskilde Amt. (Der Durchschnittswert für Dänemark insgesamt liegt bei 3,0%. Datenquelle: Danmarks Statistik, 2002: Nyt fra Danmarks Statistik Nr. 101).

Sønderjylland zeichnet sich durch eine im Vergleich zum Durchschnitt Dänemarks hohe Produktivität der Beschäftigten aus. Gleichzeitig nahm die Zahl der Einwohner und der Erwerbstätigen nur unwesentlich zu. Auf deutscher Seite stellt sich das Bild anders dar. Zwar liegt auch hier die Produktivität über dem Vergleichsraum Schleswig-Holstein, doch liegt das pro Kopf-Bruttoinlandsprodukt auf Landesniveau, und die Zahl der Erwerbstätigen hat relativ zum Landesniveau etwas stärker abgenommen.

Im Vergleich der beiden Grenzregionen wird zudem deutlich, dass die Entwicklungen generell eher mit den übergeordneten Regionen vergleichbar sind, was die Indikatoren in der folgenden Darstellung angeht.

Wirft man einen Blick auf die langfristigen Entwicklungstrends im Grenzraum von den 80er Jahren bis zum Jahr 2000, dann ist auffällig, dass über all die Jahre hinweg kaum signifikante parallele Entwicklungsverläufe auf den Arbeitsmärkten beiderseits der Grenze erkennbar sind (siehe Abb. 5). Es scheint, als ob nicht etwa die Staatsgrenze einen trennenden Charakter hat, sondern dass unterschiedliche Sozialstrukturen insgesamt der Staatsgrenze diesen Charakter verleihen. In den meisten Bereichen, in denen ein verstärkter Austausch und eine höhere Interaktionsdichte gewünscht wird, und gerade durch die unterschiedlichen wirtschaftlichen Entwicklungen auch nahe liegen würde, stehen nicht etwa nur juristische oder administrative Hemmnisse einer gemeinsamen Entwicklung im Wege. Die steuerlichen Unterschiede und damit verbundenen Bedenken bei potentiellen Grenzpendlern können auf der Grundlage einer Untersuchung von EURES kaum als herausragende Barriere bezeichnet werden (vgl. EURES 2003).

Die Unterschiede auf den Arbeitsmärkten sind dort besonders auffällig, wo die Engpässe auf der einen und das Überangebot auf der anderen Seite langfristig zu Ausgleichbewegungen führen müssten. Dies ist jedoch kaum der Fall. Allerdings findet man auch kaum Unterschiede, die etwa einen direkten Einfluss auf das (verfügbare) Einkommen haben und das Grenzpendeln begünstigen würden. Auch grenzüberschreitende harmonisierte Maßnahmen zur Wiedereingliederung von Arbeitslosen in den Arbeitsmarkt, wie etwa die Möglichkeit von Bezuschussungen über die Grenze hinweg oder gemeinsame Fort- oder Weiterbildungsmaßnahmen, sind kaum anzutreffen. Kurz: Arbeitsmarktpolitische Maßnahmen verbleiben auf den nationalen Territorien.

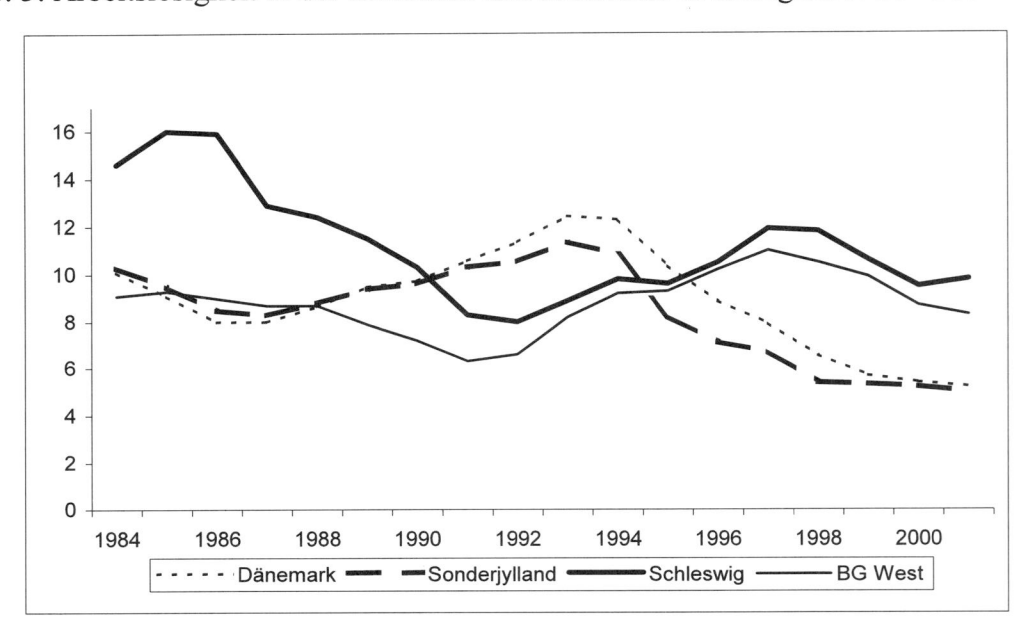

Abb. 3: Arbeitslosigkeit in der dänischen und deutschen Grenzregion 1984 - 2001

So ist denn auch erklärlich, dass viele derjenigen, die Grenzpendler sind, eher einen Nutzen aus unterschiedlichen Bedingungen auf dem Wohnungsmarkt ziehen oder aus familiären Gründen (z.B. Eheschließung) ihren Arbeitsplatz behalten, aber in das Nachbarland ziehen. Diese Gruppe macht unter allen Grenzpendlern immerhin etwa 50% aus. Die Gruppe derjenigen, die aus der Arbeitslosigkeit in ein Beschäftigungsverhältnis auf der anderen Seite der Grenze wechseln, ist vergleichsweise klein. Die Probleme, die mit den unterschiedlichen Sozial- und Steuersystemen zusammenhängen, werden zuweilen als Faktoren genannt, die das Pendeln nachhaltig negativ beeinflussen. Allerdings kann man nicht generell sagen, dass Pendler Nachteile in Kauf nehmen müssen. Häufig sind es individuelle Konstellationen, die Pendler gegenüber ihren Kollegen schlechter stellen.

An dieser Stelle spielen jedoch auch soziokulturelle Faktoren eine nicht unerhebliche Rolle. Die Staatsgrenze als *Sprachengrenze* macht sich ebenso bemerkbar wie die Staatsgrenze als *Mentalitätsgrenze* – und dies im Grunde auf allen Beobachtungsebenen. Sei es auf dem grenzregionalen Arbeitsmarkt, bei der Betrachtung grenzregionaler Unternehmensverflechtungen oder in den politisch-administrativen Systemen beiderseits der Grenze. Hier sind es vor allem die *erwarteten* Unterschiede, die dazu führen, dass sich der Alltag im Wesentlichen innerhalb der nationalen Grenzen abspielt.

Es stellt sich dabei immer wieder heraus, dass der mentale Abstand zwischen Deutschen und Dänen, der in einigen Bereichen besonders groß und in anderen hingegen klein erscheint, von nicht zu unterschätzender Bedeutung ist. Groß ist der Abstand vor allem dann, wenn es eher *Erwartungen* sind, die das Verhalten der Akteure (Unternehmer, Arbeitnehmer, Politiker u.a.) bestimmen. So beurteilen diejenigen dänischen Unternehmer Schwierigkeiten bei der Anstellung Deutscher in ihren Betrieben als gravierend, die gleichzeitig auf keinerlei Erfahrung mit deutschen Mitarbeitern hinweisen können. Diesen Schluss legt jedenfalls eine Untersuchung von TINA MELTZER HANSEN und TORBEN DALL SCHMIDT aus dem Jahre 2000 nahe (MELTZER HANSEN; DALL SCHMIDT 2000). Andererseits hat sich über Jahrzehnte hinweg etwa für Handwerksbetriebe in Deutschland ein Bild durchgesetzt, in dem es quasi unmöglich ist, als Anbieter auf dem dänischen Markt tätig zu werden. Auch in diesem Fall basierte diese Erwartung auf einem Mythos, der erst in jüngster Zeit überwunden werden konnte.

Kleiner scheint der mentale Abstand vor allem dort, wo auf gemachte Erfahrungen zurückgegriffen werden kann oder wo in klar abgegrenzten Bereichen eine Zusammenarbeit sichtbare Erfolge erwarten lässt. Zum Beispiel wurde im Gesundheitswesen eine Zusammenarbeit über die Grenzen realisiert, bei der nicht ausgeschöpfte Kapazitäten südlich der Grenze Patienten nördlich der Grenze zugute kommt. Eine Rekrutierung deutscher Ärzte, die innerhalb eines Projektes über ein Jahr hinweg versucht wurde, muss jedoch als wenig erfolgreich angesehen werden.

Beispielhaft sei im Übrigen auf die Zusammenarbeit der Arbeitsämter nördlich und südlich der Grenze mit dem Ziel der Vermittlung von Arbeitskräften im Rahmen von EURES hingewiesen oder auch auf die jüngst aufkeimenden Ideen zu einer gemeinsamen Wirtschaftsförderung. Auch hier sind es konkrete Initiativen, die die mentale Grenze überschreiten helfen und weniger das Fokussieren auf die Unterschiede.

Bei alledem darf allerdings nicht übersehen werden, dass wesentliche politische Entscheidungsbereiche nicht unmittelbar im Grenzraum angesiedelt sind, sondern von übergeordneten politischen Ebenen wahrgenommen werden. Auch den finanziellen Möglichkeiten einer Regionalförderung sind Grenzen gesetzt. Hier sei zunächst nur auf die unterschiedlichen Steuersysteme nördlich und südlich der Grenze verwiesen oder generell auf die unterschiedlichen administrativen Strukturen, die beispielsweise den dänischen Kommunen einen sehr viel höheren Stellenwert zukommen lassen als es südlich der Grenze der Fall ist.

Am Gradmesser der Bruttowertschöpfung lässt sich ablesen, dass man zumindest in Sønderjylland einen Anstieg der Produktivität zu verzeichnen hat, der im Vergleich zu anderen Regionen in Dänemark und im Vergleich zum Durchschnitt in Dänemark höher ausfällt. Es kann natürlich nicht gesagt werden, dass dies als eine Reaktion auf die Entwicklungen auf dem Arbeitsmarkt gewertet werden muss, doch wurden arbeitsintensive Produktionen wie in anderen Ländern auch zunehmend in so genannte Billiglohnländer ausgelagert. Auch war es selten möglich, Ansiedelungen von Unternehmen mit einem größeren Arbeitskräftebedarf in der Region zu etablieren – denn genau an qualifizierten

Arbeitskräften herrscht ein Mangel. Diese Befunde lassen sich mit Abstufungen über die letzten Jahre feststellen.

Entwicklungsparallelitäten bei Beschäftigung und Arbeitslosigkeit

Während noch Ende der 70er und Anfang der 80er Jahre die Arbeitslosenquoten im Grenzraum Sønderjylland/Schleswig auf ähnlichem Niveau lagen, hat sich seither ein Bild herauskristallisiert, das sich vor allem durch unterschiedliche Entwicklungslinien auszeichnet (siehe Abbildung 3). Seit Mitte der 90er Jahre ist dies insbesondere in Sønderjylland im Vergleich zum deutschen Teil des Grenzraumes sichtbar. Hier werden vor dem Hintergrund einer Entwicklung, in deren Verlauf sich das regionale Arbeitskräfteangebot deutlich verringerte, zunehmend Engpässe auf dem Arbeitsmarkt zum Problem regionaler Entwicklung. Gleichzeitig entspannt sich die Lage auf dem Arbeitsmarkt südlich der Grenze nur schleppend.

Für die letzten zehn Jahre kann festgestellt werden, dass die Grenzpendlerzahlen auf einem etwa gleich bleibenden Niveau liegen. Etwa die Hälfte aller Grenzpendler sind in das Nachbarland gezogen und wurden deshalb Grenzpendler. Dies bedeutet, dass von den etwa 2.500 Grenzpendlern nur etwa die Hälfte einen Job im Nachbarland gesucht und gefunden haben. Die andere Hälfte hat den Wohnsitz verlegt und den Arbeitsplatz nicht gewechselt. Direkte Austauschbeziehungen auf dem Arbeitsmarkt sind bislang nur punktuell zu beobachten und scheinen sich nicht ausschließlich nach den unterschiedlichen Arbeitsmarktbedingungen auf beiden Seiten der Grenze zu richten (HANSEN; SCHACK 1997). Dabei sind bestehende direkte Pendelbeziehungen auf den Arbeitsmärkten des Grenzraumes vor allem zwischen Flensburg und dem unmittelbar angrenzenden Bov auf dänischer Seite zu beobachten.

Deutlich wird vor allem bei der Betrachtung der Beschäftigungsentwicklung, dass in der kreisfreien Stadt Flensburg im Zeitraum 1991-1999 ein erheblicher Rückgang der Beschäftigtenzahlen zu verzeichnen ist. Von 61.459 ging die Zahl der Beschäftigten auf 55.878 zurück. Im gleichen Zeitraum hatten die Kreise Nordfriesland und Schleswig-Flensburg zwar ebenfalls einen Beschäftigtenrückgang zu verzeichnen, doch dieser war bei weitem nicht so ausgeprägt und wurde vor allem bis Ende der 90er Jahre weitgehend wieder ausgeglichen.

In Sønderjylland nahm die Zahl der Beschäftigten ab 1994 kontinuierlich zu, und zwar um 4.722 von 123.738 Beschäftigten im Jahr 1994 auf 128.460 im Jahr 1999. Dieser Anstieg ist jedoch weitgehend abgeflacht, so dass etwa in 2001 die Zahl der Beschäftigten wieder abnahm, obwohl das ökonomische Wachstum sich auch weiterhin positiv entwickelt hat ("jobless growth") und im Jahre 2000 mit 4,1% deutlich über dem Landesdurchschnitt lag.

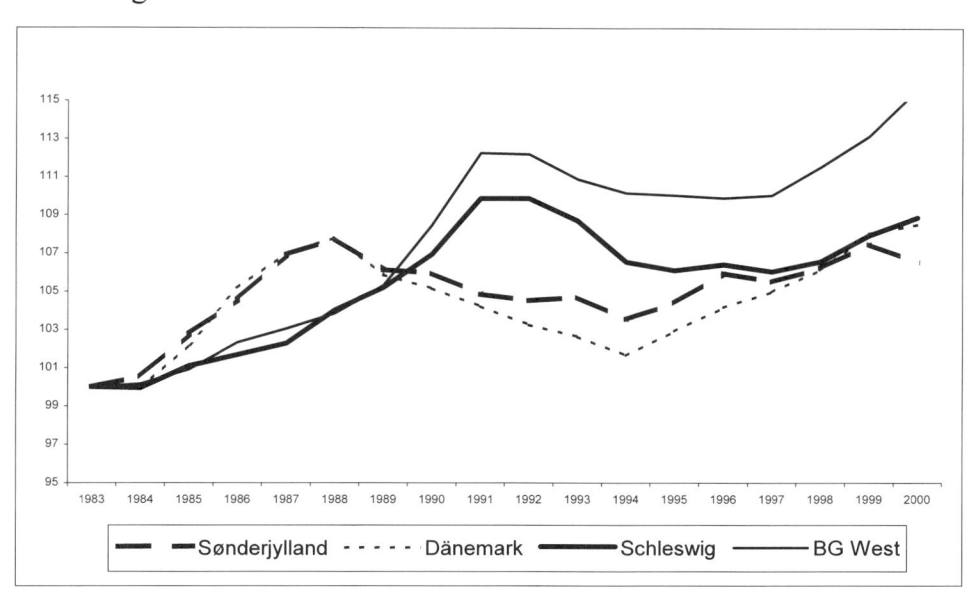

Abb. 4: Beschäftigungsentwicklung in der dänischen und deutschen Grenzregion 1983-2000

[Diagramm: Beschäftigungsentwicklung 1983-2000 für Sønderjylland, Dänemark, Schleswig, BG West]

Diese unterschiedliche Entwicklung in der dänischen und der deutschen Grenzregion zeichnete sich schon Anfang der 90er Jahre ab (BODE et al. 1991: 108). Eine Wirkung über die Grenze hinweg lässt sich jedoch kaum identifizieren.

Vergleicht man die Beschäftigungsentwicklung im Grenzraum mit den jeweiligen übergeordneten nationalen Räumen (Dänemark, Bundesgebiet West) anhand der Beschäftigtenanteile, dann zeigt sich, dass südlich der Grenze ab Ende der 80er Jahre und nördlich der Grenze ab Ende der 90er Jahre die Beschäftigtenanteile an den übergeordneten Räumen zurückgehen. Pointiert kann man sagen, dass neue Arbeitsplätze anderenorts geschaffen werden und nicht im Grenzraum. Während in Dänemark vor allem in den Wachstumsregionen (Triangel-Region Vejle, Kolding, Fredericia sowie die Hauptstadtregion) neue Jobs geschaffen wurden, war dies in Sønderjylland nicht in gleichem Maße der Fall. Südlich der Grenze hingegen ist es vor allem die kreisfreie Stadt Flensburg, die Verluste bei der Beschäftigung zu verzeichnen hat.

Fasst man diese Beobachtungen zusammen, dann lassen sich zwei Aspekte benennen, die für die Beschäftigungsentwicklung im Grenzraum wesentlich sind. Zum einen kann unabhängig von der jeweiligen konjunkturellen Entwicklung die Staatsgrenze nicht gleichzeitig als „Wohlfahrtsgrenze" beschrieben werden, die Interaktionen auf dem Arbeitsmarkt wahrscheinlicher machen. Darauf weisen die unterschiedlichen Verläufe der Arbeitslosenquoten hin. Offenbar trennen den Arbeitsmarkt hier fehlende Unterschiede was die Hohe des erwarteten Einkommens oder was die Erwartung in bezug auf mögliche Karriereverläufe angeht. Eine solche Öffnung des nationalen Arbeitsmarktes ist beispielsweise an den Grenzen der Schweiz zu beobachten (SCHACK 2000a). Dänemark ist für Deutsche ein typisches Urlaubsland, während Deutschland für die Dänen in erster Linie ein Einkaufsland ist – und dieses Bild scheint seit Jahren unverändert zu sein. Sogar Unternehmen, die auf beiden Seiten der Grenze tätig sind, haben Schwierigkeiten ihre Mitarbeiter für eine grenzüberschreitende unternehmensinterne Mobilität zu gewinnen. Dies ergab sich aus Gesprächen mit Unternehmensvertretern der Region.

■ Fallstudien für deutsch-dänische Grenzräume

Abb. 5: Bruttowertschöpfungstrends in der dänischen und deutschen Grenzregion
1988 - 2000

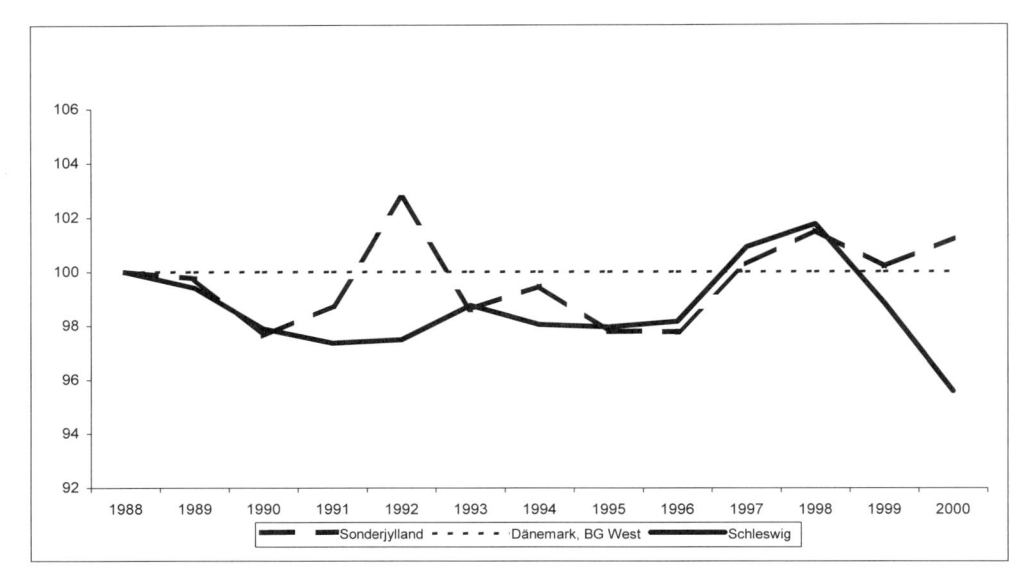

Zum anderen profitiert der dänische Teil des Grenzraumes nicht von positiven Beschäftigungsentwicklungen im übergeordneten nationalen Raum, während man südlich der Grenze – und vor allem in der kreisfreien Stadt Flensburg – aufgrund einer generellen negativen Entwicklung im übergeordneten nationalen Raum Beschäftigungsverluste seit Ende der 80er Jahre zu verzeichnen hat.

Abb. 6: Beschäftigungstrends in der dänischen und deutschen Grenzregion
1983 – 2000

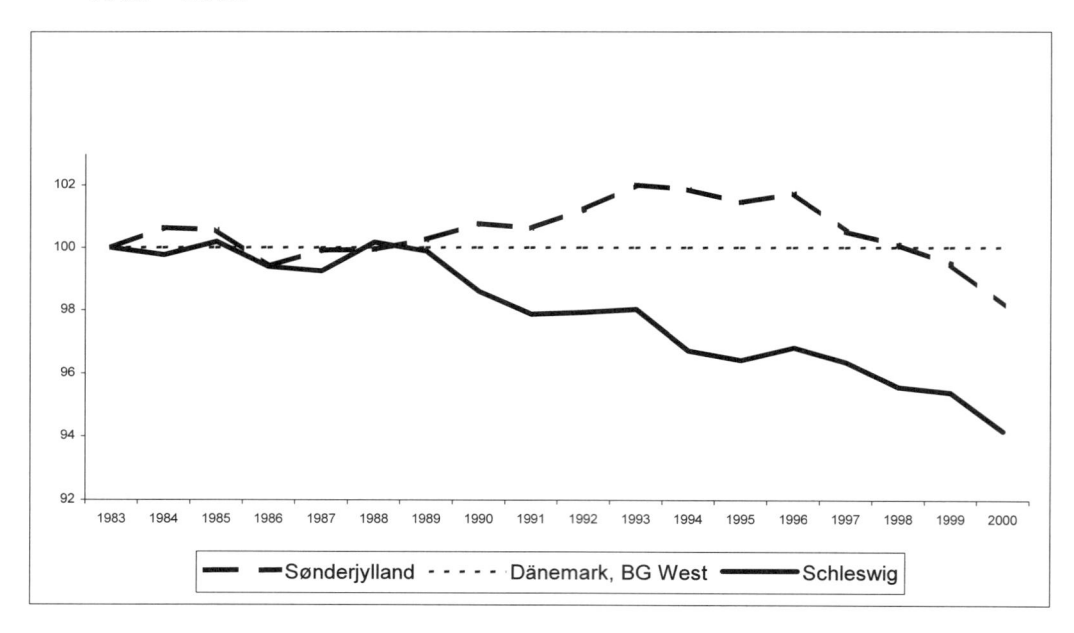

Gleichwohl stellt sich die Arbeitsmarktsituation auf beiden Seiten der Grenze unterschiedlich dar, und hier liegt es nahe, vor allem vier Gründe für eine verminderte grenzüberschreitende Interaktion auf dem Arbeitsmarkt anzuführen. Erstens besteht in der deutschen Grenzregion offensichtlich kein Überangebot an Arbeitskräften, deren Quali-

32

fikationen in Sønderjylland besonders nachgefragt werden. In beiden Grenzregionen werden trotz der unterschiedlichen Arbeitsmarktsituation Höherqualifizierte gesucht. Zweitens deutet der Vergleich des Qualifizierungsniveaus der Beschäftigten darauf hin, dass hier die deutsche Grenzregion etwas schlechter abschneidet als Sønderjylland. Drittens deutet ein Blick auf die Wirtschaftsstruktur (vor allem im produzierenden Gewerbe) darauf hin, dass man beiderseits der Grenze um Arbeitnehmer mit ähnlichen Qualifikationsmerkmalen konkurriert. Schließlich ist viertens der Bereich der Dienstleistungen – vor allem der öffentlichen Dienstleistungen – weitgehend von der grenzüberschreitenden Mobilität ausgenommen.

Dies kann an den besonderen kulturellen Kompetenzen liegen, die hier ins Gewicht fallen, und nicht ausschließlich an kompatiblen Ausbildungs- und Qualifikationsanforderungen. So unterscheiden sich die Unternehmenskulturen nördlich und südlich der Grenze zum Teil recht deutlich, was für die Unternehmen und die Arbeitnehmer eine nicht immer leicht zu überwindende Barriere darstellt (HANSEN/SCHACK 1997).

Entwicklungsbesonderheiten der Grenzregion

Eine Besonderheit des Grenzraumes ist zweifelsohne die Bedeutung des Grenzhandels, die sich in den letzten Jahren noch verstärkt hat. Aufgrund von zum Teil erheblichen Preisunterschieden, man denke etwa an die unterschiedliche Mehrwertsteuer (Dänemark: 25%, Deutschland: 16%) aber auch an Waren, auf die in Dänemark eine besondere Abgabe erhoben wird (Spirituosen, Bier Wein), stellt dieser aus der Sicht der in Sønderjylland ansässigen Einzelhandelsunternehmen zunehmend ein Problem dar. Während noch vor wenigen Jahren vor allem Zigaretten, Wein, Bier und Spirituosen südlich der Grenze eingekauft wurden, hat sich das Bild nunmehr verändert. Mittlerweile werden Waren aller Art südlich der Grenze eingekauft. Dabei ist zudem zu beobachten, dass es nicht mehr ausschließlich die *Grenzkioske* und *-shops* sind, in denen eingekauft wird, selbst wenn diese auch weiterhin für den Großteil der dänischen Kunden die größte Bedeutung haben. Als Indikator der Bedeutung dänischer Kunden für den Einzelhandel südlich der Grenze mag gelten, dass mit dänischen Zahlungsmitteln, aber auch mit dänischen Kreditkarten (Dankort) gebührenfrei in vielen Läden bezahlt werden kann – im Übrigen eine Veränderung gegenüber der Situation Anfang der 90er Jahre.

In einer vom Institut for grænseregionsforskning herausgegebenen Untersuchung über den Grenzhandel konnte ein markanter Wertanstieg der in Deutschland gekauften Waren nachgewiesen werden. Im Vergleich zum Jahr 2000 nahm der Umfang des Grenzhandels um 15% zu: 2001 kauften Dänen Waren im Werte von 5,4 Mrd. Kronen (725,8 Mio. €) südlich der Grenze ein. Damit ist die deutsch-dänische Grenze die bedeutsamste für den Grenzhandel in Dänemark insgesamt. Es kann vermutet werden, dass der Abbau der Grenzkontrollen im Rahmen des Schengener Abkommens (25. März 2001) hier einen Einfluss auf das Kaufverhalten gehabt hat, doch auch andere Aspekte des Grenzhandels haben sich verändert. So wurden 80% der Tagesfahrten nach Deutschland allein zu dem Zweck des Grenzhandels durchgeführt (BYGVRÅ 2002).

Auf der anderen Seite kauften Deutsche etwa für 2,5 Mrd. Kronen auf der dänischen Seite ein. Sowohl für Dänen als auch für Deutsche gilt jedoch, dass der Grenzhandel eine Einkaufsform ist, die vornehmlich innerhalb des Grenzraumes von Bedeutung ist: Die überwiegende Zahl der Grenzhandelnden wohnt in einem Umkreis von bis zu 25 km von der Grenze entfernt (BYGVRÅ 2002; BYGVRÅ/WESTLUND 2001). Jedoch ist für Deutsche das nördliche Nachbarland in Bezug auf den Grenzhandel aus anderen Gründen attraktiv. Es werden vorwiegend Waren aufgrund von Unterschieden in Design und

Aussehen gekauft und für viele Deutsche ist der Einkauf gleichzeitig mit einem Ausflug verbunden.

Dieser Unterschied zeigt sich zudem auch symbolisch. Während Attribute wie „dänisch" oder zuweilen die dänische Nationalflagge aktiv im Marketing verwendet wird, ist dies umgekehrt kaum denkbar. Man findet kaum eine Reklame, in der mit deutschen Attributen geworben wird. Zudem ist das Warensortiment in den typischen Grenzkiosken, die sich schon vor langer Zeit zu regulären Supermarktketten entwickelt haben, auf die dänischen Kunden zugeschnitten. Man findet hier Waren vor, die in Dänemark beliebt sind und bei denen ein großer Preisvorteil zu erzielen ist.

Diese grenzregionale Asymmetrie durchzieht viele weitere Bereiche. Betrachtet man etwa die Bruttowertschöpfung in der dänischen und deutschen Grenzregion, macht sich der Wiedervereinigungseffekt nur für die dänische Grenzregion bemerkbar (Abb. 5). Ab Mitte der 90er Jahre verlief dann die Entwicklung im Verhältnis zu den übergeordneten Räumen (Dänemark, Bundesgebiet West) positiv für beide Grenzregionen, um Ende der 90er Jahre wieder in unterschiedliche Richtungen zu weisen. Was die Beschäftigungsentwicklung im Verhältnis zu den übergeordneten Räumen angeht, war die Entwicklung südlich der Grenze seit Ende der 80er Jahre unterdurchschnittlich, während dies auf dänischer Seite erst Ende der 90er Jahre zu beobachten ist, als ein größerer Zuwachs an Arbeitsplätzen in den Wachstumsregionen Dänemarks stattfand.

3.2.3 Zukünftige Entwicklungslinien

Ein wichtiger Aspekt der zukünftigen Entwicklungslinien in der Region Sønderjylland/Schleswig ist die institutionelle Verfestigung der grenzüberschreitenden Zusammenarbeit. Hier steht mit dem gemeinsamen Regionalrat ein Gremium zur Verfügung, das durch die Arbeit von verschiedenen Ausschüssen unterstützt wird. Trotzdem erscheint es wichtig, dass die grenzüberschreitende Zusammenarbeit stärker in Politik und Verwaltung verankert wird und Eingang in die alltägliche Verwaltungspraxis und in die regionale Politikformulierung findet.

Im Grenzraum setzt allmählich ein Umdenken ein, was die Ziele der Zusammenarbeit angeht. Wurde bislang vornehmlich auf das gegenseitige Verständnis der Kulturen, auf erste Ansätze gemeinsamer Aktionen und Maßnahmen gesetzt, wird nunmehr von den Akteuren auch auf einen integrativen Ansatz eines Regionalmanagements gesetzt. Es stehen damit nicht mehr die Unterschiede als Hemmnisse beiderseits der Grenze im Mittelpunkt des Interesses, sondern die möglichen Vorteile, die aus den Unterschieden gezogen werden können. Es bleibt jedoch festzuhalten, dass der grenzüberschreitenden Zusammenarbeit in weiten Teilen der Bevölkerung und im Alltag der Region keine sehr große Aufmerksamkeit zukommt.

Regionalpolitisch und -ökonomisch bedeutsam sind beiderseits der Grenze Elemente eines Strukturwandels, die sich durch die technische Entwicklung, die demographischen Bedingungen, eine Bedeutungszunahme des tertiären Sektors sowie die weiteren Entwicklungen der EU-Erweiterung auszeichnen. Letzteres dürfte die wirtschaftsgeographische Landkarte Europas nachhaltig beeinflussen. Ob und wie sich der Grenzraum dabei weiterentwickelt und welche besonderen Herausforderungen daraus ableitbar sind, kann derzeit nicht abgeschätzt werden. Jedoch muss in Zukunft, und dies heißt ab 2006/2007, davon ausgegangen werden, dass die Förderungen über das INTERREG Programm voraussichtlich nicht mehr in ähnlicher Höhe zur Verfügung stehen werden. Die Frage wird also sein, inwiefern in der Region selbst, eventuell unter Mithilfe der nationalen politischen Ebene, über regionale Entwicklungsprogramme Potenziale ausgeschöpft werden können, die sich aus der Grenzlage ergeben. Dabei sind solche Maßnahmen jedoch immer als flankierende Aktivitäten zu betrachten. Die grenzüberschreitende Kooperation als zukünftigen Motor der grenzregionalen wirtschaftlichen Entwicklung und Integration anzusehen, erscheint derzeit noch unrealistisch. Auf beiden Seiten der Grenze kommt der Zusammenarbeit mit anderen Gebietskörperschaften ein größeres Gewicht zu und es ist nach wie vor eine eher traditionelle Standortpolitik, die die regionale Wirtschaftspolitik prägt. Was also die grenzüberschreitende institutionelle Entwicklung angeht, dürfte mittlerweile klar sein, dass das Tempo dieser Entwicklung an Bedeutung gewinnt. So steht in Dänemark eine umfassende Kommunalreform bevor, in der Kommunen zusammengelegt werden sollen und etwa die Amtskommune Sønderjylland in der jetzigen Form vermutlich nicht weiterbestehen wird. Damit werden die administrativen Unterschiede nördlich und südlich der Grenze noch größer werden, als sie es schon heute sind. Eine kreisfreie Stadt, zwei Landkreise und 274 Kommunen in der deutschen Grenzregion stehen heute 23 Kommunen und einer Amtskommune in der dänischen Grenzregion gegenüber (vgl. für weitere Vergleiche BONG/KÜHL/ SCHACK/DALL SCHMIDT 2003).

Der demograpische Wandel in der Gesellschaft wird sich auch in Zukunft dadurch auszeichnen, dass das Durchschnittsalter der Arbeitskräfte steigt und dass die Bevölkerung sich insgesamt durch ein verändertes Konsumverhalten, aber auch durch veränderte Leistungsanforderungen etwa im Gesundheitswesen auszeichnen wird. Bleibt der Zuwanderungssaldo im Grenzraum insgesamt – vor allem aber in Sønderjylland – gleich (wie es verfügbare Prognosen voraussehen), dann ist von einer Verschärfung des Mangels an Jüngeren und Höherqualifizierten auszugehen, was sich nachteilig auf die Möglichkeiten des wirtschaftlichen Wachstums auswirken wird. Dies ist schon jetzt in Teilen zu beobachten. So ist die Knappheit an Arbeitskräften in Sønderjylland aller Voraussicht nach nicht durch vermehrte Zuzüge auszugleichen – es sei denn es gelingt, die Attraktivität des Grenzraumes insgesamt anzuheben und die grenzüberschreitenden Verflechtungen zu intensivieren.

Die Erweiterung der Europäischen Union ist ein weiterer Faktor, der sich auf die Situation des Grenzraumes auswirken wird – einerseits wegen der zu erwartenden Veränderungen in Bezug auf Förderungsmittel für Grenzregionen, andererseits wegen einer wirtschaftsgeografisch veränderten Lage in Europa insgesamt. Schon längst sind die osteuropäischen Staaten zu *Lokalisierungskonkurrenten* geworden, und die Baltische Region ist für den Grenzraum Sønderjylland-Schleswig weniger von Bedeutung, als es für die anderen beiden dänisch-deutschen Grenzräume der Fall ist. Dies würde bedeuten, dass innerhalb des Grenzraumes in erster Linie auf Impulse gesetzt werden muss, die aus der Region selbst kommen.

3.2.4 Vom geteilten zum verbundenen Grenzraum

Die Betrachtung der Situation und Entwicklung von Grenzräumen muss politisch-institutionelle, wirtschaftliche und kulturelle Aspekte einschließen, um Aussagen über den grenzregionalen Integrations- und Differenzierungsgrad treffen zu können (SCHACK 2000b). Dieser Grad der Integration oder Differenzierung macht sich in unterschiedlichen Kontexten bemerkbar und kann nicht generell für die Region Sønderjylland-Schleswig benannt werden. Je nachdem, welchen Kontext man betrachtet, stellt sich das Bild des Grenzraumes unterschiedlich dar (SCHACK 2001).

Politische und institutionelle Bedingungen der grenzüberschreitenden Kooperation

Die Probleme, die sich aus administrativen oder politischen Unterschieden ergeben, sind nicht neueren Datums, sondern seit Jahren bekannt. Auch Initiativen, die insbesondere durch INTERREG gefördert werden, haben zum Teil erheblich zu einem gemeinsamen Verständnis beigetragen. Gleichzeitig scheinen diese Initiativen doch nur schleppend zu Veränderungen beizutragen.

Der Grund dafür ist nicht allein im Grenzraum zu suchen. Auf dänischer Seite hat auf nationaler Ebene die Øresundregion eindeutig Vorrang wenn es gilt, die grenzüberschreitende Zusammenarbeit auch regionalpolitisch umzusetzen, wovon u.a. auch der Grenzraum Storstrøms Amt/Ostholstein aufgrund der geografischen Nähe profitiert. Dies hängt auch damit zusammen, dass das Investitionspozential und -verhalten von Unternehmen in der Hauptstadtregion ganz andere Größenordnungen erreicht als in der Region Sønderjylland-Schleswig.

Auf deutscher Seite kann ähnlich argumentiert werden. Hier sind die Landeshauptstadt Kiel als Teil des Grenzraumes Fyns Amt/KERN-Region oder Lübeck als Teil von Storstrøms Amt/Ostholstein-Lübeck Zentren, in denen andere regionalpolitische Spielräume ausgenutzt werden können als im Grenzraum Sønderjylland-Schleswig. Dies wird von den Akteuren der Region Sønderjylland-Schleswig vor allem dann ins Feld geführt, wenn es darum geht, strukturelle Schwächen der grenzüberschreitenden Zusammenarbeit im Verhältnis zu anderen Regionen zu identifizieren.

Allerdings muss auch angemerkt werden, dass man in der Region Sønderjylland-Schleswig über eine vergleichsweise große Erfahrung mit der grenzüberschreitenden Zusammenarbeit verfügt, wenngleich sie nach wie vor problem- und projektorientiert ist und eher punktuelle denn strukturelle Zusammenarbeitsformen hervorgebracht hat. Dies gilt insbesondere für die Schaffung des gemeinsamen Regionalrates, der als Gremium vorwiegend als Austauschforum dient, kaum aber die Möglichkeit hat, als eine eigenständige politische Institution zu handeln. Damit jedoch beschränkt sich die Arbeit des Regionalrates auf den Kontakt der Repräsentanten beider Seiten. Dies ist mehr oder weniger der Stand seit den 90er Jahren. Gleichzeitig waren jedoch nie zuvor so viele Repräsentanten beider Seiten in die grenzüberschreitende Zusammenarbeit involviert.

Es ist die Frage, ob ein erweiterter institutioneller Rahmen zumindest von dänischer Seite als ein Vorteil betrachtet würde, wenn etwa mehr Kompetenzen in den Regionalrat verlegt würden. Dieses Gremium war bei der Gründung des Regionalrates in Sønderjylland heiß umstritten und führte zu einer langwierigen und zum Teil hitzigen Debatte. Gegner der institutionellen grenzüberschreitenden Zusammenarbeit wurden mit einer Programmatik, die sich fast ausschließlich auf das Verhindern einer weiteren Institutionalisierung beschränkte, in den Amtsrat Sønderjyllands gewählt. Der damalige Amtsbürgermeister Phillipsen traf mit weiter gehenden Plänen kaum auf Sympathie in Teilen der Bevölkerung. Es stellte sich jedoch vor allem heraus, dass die Verknüpfung der grenzüberschreitenden Zusammenarbeit mit der europäischen Integration in Dänemark nicht unbedingt als vorteilhaft gesehen wird – und gerade dies wurde und wird von deutscher Seite immer wieder falsch eingeschätzt.

Ein anderer Aspekt des gemeinsamen oder verbundenen Grenzraumes betrifft das Engagement – allerdings auch die Möglichkeiten – der verschiedenen Akteursgruppen. Hier sind die Politik, verschiedene Verbände, die Sozialpartner und andere Interessenvertreter nicht nur grenzübergreifend, sondern auch im nationalen Rahmen noch nicht innerhalb eines gemeinsamen Leitbildes über die zukünftige grenzregionale Entwicklung vereint. Nördlich und südlich der Grenze wird in den regionalen Entwicklungskonzepten zwar auf die Möglichkeiten im Rahmen der grenzüberschreitenden Zusammenarbeit hingewiesen, doch fehlt es noch an konkreter Ausgestaltung und an einer mittelfristigen Strategie, um Zielsetzungen zu formulieren, die als eine Schittmenge der Interessen gelten können.

Der kulturelle Hintergrund des Grenzraumes

Im Gegensatz zu den beiden anderen deutsch-dänischen Grenzräumen spielt der kulturelle Hintergrund des Grenzraumes eine konkrete Rolle für die Entwicklung grenzüberschreitender Zusammenarbeit. Was die Institutionalisierung betrifft, machen sich durchaus Unterschiede kultureller Art bemerkbar. So krankte die Etablierung eines gemeinsamen Regionalrates nicht zuletzt daran, dass einerseits die eher zurückhaltende Haltung in Teilen der dänischen Bevölkerung in Bezug auf EU-Institutionen unterschätzt und andererseits gerade von deutscher Seite genau dieser Bezug immer wieder thematisiert wurde. Auch die Tatsache, dass mit den unterschiedlichen Sprachen auch unterschiedliche Kulturen einhergehen, wenn es beispielsweise um die Formulierung von Erwartungen an die Einrichtungen der grenzüberschreitenden Zusammenarbeit geht, sollte nicht unterschätzt werden. Dies ist im Übrigen eine Beobachtung, die sich auch an anderen Grenzen bestätigt findet.

Doch auch der historische Bezug der Region in Form der nationalen Geschichte macht sich insbesondere in der dänischen Grenzregion nach wie vor bemerkbar, da die Öffentlichkeit abseits von regionalwirtschaftlichen und -politischen Absichten und Zielvorstellungen für dieses Thema durchaus sensibilisiert ist. Zwar ist es möglich, regionalkulturelle Aspekte südlich der Grenze etwa im Bereich des Tourismusmarketing mit Einbezug der Nähe zu Dänemark einzusetzen, doch ist dies umgekehrt in der dänischen Grenzregion kaum der Fall.

Es ist auch fraglich, ob die Minderheiten beiderseits der Grenze die Integration des Grenzraumes fördern oder ob im Grunde der trennende Charakter der Grenze festgeschrieben wird. Immerhin werden beiden Minderheiten Förderungsleistungen in signifikanter Höhe zuteil, die in erster Linie darauf abzielen, die kulturelle Identität als Minderheit *jenseits* der Grenze zu erhalten. Auf der anderen Seite ergeben sich aus den Angeboten der kulturellen Einrichtungen (Kindergärten, Schulen, Bibliotheken, Presse) Möglichkeiten auch für die *Mehrheiten* im Grenzraum, die Kultur des Nachbarlandes kennen zu lernen. Möglicherweise finden sich hier nicht ausreichend ausgeschöpfte Potenziale, den trennenden Charakter der Grenze abzumildern.

Die sozio-ökonomischen Bedingungen des Grenzraumes

Generell kann davon ausgegangen werden, dass der Bereich des Arbeitsmarktes und hier die Trennung der Arbeitsmärkte in den beiden Grenzregionen insofern ein vordringliches Problem darstellt, als dass hier die Interessen beiderseits der Grenze weitgehend in eine Richtung weisen und gleichzeitig die Bedingungen nördlich und südlich der Grenze deutlich unterschiedlich sind. Die Akteure aus Politik, Wirtschaft und Verwaltung sehen hier Potenziale, die bislang noch nicht ausgeschöpft werden konnten. Hinzu kommt, dass der demographische Wandel, die zunehmende Bedeutung der Qualifizierung und Ausbildung von Arbeitskräften, die Produktivitätssteigerung der regionalen Wirtschaft und nicht zuletzt ein anstehendes gemeinsames Entwicklungskonzept die Herausforderungen sind, die beiderseits der Grenze vordringlich sind. Darüber besteht aus Sicht der Akteure Einigkeit.

Die Rekrutierungsschwierigkeiten insbesondere auf dänischer Seite weisen darauf hin, dass der Arbeitsmarkt in Sønderjylland insbesondere in Bereichen, in denen ein hohes Spezialisierungs- und Qualifikationsniveau gefordert wird, nicht sehr groß ist. Es ist mit anderen Worten ein Risiko damit verbunden, aus anderen Landesteilen hierher zu ziehen, um eine Arbeit aufzunehmen, weil es kaum Beschäftigungsalternativen *innerhalb* der Region gibt – im Gegensatz zu den Wachstumsregionen Århus/Vejle oder der Hauptstadtregion. Soll also eine Entwicklung vom getrennten zum verbundenen Grenzraum als Zielsetzung dienen, dann zeigt dieses Beispiel, dass das Attraktivitätsniveau der Grenzregionen insgesamt angehoben werden muss, um in den hier angesprochenen Teilbereichen eine Integration zu fördern, da die Grenzregionen je für sich dieses Ziel kaum erreichen werden.

3.3 Storstrøms Amt/Ostholstein-Lübeck

Die Fallstudie zum Grenzraum Storstrøms Amt/Ostholstein-Lübeck besteht aus zwei Teilen. Im ersten Teil (Abschnitte 3.3.1, 3.3.2 und 3.3.3) werden zunächst einige wichtige geographische und ökonomische Grunddaten zum Grenzraum genannt und die wirtschaftliche Entwicklung in den 80er und 90er Jahren sowie die künftigen Entwicklungsperspektiven dargestellt. Wichtigste Indikatoren sind Bevölkerung, Bruttoinlandsprodukt, Beschäftigung und Arbeitslosigkeit; Vergleichsmaßstab für die beiden Grenzregionen ist der jeweils übergeordnete Raum, also Dänemark auf der einen und Schleswig-Holstein bzw. das Bundesgebiet West auf der anderen Seite. Eine wichtige Basis für die empirischen Befunde ist eine Studie des Instituts für Regionalforschung in Kooperation mit dem Institut for graenseregionsforskning, die im Jahr 2000 im Auftrag des gemeinsamen INTERREG-Sekretariats Storstrøms Amt/Ostholstein-Lübeck für das INTERREG IIIA-Programmplanungsdokument entstand.[1]

Im Bericht zur Studie (HANSEN et al. 2000) sind eine Reihe der im Folgenden dargestellten Befunde im Detail und mit den zugehörigen Quellennachweisen dokumentiert. Zusätzliche empirische Befunde, die im Rahmen der Arbeitsgruppe „Europäische Grenzräume" entstanden sind, werden im Anhang dargestellt.

---

[1] Eine entsprechende sozio-ökonomische Analyse wurde vom Institut für Regionalforschung in Zusammenarbeit mit dem A K F Institut, Kopenhagen (Amternes og Kommunernes Forskningsinstitut) für das Vorläuferprogramm INTERREG II erarbeitet und 1994 publiziert (CNOTKA et al. 1994). Darüber hinaus wurde auf die Ausführungen in der Halbzeitbewertung des INTERREG IIA-Programms zurückgegriffen (HAWEL et al. 1999).

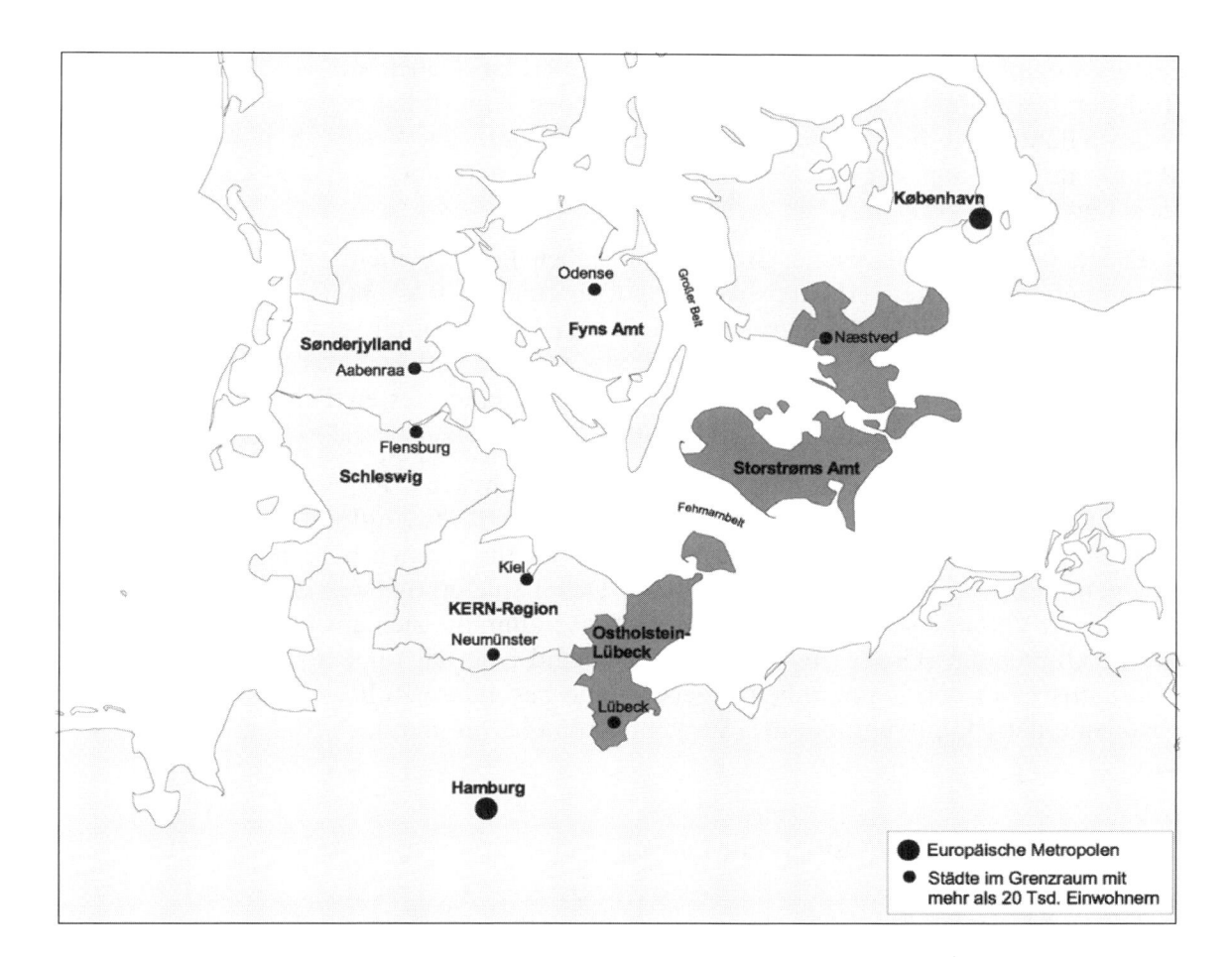

Abb. 7: Grenzraum Storstrøms Amt/Ostholstein-Lübeck

Im zweiten Teil (Abschnitt 3.3.4) wird der Weg vom getrennten zum verbundenen Grenzraum beschrieben. Ausgehend von den Bedingungen eines durch eine Landesgrenze getrennten Raumes und den Nachteilen einer bisherigen nationalen und europäischen Randlage werden die Motivation zu grenzüberschreitender Kooperation im Grenzraum identifiziert, die Entstehung und Weiterentwicklung institutioneller grenzüberschreitender Kooperationen und Netzwerke geschildert und die aktuelle Situation und die Potenziale grenzüberschreitender ökonomischer Aktivitäten eingeschätzt. Die Informationsbasis liefern hier neben statistischen Quellen und bereits vorliegenden Studien vor allem Gespräche, die im Rahmen der Arbeitsgruppe mit repräsentativen Persönlichkeiten aus dem Grenzraum geführt wurden.

3.3.1 Positionierung

Im gesamten Grenzraum leben knapp 700 Tsd. Einwohner, in der deutschen Grenzregion Ostholstein-Lübeck knapp 420 Tsd. Einwohner. Das sind 15% aller Schleswig-Holsteiner bzw. knapp 10% aller Einwohner des Wirtschaftsraumes Schleswig-Holstein/Hamburg. Herausragendes Zentrum ist die Hansestadt Lübeck. Sie stellt mit ihrem Ostseehafen Lübeck/Travemünde einen wichtigen Seetransit-Knotenpunkt im Ostseeraum dar. Innerhalb Deutschlands liegt die deutsche Teilregion zwischen der KERN-Region im Nordwesten, dem Hamburger Randgebiet im Süden und Westmecklenburg im Osten. Aufgrund der Nähe Lübecks zu Hamburg (ca. 50 km) überlappen sich die Umlandgebiete der beiden Hansestädte. In der dänischen Grenzregion Storstrøms Amt leben 260 Tsd. Einwohner, das sind knapp 5% aller Dänen. Ein dominierendes Regionszentrum ist nicht vorhanden. Innerhalb Dänemarks bildet der nördliche Teil der Insel Sjælland den Nachbarn im Norden (Hauptstadtregion Kopenhagen und Vestsjælland) und die Region Fyns Amt den Nachbarn im Westen. Seit 1997/98 ist die Region mit den meisten größeren dänischen Inseln, aber auch mit dem dänischen Festland durch feste Verkehrswege verbunden.

Die deutsche und dänische Grenzregion haben keine gemeinsame Landgrenze und auch noch keine feste Verkehrsverbindung über den ca. 20 km breiten Fehmarnbelt. Die Süd-Nord-Ausdehnung des gesamten Grenzraumes entspricht etwa der Distanz zwischen den Städten Lübeck und Næstved, sie erreicht 200 km, das entspricht ca. drei Stunden Fahrtzeit einschließlich Fährtransfer. Mit einer festen Fehmarnbelt-Querung würde sich diese Fahrtzeit um ca. 30 Minuten reduzieren.

Zwei wesentliche Aspekte der wirtschaftsgeographischen Lage sind die Position im überregionalen Verkehrssystem und die Nachbarschaft zu Agglomerationsräumen. Für den Grenzraum Storstrøm/Ostholstein-Lübeck ist die Transitroute E47/E55, also die *„Vogelfluglinie"*, von zentraler Bedeutung. Dabei spielen die Veränderungen der überregionalen Verkehrsströme im westlichen Ostseeraum, die sich aus den Eröffnungen der festen Querungen (Große Belt-Querung, Øresund-Querung) bei bislang traditionellem Fährdienst über den Fehmarnbelt ergeben, eine besondere Rolle, ebenso aber auch die Probleme der Elbquerung bei den Verkehrsströmen von und nach Süden bzw. Südwesten.

Tab. 2: Storstrøms Amt/Ostholstein-Lübeck

Gebietskörperschaft	Einwohner
Storstrøms Amtskommune	259.000
Städte: Næstved	40.000
Ostholstein-Lübeck	415.000
Kreisfreie Stadt Lübeck	213.000
Landkreis Ostholstein	202.000
Weitere Städte: Bad Schwartau	20.000
Grenzraum Storstrøms Amt/Ostholstein-Lübeck	**674.000**

Städte mit mehr als 20.000 Einwohnern

Die benachbarten großen Metropolen Kopenhagen/Malmö und Hamburg können durch ihre dominierende Stellung und ihre wachsende Anziehungskraft Impulse geben oder Wirtschaftskraft entziehen. Sie können also entweder eine Sogwirkung auf ihre Nachbarn ausüben, die die Rolle des Grenzraumes auf eine Transitfunktion reduziert, die Regionen im Umfeld der beiden Metropolen können aber auch im Rahmen von Dezentralisierungsprozessen deren Ausstrahlung umsetzen und eine eigenständige Rolle im Rahmen der intensiven Arbeitsteilung im westlichen Ostseeraum übernehmen.

Für die Wirtschaft der deutschen Grenzregion dominierte bis Ende der 80er Jahre die Orientierung in südwestlicher Richtung, d.h. auf den Wirtschaftsraum Hamburg sowie auf Nordwestdeutschland und Westeuropa – nicht zuletzt aufgrund des bis 1990 fehlenden Zugangs nach Westmecklenburg bzw. im weiteren Verlauf zu den Regionen Rostock, Stettin oder Danzig. Die 90er Jahre waren vor allem für den Süden der deutschen Grenzregion von der Öffnung des östlichen Hinterlandes und ersten Kontakten zu den Wirtschaftsräumen der südlichen Ostseeküste geprägt. Mit der EU-Norderweiterung und dem Entscheidungsprozess um die Aufwertung der Vogelfluglinie hat sich zusätzlich eine stärkere Orientierung nach Norden entwickelt.

Für die dänische Grenzregion besteht das dominierende Element der geographischen Lage in der räumlichen Nähe zur Metropolregion Kopenhagen und zukünftig zum Wirtschaftsraum Südschweden. Nach Eröffnung der beiden festen Querungen über den Großen Belt bzw. über den Øresund verbessert sich zwar auch der Zugang zur Insel Fyn und in die südschwedische Region, die Arbeitsmarkt- und Versorgungsfunktion Kopenhagens wird aber für Storstrøms Amt ungeachtet dieser Veränderung ihren besonderen Stellenwert erhalten, zumal in der dänischen Grenzregion kein dominierendes großes Wirtschafts- und Arbeitsmarktzentrum existiert.

Die innere Raumstruktur des Grenzraumes wird hier nur kurz dargestellt. In der deutschen Grenzregion bildet der südliche Teil mit Lübeck den eindeutigen Wirtschafts- und Bevölkerungsschwerpunkt mit einer breiten industriellen und Dienstleistungsbasis sowie mit Qualifizierungs- und Forschungseinrichtungen. Damit besteht hinsichtlich der wirtschaftlichen Potenziale ein Süd-Nord-Gefälle innerhalb der deutschen Grenzregion. In Storstrøms Amt fehlt ein größeres Wirtschaftszentrum. Dagegen sind Kopenhagen und andere größere Städte außerhalb der Grenzregion in Dänemark Sitz überregionaler Konzerne sowie öffentlicher und privater Serviceeinrichtungen. Auch Forschungseinrichtungen sind vor allem in den dänischen Zentren angesiedelt. Diese zum Teil sehr dynamischen Institutionen erreichen die Provinz und damit auch Storstrøms Amt nur schwer. Allerdings eröffnet die Nähe zu Kopenhagen für den nördlichen Teil der Grenzregion (südliches Sjælland) gute Pendelmöglichkeiten und führt zu einer weiteren Integration in den Arbeitsmarkt, das Bildungsangebot, die Einzelhandelsversorgung und das Kulturleben der dänischen Hauptstadtregion. Für die Entwicklung des südlichen Teils (Lolland, Falster) besteht damit aber die Gefahr, sich von dieser Tendenz abzukoppeln. Insofern ist zu erwarten, dass das bestehende Nord-Süd-Gefälle hier bestehen bleibt.

Die Ausgangssituation des Grenzraumes am Ende der 90er Jahre ergibt sich aus seiner veränderten wirtschaftsgeographischen Lage und aus wesentlichen Grundzügen einer sozioökonomischen Bestandsaufnahme, die an dieser Stelle nur stichpunktartig genannt werden. Die Bevölkerung beider Grenzregionen ist dadurch charakterisiert, dass der Anteil älterer Menschen überdurchschnittlich hoch und der der Jugendlichen relativ gering ist. Beide Teilregionen werden als Alterswohnsitz oder Zweitwohnsitz für Personen aus den jeweiligen Agglomerationsräumen Kopenhagen und Hamburg genutzt. Sie sind aber auch für Familien ein bevorzugter Wohnsitz, die sich weiterhin wirtschaftlich an den Metropolen orientieren, mit Konsequenzen für Konsumstruktur, Wohnungsmarkt, Mobilität und räumliche Einkommenstransfers.

Die Wirtschaftskraft wird als Bruttoinlandsprodukt pro Kopf ausgedrückt. Sie war Mitte der 90er Jahre in Ostholstein-Lübeck um ca. 15% höher als in Storstrøms Amt. Die dänische Grenzregion blieb dabei um 40% unter dem dänischen Durchschnitt, während Ostholstein-Lübeck Ende der 90er Jahre eine etwas höhere Wirtschaftskraft als Schleswig-Holstein erreichte. Das Pro-Kopf-Bruttoinlandsprodukt der deutschen Grenzregion liegt allerdings um etwa 15% unter dem westdeutschen Gesamtdurchschnitt.

Die Wirtschaftsstruktur von Storstrøms Amt ähnelt der dänischen Struktur, allerdings sind private Dienstleistungen in der dänischen Grenzregion schwächer, staatliche Dienstleistungen und Organisationen dagegen stärker vertreten als in Dänemark. Die deutsche Grenzregion ist im Vergleich zum Bundesgebiet West stärker auf den tertiären

Sektor konzentriert, während das produzierende Gewerbe schwächer vertreten ist als in Westdeutschland. Vergleicht man die Wirtschaftsstruktur der beiden Grenzregionen, wird deutlich, dass die Bedeutung der privaten Dienstleistungen in der deutschen Grenzregion größer als in Storstrøms Amt ist, während die dänische Grenzregion einen höheren Anteil beim öffentlichen Sektor erreicht. Für Ostholstein-Lübeck sind vor allem die Wirtschaftszweige Stahl-, Maschinen-, Fahrzeugbau, der Bereich Elektrotechnik, Optik, Feinmechanik, die Nahrungs- und Genussmittelindustrie, der Fremdenverkehrsbereich und das Gesundheitswesen für die Gesamtentwicklung prägend, für die dänische Grenzregion sind es die Landwirtschaft, die Nahrungs- und Genussmittelindustrie, der Bereich Holz, Papier, Druck und der Fremdenverkehrsbereich. In beiden Grenzregionen ist also der Tourismus überdurchschnittlich vertreten, wobei es neben einer Reihe von Gemeinsamkeiten (Sommertourismus, Strandurlaub, Familienurlaub, Kurztouristen aus den benachbarten Metropolen) auch Unterschiede gibt (Ferienhäuser auf dänischer, Hotels und Pensionen auf deutscher Seite), durch die eine unmittelbare Konkurrenzsituation abgemildert wird.

In beiden Teilregionen bestehen deutliche Nord-Süd-Unterschiede in der Wirtschaftsstruktur. So ist Storstrøms Amt ebenso wie der nördliche Teil der Region Ostholstein-Lübeck vorwiegend ländlich geprägt. Auf deutscher Seite stellt der südliche Teil das wirtschaftliche Entwicklungszentrum dar, während diese Funktion auf dänischer Seite der nördliche Teil wahrnimmt, der allerdings nicht eigenständig, sondern eng mit der Hauptstadtregion verknüpft ist.

Die Wirtschaft der deutschen Grenzregion ist relativ schwach exportorientiert, der Auslandsumsatzanteil liegt unter dem Landesdurchschnitt und deutlich unter dem Wert des Bundesgebietes West. Darüber hinaus besitzt die Region Ostholstein-Lübeck z.B. im Vergleich mit der KERN-Region eine geringere regionsinterne Vorleistungsverflechtung. Auch für die dänische Grenzregion gilt, dass sie insgesamt weniger exportorientiert ist als der Vergleichsraum Dänemark. Der Region fehlt eine breite Palette von Unternehmen mit 50 oder mehr Beschäftigten, die sich im Allgemeinen stärker auf Auslandsmärkten etablieren als Kleinbetriebe. In den Bereichen Handel, Transport und Kommunikation besitzt Storstrøms Amt allerdings eine relativ starke überregionale Position. Insbesondere das Transportgewerbe ist hier exportorientierter als in Dänemark, ähnliches gilt für den Verbund aus Landwirtschaft und einer exportorientierten Nahrungsmittelindustrie.

Auch im Bereich Forschung, Entwicklung und Qualifikation haben beide Grenzregionen Defizite im Vergleich zum jeweilgen Gesamtraum. Der Anteil an Hochqualifizierten in der deutschen Grenzregion ist verglichen mit dem Bundesgebiet West immer noch gering, obwohl sich die Zahl hochqualifizierter Beschäftigter in der Region positiv entwickelt hat. Die Region Ostholstein-Lübeck ist zwar nach der Technologie-Region KERN der zweitgrößte Hochschulstandort in Schleswig-Holstein, im westdeutschen Vergleich ist die Bedeutung von Hochschulen hier aber relativ gering. Insgesamt bleibt die Forschungs- und Entwicklungsintensität in Ostholstein-Lübeck (gemessen am Anteil des FuE-Personals an allen Beschäftigten in der Industrie) in den 90er Jahren im Vergleich zum Bundesgebiet West unterdurchschnittlich. Bei der Forschung und Entwicklung in der Industrie besteht also insgesamt ein Rückstand gegenüber Westdeutschland. Entsprechend war auch die Patentaktivität der Region Ostholstein-Lübeck im Vergleich zum Bundesgebiet West niedrig.

In Storstrøms Amt fehlen weiterführende Bildungseinrichtungen im technischen Bereich. Die Grenzregion besitzt außerdem wenige Einrichtungen, an denen man Ausbildung auf höchstem Niveau abschließen kann: Nur eine geringe Zahl von Studierenden des Landes besuchen die wenigen Hochschuleinrichtungen in Storstrøms Amt. Eine

Bestandsaufnahme der dänischen Forschung und Entwicklung zeigt außerdem, dass nur ein unbedeutender Teil der dänischen Forschung in der Grenzregion stattfindet.

3.3.2 Entwicklungslinien in den 80er und 90er Jahren

Storstrøms Amt und Ostholstein-Lübeck weisen bezüglich der Bevölkerungsentwicklung gemeinsame Züge auf. In beiden Regionen übersteigt die Zahl der Sterbefälle die der Geburten, die natürliche Bevölkerungsentwicklung ist also negativ. Der negative Beitrag der natürlichen Komponente ist im deutschen Teil der Grenzregion besonders ausgeprägt, Wanderungsgewinne konnten dieses Defizit in den 90er Jahren aber ausgleichen. Auch Storstrøms Amt hat bei den Wanderungsbewegungen gegenüber dem übrigen Dänemark Gewinne erzielt und so seine Einwohnerzahl in etwa halten können, beide Regionen blieben aber in ihrer Bevölkerungsentwicklung deutlich hinter den beiden Vergleichsräumen Dänemark und Westdeutschland zurück.

Die Entwicklung in den 90er Jahren in Stichpunkten: Zunahme der Bevölkerung 1992 bis 2000 in Dänemark um 2,9%, in Storstrøms Amt um 0,8%; Bevölkerungszunahme in Westdeutschland um 3,5%, in Ostholstein-Lübeck um 1,5%.

Im Zeitraum 1980 bis 1997 erreichte das Wirtschaftswachstum, gemessen am realen Bruttoinlandsprodukt, in Storstrøms Amt jährlich etwa 1,3%, in Dänemark dagegen 2,7%. In der deutschen Grenzregion lag das jährliche Wachstum bei 1,5% gegenüber 1,7% in Schleswig-Holstein und 1,9% in Westdeutschland. Der Anteil der dänischen Grenzregion an der dänischen Wertschöpfung ging in diesem Zeitraum von 4,2% auf 3,3% zurück, der Anteil von Ostholstein-Lübeck an Schleswig-Holstein von 16,2% auf 15,4% (vgl. HANSEN et al. 2000).

Auch in den 90er Jahren war die Entwicklung des Bruttoinlandsproduktes wie auch der Erwerbstätigkeit in den Grenzregionen ungünstiger als im jeweiligen Gesamtraum. Insofern besteht bei der langfristigen Entwicklung eine gemeinsame Position der beiden Grenzregionen im Verhältnis zum Gesamtraum.

Andererseits sind die beiden Teilregionen Storstrøms Amt und Ostholstein-Lübeck stark in die jeweiligen nationalen Volkswirtschaften integriert, ihre Entwicklung folgt dem Konjunkturverlauf in Dänemark bzw. in Westdeutschland. In Phasen abweichender nationaler Konjunktur ist die Entwicklung der beiden Grenzregionen entsprechend unterschiedlich. Für die 90er Jahre bedeutete dies, dass die Entwicklung in Storstrøms Amt erheblich günstiger verlaufen ist als in Ostholstein-Lübeck.

Die Entwicklung in den 90er Jahren in Stichpunkten: Zunahme des realen Bruttoinlandsproduktes 1992 bis 2000 in Dänemark um 3,2% (durchschnittliche jährliche Wachstumsrate) und in Storstrøms Amt um 3,0%; auf deutscher Seite: Zunahme des realen Bruttoinlandsproduktes in Ostholstein-Lübeck um 0,2% und in Westdeutschland um 1,3%.

Zunahme der Erwerbstätigenzahl 1992 bis 2000 in Dänemark um 5,1%, in Storstrøms Amt dagegen nur um 0,7%; auf deutscher Seite: Rückgang der Erwerbstätigenzahl in Ostholstein-Lübeck um 1,0%, in Westdeutschland dagegen Zunahme um 3,1%. Detaillierte Ergebnisse sind im Anhang dokumentiert.

Die Entwicklungsdivergenzen diesseits und jenseits der Grenze sind vor dem Hintergrund einer sehr unterschiedlichen Entwicklung des verarbeitenden Gewerbes zu sehen. So ist z.B. für den Zeitraum 1993-1997 zu vermerken, dass das verarbeitende Gewerbe in Storstrøms Amt seine Wertschöpfung real um über 27% steigern konnte (1993 bis 2000: plus 32%), während dieser Wirtschaftsbereich im gleichen Zeitraum in Ostholstein-Lübeck fast 10% seiner Wertschöpfung einbüßte. Während in der deutschen Teilregion – wie auch im Bundesgebiet – langfristig Arbeitsplätze im verarbeitenden Gewerbe abgebaut werden, wurden auf dänischer Seite zumindest in der zweiten Hälfte der 90er Jahre Arbeitsplatzzuwächse erreicht (HANSEN et al. 2000: 21, 32 f.).

Die Trends der Beschäftigungsentwicklung sind vom sektoralen und funktionalen Strukturwandel zugunsten des tertiären Sektors bzw. der Dienstleistungstätigkeiten geprägt. Zur gleichen Zeit findet langfristig eine Verschiebung zur Teilzeitarbeit und zur Beschäftigung von Frauen statt. Diese Trends hängen unmittelbar zusammen. Hinzu kommt eine räumliche Komponente des Strukturwandels: Die innerregionale Dezentralisierung (Suburbanisierung) führt zu Arbeitsplatzverlusten in den Städten und zu neuer Beschäftigung am Stadtrand, zum Teil auch außerhalb der Stadtregionen. Diese Prozesse sind im betrachteten Grenzraum allerdings nur auf deutscher Seite sichtbar, da in der dänischen Grenzregion ein großes Wirtschafts- und Arbeitsmarktzentrum fehlt. Hier besteht vielmehr ein Nord-Süd-Gefälle der Beschäftigungsentwicklung: Der an die Metropolregion Kopenhagen angrenzende Teil hat sich günstiger entwickelt als der Süden der Grenzregion.

Die regionale Entwicklung der Arbeitslosigkeit orientiert sich ebenso wie die Beschäftigungsentwicklung stark am jeweils nationalen Trend. Hier sind die Unterschiede zwischen Westdeutschland und Dänemark und damit auch zwischen den beiden Grenzregionen zumindest seit 1994 eklatant. In Westdeutschland und in der deutschen Grenzregion nahm die Arbeitslosigkeit im Zeitraum 1992-1998 stetig zu, und im Jahr 2001 lag sie auf dem Niveau von 1995/96. Dagegen konnten die Arbeitslosenzahlen in Dänemark bzw. in Storstrøms Amt 2001 gegenüber ihrem Höchststand 1994 mehr als halbiert werden. Die Arbeitslosenquote der dänischen Grenzregion ist traditionell höher als in Dänemark, sie war bis Mitte der 90er Jahre auch deutlich höher als in Ostholstein-Lübeck. Im Jahr 2001 lag die Quote auf deutscher Seite dann aber fast doppelt so hoch wie in Storstrøms Amt (10,6% gegenüber 6,5% im Jahresdurchschnitt), sie lag auch deutlich über der Quote für Westdeutschland (7,4%) und für Schleswig-Holstein (8,4%).[2]

Eine Ursache für die unterschiedlichen Arbeitslosenzahlen sind die bereits angesprochenen Unterschiede der Arbeitsplatzentwicklung. Hinzu kommt, dass das Arbeitskräfteangebot auf deutscher Seite bis Ende der 90er Jahre immer noch leicht zugenommen hat, während es in Storstrøms Amt – nicht zuletzt auch beeinflusst durch arbeitsmarktpolitische Maßnahmen – deutlich zurückgegangen ist. Schließlich gibt es erhebliche nationale Unterschiede in der institutionell-rechtlichen Ausgestaltung der deutschen und dänischen Arbeitsmärkte. Hinsichtlich der Arbeitsmarktsituation ist insbesondere problematisch, dass die Langzeitarbeitslosigkeit auf deutscher Seite mit zunehmender Dauer hoher Arbeitslosigkeit stetig angestiegen ist. Auf dänischer Seite zeigte die erfolgreiche Bekämpfung der Arbeitslosigkeit im Zeitraum seit 1994 dagegen auch bei den Langzeitarbeitslosen Wirkung.

Entwicklungsparallelitäten bei Beschäftigung und Arbeitslosigkeit

Bei den wichtigsten ökonomischen Größen, Bruttowertschöpfung, Erwerbstätigkeit und Arbeitslosigkeit, zeigen sich deutliche Entwicklungsparallelitäten zwischen den Regionen und ihrem jeweiligen übergeordneten Gesamtraum.

---

[2] Auf deutscher Seite beziehen sich die Quoten hier auf alle zivilen Erwerbspersonen. In der Abbildung zur Arbeitslosigkeit wurde für die deutsche Seite die um ca. einen Prozentpunkt höhere Quote dargestellt, die die Arbeitslosen auf die zivilen *abhängigen* Erwerbspersonen bezieht.

Dies wird insbesondere in den 90er Jahren sichtbar, als die dänische Konjunktur einen gänzlich anderen Verlauf genommen hat als die Entwicklung in Deutschland bzw. in Westdeutschland. Hinzu kommt, dass das Niveau und die Entwicklung der Arbeitslosigkeit stark von den jeweiligen nationalen Rahmenbedingungen der Arbeitsmärkte geprägt ist. Die Befunde für die 90er Jahre zeigen erhebliche Unterschiede der Wirtschaftsentwicklung und Arbeitslosigkeit in Westdeutschland und Dänemark, dabei haben sich die Entwicklungszahlen für die deutsche Grenzregion eng an denen für Schleswig-Holstein und für das Bundesgebiet West orientiert, während sich die dänische Grenzregion stark an den Werten für Dänemark ausgerichtet hat.

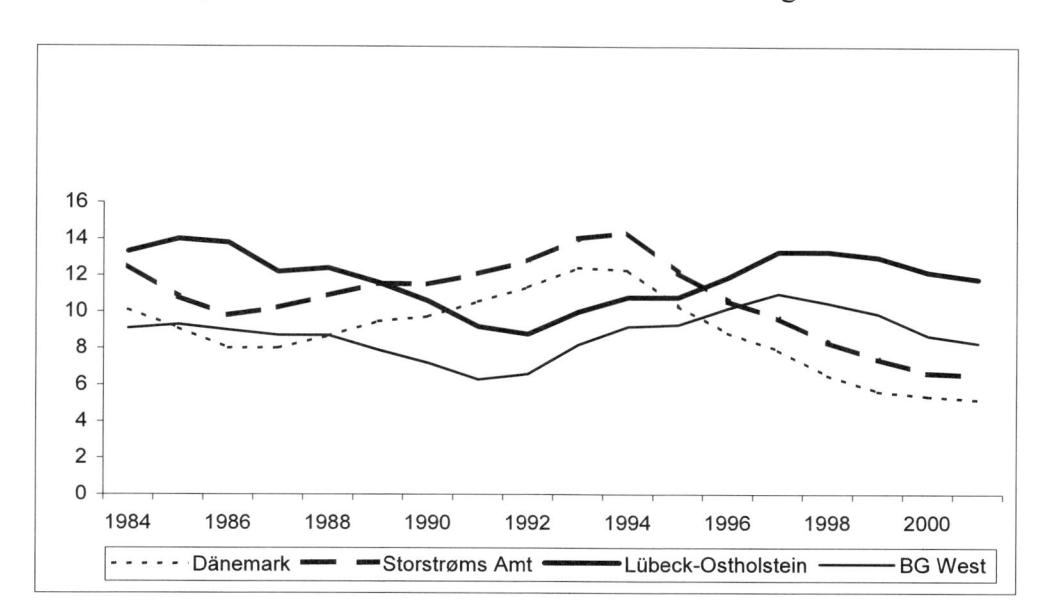

Abb. 8: Arbeitslosigkeit in der dänischen und deutschen Grenzregion 1984-2001

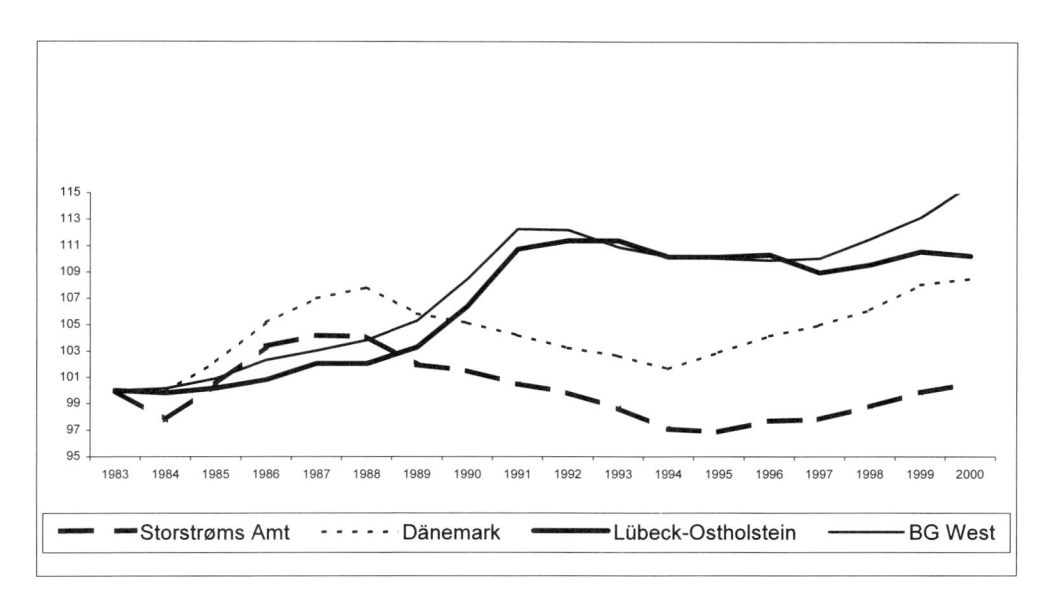

Abb. 9: Beschäftigungsentwicklung in der dänischen und deutschen Grenzregion 1983-2000

Bei divergierendem nationalen Konjunkturverlauf und abweichender institutioneller Organisation des Arbeitsmarktes ergeben sich also an der Grenze der beiden Staaten erstaunlich große Unterschiede in der Entwicklung des Inlandsproduktes bzw. der Beschäftigung und der Arbeitslosigkeit – die wachsende Integration und Kooperation zwischen den Teilen des Grenzraumes konnte die Dominanz nationaler Vorgaben bislang also nicht brechen.

Ein vorwiegend national, weniger regional geprägter institutioneller Rahmen für Wirtschaft und Arbeitsmarkt führten also dazu, dass sich die Entwicklung der Regionen eng an ihrem jeweiligen nationalen Referenzraum orientiert, in beiden Teilen des Grenzraumes dagegen unterschiedlich ausfällt, sobald sich die beiden Staaten unterschiedlich entwickeln.

Entwicklungsbesonderheiten der Grenzregionen

Ungeachtet dieser Beobachtung gibt es aber auch Abweichungen der wirtschaftlichen Entwicklung der Grenzregionen von der Entwicklung des übergeordneten Landes, insbesondere dann, wenn weniger kurzfristige, systematische (z.B. saisonale) oder unsystematische Abweichungen als vielmehr mittel- bis langfristige Trendunterschiede betrachtet werden. Dabei wird nicht der Konjunkturverlauf selbst, sondern die „relative" Entwicklung der Merkmale Bruttoinlandsprodukt und Beschäftigung in den Regionen im Vergleich zum Gesamtraum Dänemark bzw. Bundesgebiet West über einen längeren Zeitraum verfolgt. Hier geht es darum zu prüfen, inwieweit sich die herkömmlichen Nachteile von Grenzregionen (periphere Lage innerhalb des Landes, Grenze als Hemmnis für Beziehungen mit der Nachbarregion, institutionelle Unterschiede zum Nachbarn) oder aber die positiven Impulse im Zuge von Integration und grenzüberschreitender Kooperation in den empirischen Befunden zur Wirtschaftsentwicklung wiederfinden.[3]

Seit 1970 kann die Position der Grenzregion Ostholstein-Lübeck gegenüber dem Bundesgebiet West in drei Phasen eingeteilt werden: 1970 bis 1990 war die Erwerbstätigenentwicklung in der Region deutlich schlechter als im Bundesgebiet, Ostholstein-Lübeck war Schlusslicht aller Regionen Schleswig-Holsteins, und unter allen westdeutschen Regionen war der Entwicklungsbefund einer der ungünstigsten. Als Erklärungsursachen werden u.a. das fehlende Hinterland in nördlicher und insbesondere östlicher Richtung und die starke Entwicklung des Hamburger Randgebietes gesehen, von der vor allem die Gebiete südlich von Lübeck profitiert haben (Kreise Stormarn und Segeberg), die nicht zur Grenzregion gehören.

In der Phase 1990-1996 war die Beschäftigungsentwicklung in der Region Ostholstein-Lübeck dagegen günstiger als im Bundesgebiet West, auch besser als in den anderen beiden Grenzregionen Schleswig-Holsteins. Hier wirkten sich die kurz- und mittelfristigen Effekte der Grenzöffnung und Wiedervereinigung und eine im Bundesvergleich relativ moderate Rezession ab 1992 positiv aus. Ob hier auch die zunehmende Öffnung zur benachbarten Grenzregion im Norden (im Zuge der INTERREG-Kontakte) einen Beitrag geleistet hat, kann nicht identifiziert werden, zumal der Entwicklungspfad der Region seit 1996 offenbar wieder auf den Trend vor 1990 eingeschwenkt ist. Ab 1996 gelten aber z.T. auch andere Erklärungsfaktoren als vor 1990: Bauwirtschaft-Krise bzw. geringer Anteil der Region am Exportboom der späten 90er Jahre.

---

[3] Detaillierte empirische Resultate zu den Entwicklungsparallelitäten und -besonderheiten der dänischen und deutschen Grenzregionen sind zusammen mit den Quellennachweisen im Anhang dokumentiert.

Die Entwicklung des Bruttoinlandsproduktes in Relation zur westdeutschen Entwicklung bestätigt die drei genannten Phasen, hier sieht die Position der Region sogar noch ungünstiger aus als bei den Erwerbstätigen: Über den gesamten Zeitraum gesehen ist Ostholstein-Lübeck deutliches Schlusslicht aller Regionen Schleswig-Holsteins.

Zur Frage, welche Gesichtspunkte die relative Entwicklungsposition der deutschen Grenzregion Ostholstein-Lübeck im Vergleich zum Bundesgebiet West über die letzten 25 Jahre bestimmt haben, wurden als Einflussfaktoren der langfristige Trend, der Wiedervereinigungs- bzw. Öffnungseffekt seit 1990, ein Konjunktureffekt und ein Außenhandelseffekt (Handel mit Dänemark) betrachtet. Der Trend bildet langfristig stabile Regionseigenschaften ab (Standortqualität, Verdichtungsgrad, Agglomerationseffekte), der Konjunktureffekt misst regionale Abweichungen vom Konjunkturverlauf des Bundesgebietes, und mit dem Außenhandelseffekt wird geprüft, inwieweit die enge Handelsverflechtung Schleswig-Holsteins mit Dänemark die Entwicklung der deutschen Grenzregion im Vergleich zur Bundesentwicklung im Zuge der nordeuropäischen Integration geprägt hat. Tatsächlich hat sich der Handel zwischen Schleswig-Holstein und Dänemark im Zeitraum 1970 bis 1976, also in der Periode um das Beitrittsjahr Dänemarks zur EU (1973), deutlich stärker ausgeweitet als der traditionelle Handel Schleswig-Holsteins mit den EWG-Stammländern (Frankreich, Italien, BeNeLux). In der Folgezeit (1976 bis 1996) hat sich diese Relation dann allerdings wieder zugunsten des EU-Kerngebiets und auf Kosten des Dänemark-Handels verschoben.

Die Untersuchung über den Zeitraum 1976-1999 zeigt für die deutsche Grenzregion einen negativen Gesamttrend, außerdem wie erwartet einen positiven Wiedervereinigungs- und Öffnungseffekt. Ein regionstypischer Konjunktureffekt ist dagegen nur schwach ausgeprägt: Die Grenzregion stellt sich in Rezessionsphasen im Vergleich zum Bundesgebiet etwas günstiger dar als in Aufschwungphasen. Ein besonderer Außenhandelseffekt (Dänemark-Handel in Relation zum Handel mit dem EU-Kern) ist ebenfalls nur schwach erkennbar. Eine relative Ausweitung des Dänemark-Handels begünstigt die Entwicklungsposition der Region zwar etwas, entscheidend für die relative Entwicklungsposition von Ostholstein-Lübeck bleibt aber der Effekt, der mit der Öffnung der Grenze zum östlichen Hinterland der Region verbunden war und ist.

Eine für die beiden Grenzregionen gemeinsame Betrachtung ist nur für die jüngere Phase ab 1983 (für die Beschäftigung) bzw. 1988 (für das Bruttoinlandsprodukt) möglich. Die Beschäftigungsentwicklung der dänischen Grenzregion war fast über den gesamten Zeitraum ungünstiger als in Dänemark insgesamt, auch schlechter als in den beiden anderen Grenzregionen Fyns Amt und Sønderjylland. Lediglich in der kurzen Periode 1989-1992 war der Trend in Storstrøms Amt etwas günstiger als in Dänemark, diese Phase fällt in die Jahre des Beschäftigungsrückgangs in Dänemark (etwa 1988-1994). In der folgenden Aufschwungphase fiel die Beschäftigungsdynamik in der Grenzregion dagegen deutlich schwächer aus als in Dänemark. Die Bruttowertschöpfungsentwicklung bestätigt das überwiegend negative Bild der Wirtschaftsentwicklung in Storstrøms Amt. Seit 1988 gab es nur zwei Jahre (1989/1990 und 1994/1995), in denen die Wertschöpfungsentwicklung der Region günstiger als in Dänemark insgesamt war. Spiegelbild dieser für die Grenzregion kritischen Befunde sind einerseits die Bevölkerungsentwicklung – sie stagnierte in der Region in den 80er und 90er Jahren, während sie in Dänemark weiter zunahm – und andererseits die Arbeitslosenquoten, die in Storstrøms Amt in den 80er und 90er Jahren durchweg über den Landesquoten lagen.

■ Fallstudien für deutsch-dänische Grenzräume

Der Vergleich der beiden relativen Beschäftigungstrends für Ostholstein-Lübeck (relativ zum Bundesgebiet West) und Storstrøms Amt (relativ zu Dänemark) zeigt in der Periode 1990 bis 1996 ein günstigeres Bild für die deutsche Grenzregion als für die dänische, davor und ab 1996 haben aber beide Grenzregionen Entwicklungsdefizite gegenüber ihrem jeweiligen Referenzraum.

Abb. 10: Bruttowertschöpfungstrends in der dänischen und deutschen Grenzregion 1988-2000

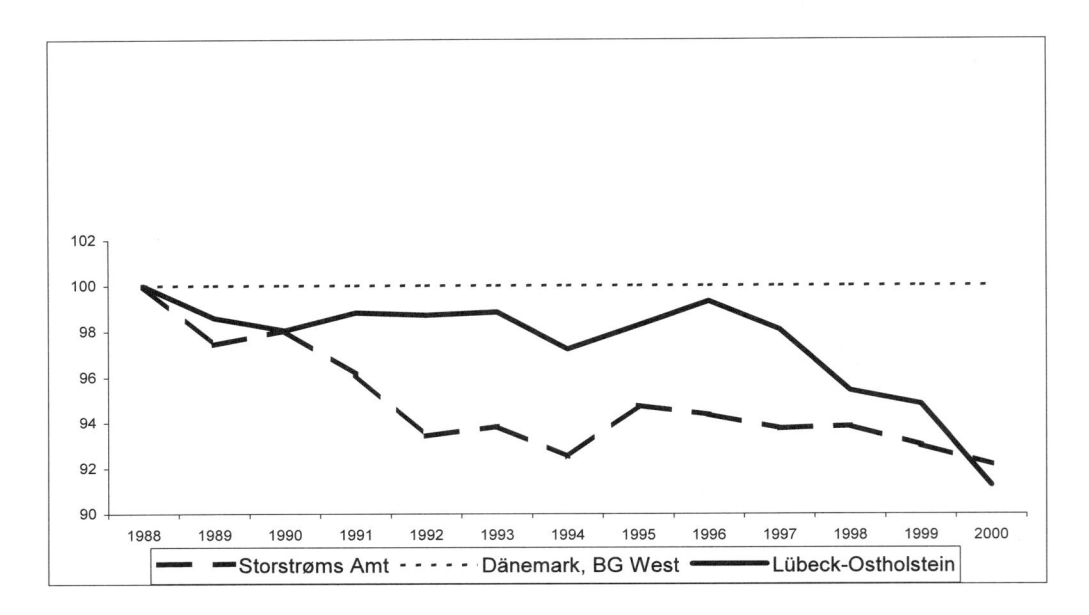

Abb. 11: Beschäftigungstrends in der dänischen und deutschen Grenzregion 1983-2000

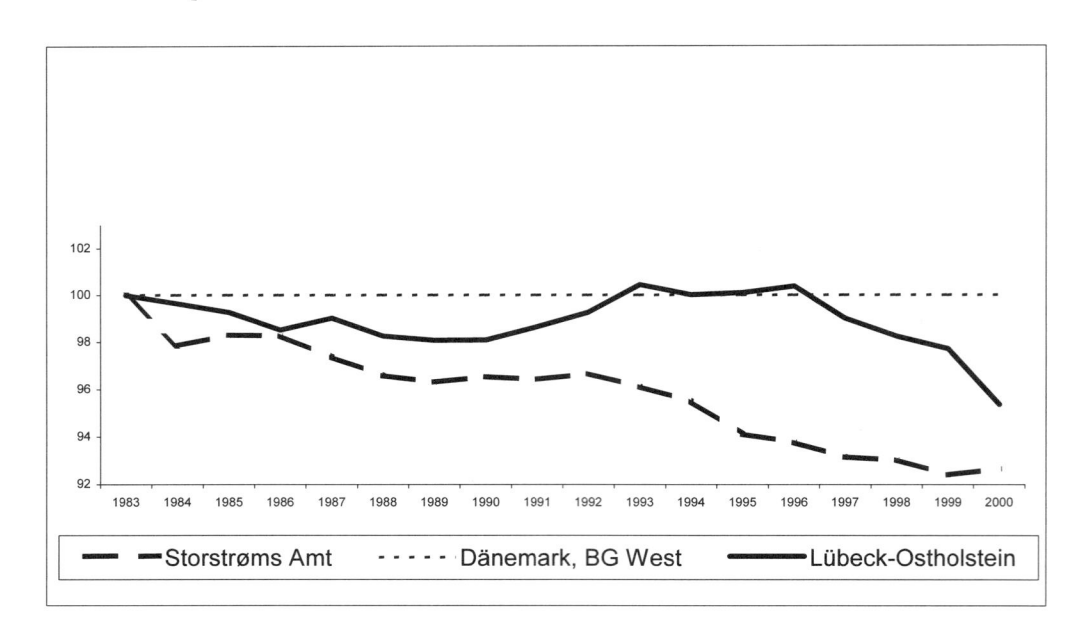

48

3.3.3 Zukünftige Entwicklungslinien

Die wirtschaftlichen Perspektiven des Grenzraumes Storstrøm/Ostholstein-Lübeck werden durch langfristige Entwicklungstendenzen geprägt, die zum Teil weltweit gültig und nicht auf Grenzregionen beschränkt sind (vgl. NIEBUHR et al. 1999):

1. fortschreitende Globalisierung und schneller technischer Fortschritt
2. Veränderung der Altersstruktur der Bevölkerung
3. Tertiärisierung
4. starke Veränderungen der Arbeitswelt
5. Veränderung der wirtschaftsgeographischen Koordinaten in Mittel- und Nordeuropa

Der Alterungsprozess der Bevölkerung wird durch Zuwanderung zwar gebremst, aber nicht gebrochen. Er geht mit einer sinkenden Haushaltsgröße einher. Insgesamt nimmt die Bevölkerung ab, während die Zahl der Haushalte ansteigt, vor allem aber verschiebt sich die Altersstruktur, mit Konsequenzen für Konsumstruktur und Arbeitskräfteangebot.

Prognosen zeigen bei den Arbeitskräften eine starke Verschiebung zu Gunsten der älteren Erwerbsgeneration (ab 40 Jahre) und auf Kosten der jüngeren Erwerbsgeneration (bis 40 Jahre). Diese Trends sind demographisch angelegt, ein positiver Zuwanderungssaldo wird sie zwar abschwächen, aber nicht umkehren. Die Intensität dieses Alterungsprozesses ist in der deutschen Teilregion stärker als in der dänischen. Folglich ist der Anpassungs- und Handlungsbedarf, vor allem in den Bereichen Qualifikation (insbesondere älterer Erwerbspersonen), Altenbetreuung, Gesundheitswesen und Wohnungsversorgung, in der deutschen Grenzregion stärker als auf dänischer Seite.

Beide Grenzregionen haben sich auch in Zukunft – wie schon in den letzten Jahrzehnten – mit dem Strukturwandel in Form eines weiteren Rückgangs der Landwirtschaft, eines rückläufigen Anteils des Produzierenden Gewerbes und eines deutlichen Zuwachses bei den privaten Dienstleistungen auseinander zu setzen. Dabei ist mit einer weiteren Verschiebung von den öffentlichen zu den privaten Dienstleistungen zu rechnen.

Die künftige Beschäftigungsentwicklung der beiden Grenzregionen ist von den jeweiligen nationalen institutionellen Rahmenbedingungen und insbesondere den nationalen Regulierungen des Arbeitsmarktes geprägt. Hier entscheidet sich, in welchem Ausmaß Wirtschaftswachstum in mehr Beschäftigung transformiert werden kann. Die heutigen institutionellen Unterschiede zwischen Dänemark und Deutschland lassen eine bessere Beschäftigungs- und Arbeitsmarktentwicklung auf dänischer Seite erwarten.

Vor allem auf dänischer Seite wird sich zukünftig die Knappheit von Arbeitskräften mittlerer und höherer Qualifikation weiter verschärfen, da die Arbeitslosigkeit hier in den letzten Jahren stark zurückgegangen ist. Weder die demographische Entwicklung noch das bisherige Muster der Zu- und Fortzüge lassen erkennen, dass Storstrøms Amt in Zukunft auf zusätzliche qualifizierte Arbeitskräfte zurückgreifen kann. Auf längere Sicht wird dies den Wettbewerb um die vorhandenen Arbeitskräfte und die heranwachsenden Jugendlichen, die vor der Berufswahl stehen, verschärfen. Storstrøms Amt steht in diesem Zusammenhang vor dem Problem, dass die Region kein Oberzentrum mit einer Hochschulausstattung hat, die Jugendliche anziehen könnte. In Ostholstein-Lübeck bleibt es angesichts der weiterhin angespannten Arbeitsmarktsituation auf absehbare Zeit immer noch bei hohen Arbeitslosenzahlen und einem erheblichen Anteil verfestigter Arbeitslosigkeit. Dennoch wird auch hier die Knappheit von Arbeitskräften in einzelnen höheren Qualifikationssegmenten zunehmen. Diese Beschäftigungsperspektiven erhöhen auch die Chancen zum Aufbau gemeinsamer Arbeitsmarktsegmente für die beiden Grenzregionen, insbesondere im Bereich hoher Qualifikationen.

Hinter den relativ stabilen Gesamtzahlen zur Beschäftigung und Arbeitslosigkeit verbergen sich sehr unterschiedliche Entwicklungen in einzelnen Berufssegmenten und ein starker Wandel der Arbeitswelt – angefangen von Veränderungen der Altersstruktur des Arbeitskräfteangebots und vom Strukturwandel der Arbeitsplätze, über Veränderungen der qualifikatorischen Anforderungen bis hin zum Wandel der Erwerbsformen und Arbeitszeiten. Dies gilt für beide Teilregionen gleichermaßen.

Viele künftige Trends im Tourismus zeichnen sich bereits gegenwärtig ab – sie lösen das traditionelle Bild des Familien-, Sommer- und Küstentourismus in der Ostseeregion zunehmend auf: Kürzere Haupturlaubsreisen, Zunahme von Kurzurlaubsreisen und Wochenendtourismus, Zunahme besonderer Segmente, z.B. Kultururlaub oder Wellness-Touristik, Abbau der starken (Sommer-)Saisonalität, zunehmende Bedeutung der Nebensaison, mehr Alleinreisende bzw. Seniorenurlauber, weniger Familien mit Kindern. Die Tourismuswirtschaft hat sich also auf vielfältige Verschiebungen der Nachfragestruktur einzurichten, wobei sich die Urlaubsaktivitäten zunehmend von der örtlichen auf die regionale Ebene verlagern. Dies eröffnet Chancen für eine stärkere Kooperation zwischen den Urlaubsorten einer Region – das gilt auch für den deutsch-dänischen Grenzraum.

Das europäische wirtschaftsgeographische Koordinatensystem wurde durch die Norderweiterung der EU und die Transformation der ehemaligen Planwirtschaften Mittel- und Osteuropas deutlich zugunsten des mittel- und nordeuropäischen Wirtschaftsraumes verschoben. Damit wird der Handel zwischen den einzelnen Regionen dieses Raumes überproportional zunehmen. Mit dem wachsenden Ostseehandel werden auch die Höhe der Direktinvestitionen, die Fülle betrieblicher Kooperationen und der Austausch von Know-how zunehmen.

An eine feste Fehmarnbelt-Querung knüpfen sich vor allem für die dänische, weniger für die deutsche Grenzregion positive Erwartungen, da sie den dänischen Zugang zu den großen westeuropäischen Märkten erleichtert und weil sie den Schlüssel zur Erhaltung und Verbesserung der Verkehrsinfrastruktur bildet.[4] Auf diese Weise kann auch die Anbindung an die Metropolregion Kopenhagen weiter gestärkt und weniger einseitig gestaltet werden, indem Betriebe aus dem Kopenhagener Raum auch Standorte in der Grenzregion wählen und dort Arbeitsplätze für die Menschen aus Storstrøms Amt wie auch aus der Hauptstadtregion anbieten.

3.3.4 Vom geteilten zum verbundenen Grenzraum

In diesem Abschnitt wird zunächst von der Situation des geteilten Grenzraumes Storstrøm/Ostholstein-Lübeck ausgegangen. Es folgen Anmerkungen über die Motivation zur grenzüberschreitenden Zusammenarbeit zwischen den beiden Grenzregionen, zur Entstehungsgeschichte der Kooperation und – soweit statistische Informationen dies zulassen – zur Situation grenzüberschreitender wirtschaftlicher Aktivitäten.

Die folgenden Ausführungen stützen sich auf Gutachten und Berichte, z.B. die Gutachten des Instituts für Regionalforschung und des Instituts for graenseregionsforskning zum hier betrachteten Grenzraum (HANSEN et al. 2000), und auf den „Vorschlag für das

---

[4] Die Asymmetrie der ökonomischen Effekte einer festen Fehmarnbelt-Querung in der nördlichen und südlichen Grenzregion und in den Wirtschaftsräumen entlang der Verkehrsroute, die nicht unmittelbar am Fehmarnbelt liegen, wird durch empirische Analysen bestätigt (BRÖCKER; RICHTER 2001).

Programm für die Gemeinschaftsinitiative INTERREG IIIA" zwischen Storstrøms Amt (DK) und Kreis Ostholstein/Hansestadt Lübeck (D), 2000-2006. Ein zweites Standbein sind Gespräche bzw. Interviews mit Akteuren aus der Region.[5]

Die besondere Situation eines durch eine nationale Grenze, im hier beschriebenen Fall zusätzlich durch eine Seegrenze geteilten Raumes resultiert aus der üblichen, allerdings nicht immer gültigen Vorstellung, dass Grenzregionen auf nationaler Ebene periphere Regionen sind, dass die Grenze selbst Ursache für Entwicklungshemmnisse, aber auch für grenzspezifische Impulse sein kann, und dass durch die Zugehörigkeit der Grenz-regionen zu verschiedenen Staaten und soziokulturellen Gesamträumen Hemmnisse z.B. aufgrund unterschiedlicher Rechts- und Verwaltungssysteme und unterschiedlicher Sprache und Kultur existieren.

Grenzüberschreitende, gemeinsame Anstrengungen zum Abbau gemeinsamer Defizite und Hemmnisse, die sich aus der Grenzlage ergeben, können ein Motor sein, der zur Kooperation motiviert. Dies wäre ein eher defensiv begründetes Konzept regionaler Zusammenarbeit. Andererseits kann die grenzüberschreitende Zusammenarbeit aber auch offensiv begründet sein, wenn gemeinsame Potenziale und Entwicklungschancen in Kooperation besser erschlossen werden können als gegeneinander. Die Zusammenarbeit zwischen den Grenzregionen mag ihren Ausgangspunkt in Zufallsereignissen gehabt haben, eine dauerhafte, sich vertiefende Kooperation wird aber nur möglich sein, wenn es solche gemeinsamen Interessenlagen gibt. Sie sind eine notwendige, wenngleich noch keine hinreichende Bedingung für eine gemeinsame regionale Identität. Im Folgenden wird dies für den Grenzraum Storstrøms Amt/Ostholstein-Lübeck diskutiert.

Ein weiterer Teil dieses Abschnitts stellt den bisherigen Prozess der Entstehung und Entwicklung grenzüberschreitender Netzwerke dar. Im Vordergrund steht hier die institutionell-organisatorische Seite der Integration, die typischerweise von einer Pionierphase über eine Integrationsphase bis zur Organisationsphase abläuft. In der Pionierphase gibt es erste grenzüberschreitende, vor allem kulturelle Kontakte einzelner lokaler Organisationen und Personen. Die Integrationsphase wird von einzelnen Interessengruppen und eher weichen Organisationsformen geprägt: Es geht um die Diskussion gemeinsamer Probleme und Interessen des Grenzraumes, um gegenseitige Information und um die sukzessive Ablösung konkurrierenden Verhaltens durch kooperatives Denken. Über eine allmähliche Verdichtung des informellen grenzüberschreitenden Netzwerks erreicht man die Organisationsphase, in der sich Kooperationen zu geregelter Zusammenarbeit verfestigen und zunehmend „harte" grenzüberschreitende Institutionen entstehen.

Während über die Entwicklung der institutionellen Elemente der Integration hinreichende Informationen vorliegen, ist es angesichts einer spärlichen Datenlage äußerst schwierig, Anhaltspunkte über die grenzüberschreitenden wirtschaftlichen Aktivitäten zu gewinnen (Berufs- und Ausbildungspendler, Einkaufspendler bzw. Grenzhandel, betriebliche Kooperationen, Direktinvestitionen und betriebliche Netzwerke).

---

[5] U.a. SUSANNE DRECKÖTTER, Entwicklungsgesellschaft Ostholstein egoh; PETER M. WEYRAUCH und JÜRGEN VÖLKER, Industrie- und Handelskammer zu Lübeck sowie JANE ERREBO, INTERREG Sekretariat Storstrøms Amt.

■ Fallstudien für deutsch-dänische Grenzräume

Hemmnisse und Impulse durch die bisherige Landesgrenze und durch die unterschiedliche nationale Zugehörigkeit

Mit dem Abbau der Landesgrenze zwischen den beiden Teilen eines Grenzraumes wird die Erwartung erzeugt, dass bisherige Grenzhemmnisse in den Hintergrund treten. Der Abbau von Unterschieden im nationalen Rechts-, Verwaltungs-, Steuer- und Sozialsystem und der sozio-kulturellen Distanz wird dagegen vom Abbau der Grenze noch nicht berührt, er wird im Zuge der Integration der beiden Staaten auch nur langsam und zäh vorangehen. Insofern ist zwischen Hemmnissen einerseits aufgrund der Grenze und andererseits aufgrund der Zugehörigkeit der beiden Regionen zu unterschiedlichen Staaten und Gesellschaften zu differenzieren. Es sind aber auch Impulse aufgrund von Unterschieden diesseits und jenseits der Grenze zu berücksichtigen, die beim Abbau der Unterschiede entfallen. Dies dürfte in Zukunft z.B. den Grenzhandel betreffen, der in dem betrachteten Grenzraum allerdings keinen nennenswerten Umfang erreicht.

Da im Grenzraum Storstrøms Amt/Ostholstein-Lübeck keine Landverbindung besteht, gibt es aufgrund der Zeitdistanz zwischen den beiden Grenzregionen nur geringen Berufs- und Einkaufspendlerverkehr und damit auch keinen ÖPNV, für den nach Abbau der Grenze ein Potenzial bestünde. Der Abbau der Grenze wird sich in der hier betrachteten Region also nur geringfügig auswirken. Auch die nationalen Unterschiede im Rechts-, Verwaltungs- und Sozialsystem oder im Qualifikationssystem (Ausbildungsgänge, gegenseitige Anerkennung) haben in einem Grenzraum ohne Landverbindung, also ohne ein größeres Potenzial täglicher Verflechtungen (Berufs-, Ausbildungspendler), eine geringere Bedeutung als z.B. im Grenzraum Sønderjylland/Schleswig. Insofern sind die positiven Impulse bei einem Abbau dieser Inkompatibilitäten geringer als in einem Grenzraum mit gemeinsamer Landgrenze.

Mentale Hemmnisse, gesellschaftliche Vorbehalte oder „Grenzen in den Köpfen" sind im betrachteten Grenzraum durch die grenzübergreifenden Kontakte geringer geworden, sie waren ohnehin weniger problematisch als z.B. im Raum Sønderjylland/Schleswig, da die historischen Belastungen in Storstrøms Amt/Ostholstein-Lübeck kleiner sind und kein Grenzgebiet im engeren Sinne existiert. Die geographische Distanz zwischen den beiden Grenzregionen, die eine gemeinsame regionale Identität nur begrenzt entstehen lässt, wird gelegentlich sogar als Vorteil für unbelastete Kontaktaufnahme gesehen. Andererseits gibt es aber in vielen Wirtschaftbereichen immer noch ein Konkurrenz- statt Kooperationsbewusstsein.

Die Sprachhemmnisse sind hier größer als in einem Grenzraum mit Landgrenze, da die Kenntnis der Nachbarsprache geringer ist. Es besteht weiterhin das Problem der Asymmetrie, da auf deutscher Seite kaum dänische Sprachkenntnisse vorhanden sind. Damit ergibt sich aber die Möglichkeit, sich die gemeinsame und symmetrische Sprachplattform Englisch zu suchen. Dies ist möglicherweise das bessere Zukunftskonzept, wird aber gegenwärtig noch wenig praktiziert.

Nachteile durch eine bisherige nationale oder europäische Randlage

Eine nationale Randlage ist aber keine zwangsläufige Eigenschaft einer Grenzregion. Sie ist z.B. für Storstrøms Amt – jedenfalls für den nördlichen Regionsteil – aufgrund seiner Nähe zur Hauptstadtregion nicht gegeben. Für Ostholstein-Lübeck trifft dies national zwar zu, aber als „peripher" kann die Region aufgrund ihrer Nachbarschaft zur Metropolregion Hamburg nicht gekennzeichnet werden. Anders ist die Frage zu behandeln, inwieweit eine Marktferne zu den großen westeuropäischen Wirtschaftszentren vorliegt.

Gegenüber den ökonomischen Zentren der Bundesrepublik und der EU wird die Distanz zu den wichtigsten Absatz- und Beschaffungsmärkten in Ostholstein-Lübeck tatsächlich als Nachteil empfunden, der sich in den letzten 20 Jahren zwar abgebaut hat, durch eine Erhöhung der Verkehrskosten (z.B. Autobahn-Maut) aber wieder verschärft auftreten würde. Positiv wird die Nähe der Metropolregion Hamburg und vor allem des wachsenden polnischen Marktes gesehen. Insgesamt wird eine Randlage weniger stark registriert als z.B. für den Norden oder die Westküste Schleswig-Holsteins. In Storstrøms Amt wird die Nähe zur Hauptstadtregion und zur Region Südschweden zwar als Vorteil gewertet, es fehlen in der Grenzregion aber größere Städte mit höherwertigen Dienstleistungs- und Qualifizierungsangeboten. Die Marktferne gegenüber den europäischen Zentren gilt hier ebenso wie in der deutschen Grenzregion. Allerdings zeigt sich für die beiden Grenzregionen eine asymmetrische Situation beim Blick „über die Grenze": Für Storstrøms Amt liegt hinter der Grenze der große deutsche und westeuropäische Markt, für die deutsche Grenzregion stellt der skandinavische Markt dagegen nur eine Ergänzung, aber nicht den Mittelpunkt der wirtschaftlichen Orientierung dar. Hauptmärkte für Ostholstein-Lübeck sind weiterhin das Bundesgebiet und die wirtschaftlichen Schwerpunkte der EU, und im Ostseeraum gewinnt Polen mittlerweile eine stärkere Position als Skandinavien.

Die relativ große Distanz zu den nationalen und europäischen Entscheidungszentren (Berlin, Brüssel) wird in Ostholstein-Lübeck unterschiedlich gewichtet. Die Fehmarnbelt-Diskussion hat allerdings bei der regionalen Wirtschaft und Verwaltung den Eindruck erweckt, die deutsche Grenzregion sei zwar Durchgangsregion einer wichtigen Verkehrsader, andererseits sind in Ostholstein aber nur zweitrangige Wirtschaftszentren und Verkehrsknoten vorhanden, wodurch die Grenzregion in verkehrspolitische Entscheidungen nicht ausreichend eingebunden wäre. Die Steuerung wichtiger Betriebe von Zentralen außerhalb der Region wird in Ostholstein-Lübeck als Risiko für die regionale Wirtschaftsstruktur angesehen, regionale Wirtschaftsförderung (Bestandspflege) wird durch diese Eigenschaft erschwert.

Ansätze zur grenzüberschreitenden Kooperation im Grenzraum

Eine gemeinsame Interessenlage, die über das bloße „Rent Seeking" bezüglich europäischer Fördertöpfe hinausgeht, begünstigt die stabile Bereitschaft zu grenzüberschreitender Kooperation und Integration und hilft dabei Kooperationshemmnisse zu überwinden. Diese Motivation kann aktiv-positiv in dem Sinne sein, dass gemeinsame wirtschaftliche Potenziale, Entwicklungschancen und Spezialisierungen in Kooperation ausgebaut und besser erschlossen werden können (Synergie statt Konkurrenz), sie ist aber auch in defensiver Weise denkbar: Gemeinsame Probleme und Engpässe sind durch kooperative Strategien besser und leichter zu beseitigen (z.B. Strategien gegenüber der EU oder gegenüber den jeweiligen nationalen Entscheidungszentren). Die im Folgenden genannten gemeinsamen Interessenlagen sind denkbar:

1. Gemeinsame Interessenlage aufgrund bereits bestehender oder potenzieller Wirtschaftsbeziehungen zwischen den beiden Teilen des Grenzraumes (grenzüberschreitende Faktor- und Güterverflechtungen, betriebliche Kooperationen)

2. Gemeinsame Interessenlage aufgrund regionsinterner oder überregionaler (Infrastruktur-)Großprojekte (Beispiel Verkehrsinfrastruktur: Ausbau eines regionsinter-

nen oder überregionalen Links z.B. durch Brücken-, Tunnel-, Fast Train-Projekte, Gemeinschafts-Airport, gemeinsame Großveranstaltungen usw.)

3. Gemeinsame wirtschaftsgeographische Lage und Orientierung
   (Beispiel: Die beiden Teilregionen übernehmen eine Pilotfunktion für die Wirtschaft des jeweils eigenen Landes zur Erschließung benachbarter großer Wirtschaftsräume – z.B. gemeinsame Markteintrittsstrategien gegenüber den EU-Beitrittskandidaten)

4. Spiegelbildliche wirtschaftsgeographische Lage und Orientierung
   Variante (a) „Rücken an Rücken" – Gemeinsame Strategien gegenüber dem im jeweiligen Land benachbarten Wirtschaftszentrum zur Überwindung einer die beiden Teilregionen beeinträchtigenden Randlage (Beispiel: Strategien Ostholstein-Lübecks gegenüber dem Hamburger Wirtschaftsraum und Westdeutschland; Strategien Storstrøms Amts gegenüber der Region Kopenhagen und Südschweden)

5. Variante (b) „Wechselseitige Brückenköpfe" – Pilotfunktion der Grenzregion in Land A für das benachbarte Wirtschaftszentrum in Land B und der Grenzregion in Land B für das benachbarte Wirtschaftszentrum in Land A (Beispiel: Ostholstein-Lübeck ist Vorreiter für deutsche Wirtschaftsbeziehungen mit der Region Kopenhagen/Südschweden, Storstrøms Amt ist Vorreiter für die dänischen Beziehungen zum Hamburger und im weiteren Sinne zum norddeutschen Raum).

Das wichtigste, beide Grenzregionen verbindende Thema ist die Vogelfluglinie bzw. die Fehmarnbelt-Querung (Interessenlage 2), und zwar unabhängig davon, ob eine feste Querung kommt oder nicht. Die Fehmarnbelt-Diskussion stand am Anfang der regionalen Zusammenarbeit, viele der grenzüberschreitenden Wirtschaftsbeziehungen haben sich überwiegend erst im Gefolge dieses Diskussionsprozesses herausgebildet. Der besondere Stellenwert des geplanten Infrastrukturprojektes wird im Grenzraum allerdings weniger in der lokalen Verbindung Fehmarn-Lolland, sondern eher in der Verstärkung der Achse zwischen den Metropolregionen Hamburg und Kopenhagen-Øresund und in einem verbesserten Zugang Skandinaviens zu den westeuropäischen Märkten gesehen. Darüber hinaus sind die Grenzregionen daran interessiert, dass sich im Zuge einer festen Querung die gesamte Verkehrsachse aufwertet und damit auch die Verkehrsinfrastruktur an Land verbessert. Dies – so die Erwartung – würde die regionale Entwicklung, z.B. aufgrund der Ausbreitungseffekte der beiden Metropolregionen, begünstigen. Daraus ergeben sich insbesondere Gemeinsamkeiten in der Vertretung eigener, regionaler Interessen gegenüber den zentralen Entscheidungsinstanzen des Fehmarnbelt-Projektes, die die institutionelle Kooperation im Grenzraum initiiert und verstärkt haben.

Im Übrigen sind typische grenznahe Beziehungen, z.B. Berufs-, Ausbildungs- und Einkaufspendeln oder tägliche betriebliche Zusammenarbeit, naturgemäß sehr gering, da aufgrund der Seegrenze die Zeitdistanz zwischen den nächstgelegenen Zentren der beiden Grenzregionen hierfür zu hoch ist (Interessenlage 1). Grenzüberschreitende Wirtschaftsbeziehungen sollen mit Unterstützung durch die INTERREG A-Programme im Bereich Tourismus aufgebaut werden, d.h. hier soll die bisherige Konkurrenzsituation in eine kooperative Strategie gegenüber Drittmärkten überführt werden. Erste Schritte sind auf diesem Weg bereits erfolgt (Gemeinschaftskatalog).

Auch die Interessenposition 3 hat hier nur eine untergeordnete Bedeutung, da sich die beiden Grenzregionen schwerpunktmäßig an anderen Wirtschaftsräumen orientieren. Storstrøms Amt sieht sich vor allem als südlicher Teil der Øresundregion und als weiterer Einzugsbereich der Metropole Kopenhagen, Lübeck als Teil des Verbunds traditioneller Hansestädte im Ostseeraum und der Kreis Ostholstein als Teil Schleswig-Holsteins. Die großräumige Orientierung der deutschen Grenzregion konzentriert sich, wie bereits ausgeführt, auf die traditionellen deutschen und westeuropäischen Wirtschaftszentren, die Öffnung neuer Märkte wird stärker in östlicher als in nördlicher Richtung gesehen. Insofern gibt es also unterschiedliche Blickrichtungen der Teile des Grenzraumes. Gegenüber den jeweils benachbarten Metropolregionen Hamburg und Kopenhagen ergeben sich in diesem Zusammenhang viele Ähnlichkeiten in der strategischen Zielsetzung die Potenziale ihrer Nähe auszuschöpfen, ohne in die Sogwirkung der Agglomerationen zu geraten. Hier können die Institutionen der beiden Grenzregionen voneinander lernen und gemeinsam vorgehen (Interessenlage 4a).

Dagegen stehen gemeinsame Strategien im Sinne einer Pilotfunktion „Wechselseitige Brückenköpfe" zur Erschließung des skandinavischen (für die deutsche Seite) bzw. des deutschen Wirtschaftsraumes (für die dänische Seite) noch nicht im Vordergrund der Kooperationen zwischen Storstrøms Amt und Ostholstein-Lübeck. Vielmehr werden gemeinsame Strategien mit dem Ziel, auf die neuen Märkte in Polen und den Baltischen Staaten zuzugehen, aufgrund der verbesserten Perspektiven im Zuge der EU-Erweiterung verstärkt vorangetrieben (Interessenlage 3 und 4b).

Entstehung und Weiterentwicklung institutioneller grenzüberschreitender Kooperationen und Netzwerke

Hier steht die Kooperation auf institutioneller Ebene im Mittelpunkt. Wann, in welchen Bereichen und auf welcher regionalen Ebene ist sie entstanden, welche Intensität hat sie mittlerweile erreicht, welche Akteure und Organisationen sind beteiligt?

Die Pionierphase der Kooperation zwischen den beiden Grenzregionen begann 1977: In diesem Jahr wurden erste Kooperationsformen in Form einer vereinbarten Partnerschaft zwischen dem Kreis Ostholstein und Storstrøms Amt in den Bereichen Kultur, Sport, Jugend, Schule, Feuerwehr aufgenommen (darunter: Gemeinde-Partnerschaften).

Das Ende der 80er Jahre kann als Beginn der Integrationsphase gesehen werden, geprägt von der Fehmarnbelt-Diskussion und dem Aufbau der INTERREG-A-Gemeinschaftsinitiative zur Förderung von Grenzregionen. Seit dieser Zeit sind die Fehmarnbelt-Debatte und die Teilnahme am INTERREG-A-Programm die Motoren institutioneller Kooperation. Organisatorisch finden sie ihren Ausdruck im grenzübergreifenden Fehmarnbelt-Forum bzw. in den zugehörigen nationalen Kommitees sowie in den INTERREG-Institutionen. Erst in den 90er Jahren wurde Lübeck allmählich in den Grenzraum eingebunden. Die Hansestadt blieb lange Zeit Außenseiter, da die wirtschaftsgeographische Orientierung der Stadt nicht mit der Ostholsteins oder von Storstrøms Amt kongruent war und weil Lübeck in der dänischen Nachbarregion kein Pendant, also keine Stadt vergleichbarer Größe und Zentralität findet.

Mittlerweile bestehen neben der INTERREG-A-Zusammenarbeit weitere Kooperationen zwischen den öffentlichen Institutionen, den Wirtschaftsförderungseinrichtungen, den Unternehmensverbänden, den Technikzentren in den beiden Grenzregionen, den beruflichen Schulen, der Arbeitsverwaltung oder dem Tourismus, wobei die Entstehung einiger dieser Kontakte erst durch die INTERREG-Förderung möglich wurde. Die deutsch-dänischen Unterschiede im föderativen Aufbau sind allerdings ein weiterhin bestehendes Hemmnis bei der Zusammenarbeit öffentlicher Institutionen (Zergliederung von Zuständigkeiten auf deutscher, Tendenz zur Zentralisierung auf dänischer Seite), die Kooperation im Bereich Verwaltung ist immer noch relativ gering. Ähnliches gilt bei national begründeten Unterschieden anderer Organisationen, z.B. bei den Industrie- und Handelskammern. Andererseits wird eine eher informell und projektbezogen definierte Kooperation oft bewusst einer festen und umfassenden Zusammenarbeit vorgezogen, um Flexibilität zu bewahren und eine drohende Kooperationsmüdigkeit zu vermeiden.

In anderen Bereichen fehlen institutionelle Kooperationen, da Einrichtungen nur auf einer Seite vorhanden sind (z.B. Universität und Fachhochschule, die nur in Lübeck existieren) oder weil durchaus vorhandene Potenziale noch nicht genutzt worden sind (z.B. im Gesundheitswesen). Die Organisationsphase der institutionellen Integration ist bislang am ehesten im Bereich der INTERREG-A-Kooperation erreicht worden. Die INTERREG-A-Programme haben im Übrigen für die deutsche Grenzregion nach Aussage der befragten Akteure eine weitaus stärkere Bedeutung als die INTERREG-B-Kooperation zwischen Südschweden, der Metropolregion Kopenhagen, Storstrøms Amt, Schleswig-Holstein und Hamburg („STRING"), in der dänischen Grenzregion hat dagegen die „STRING"-Kooperation eine mindestens ähnliche Bedeutung wie INTERREG-A.

Grenzüberschreitende ökonomische Aktivitäten

Untersuchungen zu grenzüberschreitenden ökonomischen Aktivitäten leiden immer noch unter einem eklatanten Datenmangel – es gibt allenfalls punktuelles Wissen. Insofern ist man hier auf Einschätzungen angewiesen. Dabei stellt sich für einen Grenzraum die Frage, ob nicht eine gemeinsame, auf empirischen Daten basierende Raumbeobachtung (Regional Monitoring) geeignet wäre, die Situation und Entwicklung, aber auch Potenziale und Engpässe grenzüberschreitender Aktivitäten aufzuzeigen. Die gegenseitige Kenntnis regionaler Kerndaten, vor allem aber von bereits bestehenden Verflechtungen, wäre eine wichtige Grundlage, Kooperations- und Beziehungspotenziale zu erkennen und auszubauen.

Insgesamt dürfte die Basis grenzüberschreitender ökonomischer Aktivitäten im Grenzraum Storstrøm/Ostholstein-Lübeck im Vergleich zu Grenzräumen mit einer Landgrenze allerdings gering sein, da die Zeitdistanz zwischen den ökonomischen Zentren der beiden Grenzregionen hoch ist, weil die Raumstruktur unterschiedlich ist – in der dänischen Grenzregion fehlt ein städtisches Zentrum, das eine gleichwertige Kooperationsgrundlage mit Lübeck bilden könnte – und weil die wirtschaftsgeographische Orientierung der beiden Grenzregionen nur nachrangig aufeinander bezogen ist.

Eine positive Voraussetzung zukünftiger grenzüberschreitender Zusammenarbeit ist die gegenseitige Kenntnis und Vertrauensbasis, die in den vergangenen Jahren geschaffen wurde. Potenziale gemeinsamen Handelns zeigen sich insbesondere im Bereich Tourismus (Gemeinschaftskatalog „Smart Touristik"), in Strategien zur Schaffung von Wertschöpfung entlang einer zukünftig möglicherweise aufgewerteten Vogelfluglinie (Gastronomie, Tourismus, Logistik), in kooperativer Marktevaluierung in Polen und in den Baltischen Staaten, im Umweltbereich (Ostseeschutz) oder im Gesundheitsbereich. Dagegen ist die Basis gewerblicher Unternehmen und unternehmensorientierter Dienste im Grenzraum nicht breit genug, um ein dichtes grenzüberschreitendes Netz betrieblicher Kooperationen zu generieren – dies zeigen einschlägige Bemühungen wie Kooperationsbörsen oder andere Kontaktaufnahme-Hilfen, deren Erfolge sich bislang in Grenzen hielten.

3.4 Fyns Amt/KERN-Region

Die Gliederung der Fallstudie zum Grenzraum Fyns Amt/KERN-Region entspricht dem Aufbau der bereits dargestellten Fallstudie zum Grenzraum Storstrøm/Ostholstein-Lübeck (Abschnitt 3.3), wobei im Folgenden bei Aussagen, die gleichermaßen für beide Grenzräume gültig sind, Verweise benutzt werden. So werden in den Abschnitten 3.4.1, 3.4.2 und 3.4.3 einige wichtige geographische und ökonomische Grunddaten zum Grenzraum Fyns Amt/KERN-Region genannt und die wirtschaftliche Entwicklung in den 80er und 90er Jahren sowie die weiteren Entwicklungsperspektiven dargestellt. Auch hier ist eine wichtige Basis für die empirischen Befunde eine Studie des Instituts für Regionalforschung in Kooperation mit dem Institut for graenseregionsforskning, die im Jahr 2000 im Auftrag des gemeinsamen INTERREG-Sekretariats Fyns Amt/KERN-Region für das Programmplanungsdokument im Rahmen der Gemeinschaftsinitiative INTERREG IIIA erarbeitet wurde (HANSEN et al. 2000). Diese Studie entstand parallel zu der entsprechenden Untersuchung für den Grenzraum Storstrøm/Ostholstein-Lübeck. Ihre Ergebnisse gingen in den „Vorschlag für das Programmplanungsdokument für die Gemeinschaftsinitiative INTERREG IIIA" von Fyns Amt und der Technologie-Region KERN für den Zeitraum 2000-2006 ein. Eine weitere Basis stellt eine Regionalstudie für die KERN-Region dar (RAUM UND ENERGIE 1997). Zusätzliche empirische Befunde, die im Rahmen der Arbeitsgruppe „Europäische Grenzräume" entstanden sind, werden im Anhang dargestellt.

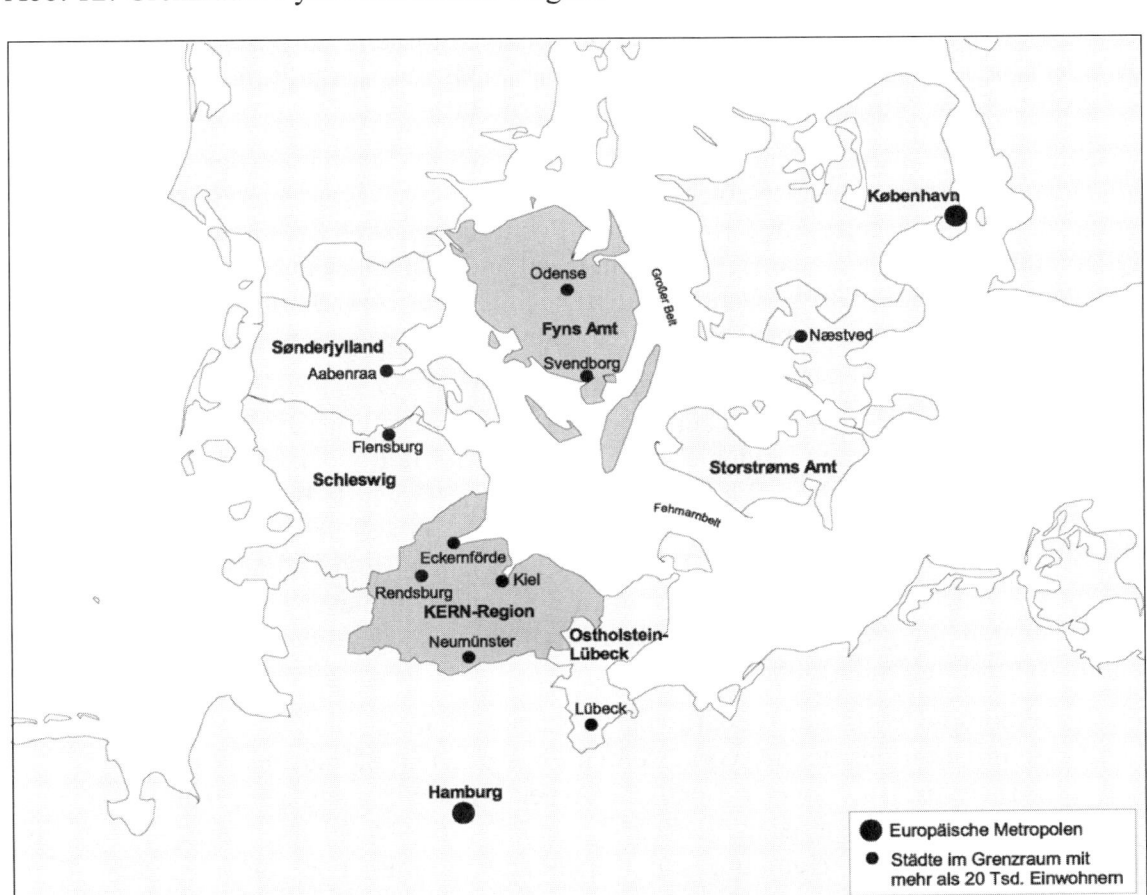

Abb. 12: Grenzraum Fyns Amt/KERN-Region

■ Fallstudien für deutsch-dänische Grenzräume

Im zweiten Teil (Abschnitt 3.4.4) wird wieder der Weg vom getrennten zum verbundenen Grenzraum beschrieben. Ausgehend von den Bedingungen eines durch eine Landes- und eine Seegrenze getrennten Raumes werden die Motivation zu grenzüberschreitender Kooperation im Grenzraum identifiziert, die Entstehung und Weiterentwicklung institutioneller grenzüberschreitender Kooperationen und Netzwerke geschildert und die aktuelle Situation und die Potenziale grenzüberschreitender ökonomischer Aktivitäten eingeschätzt.

3.4.1 Positionierung

Der deutsch-dänische Grenzraum Fyns Amt/KERN-Region besteht aus der dänischen Grenzregion „Fyns Amtskommune" im Norden (Hauptinsel Fyn, Langeland und Ærø) und der deutschen „Technologie-Region KERN" im Süden (kreisfreie Städte Kiel und Neumünster sowie die Landkreise Rendsburg-Eckernförde und Plön, gemäß dem Stand von 2002). In der gesamten Region leben 1,2 Mio. Menschen.

In Schleswig-Holstein stellt die Grenzregion KERN mit über 700 Tsd. Einwohnern und knapp 300 Tsd. Arbeitsplätzen den bedeutendsten Lebens- und Wirtschaftsraum nördlich von Hamburg dar. Hier leben über 25% aller Schleswig-Holsteiner (bzw. 16% aller Einwohner des Raumes Schleswig-Holstein/Hamburg), und hier sind 27% aller Arbeitsplätze des Landes angesiedelt. Herausragendes Zentrum ist die schleswig-holsteinische Landeshauptstadt Kiel. Die Stadt nimmt nicht nur für die KERN-Region, sondern auch für ganz Schleswig-Holstein eine besondere Stellung als Verwaltungs-, Dienstleistungs- und Hochschulzentrum ein. Innerhalb Schleswig-Holsteins liegt die deutsche Grenzregion zwischen dem nördlichen Landesteil (Grenzregion Schleswig) und der Grenzregion Ostholstein-Lübeck, und ihr südlicher Teil mit der Stadt Neumünster grenzt an den Norden der Metropolregion Hamburg.

In der dänischen Grenzregion Fyns Amt leben 470 Tsd. Einwohner, das sind knapp 9% aller Dänen. Zentrum der Region ist die Stadt Odense auf Fyn. Innerhalb Dänemarks nimmt Fyns Amt in ihrer Lage eine mittlere Position zwischen der Grenzregion Sønderjylland und den östlichen dänischen Inseln (Sjælland, Lolland, Falster) ein. Seit 1997/98 ist Fyn nicht nur mit dem Festland, sondern auch mit der Insel Sjælland und damit auch mit der Metropolregion Kopenhagen durch feste Verkehrswege verbunden.

Die deutsche und dänische Grenzregion haben keine gemeinsame Landgrenze. Die Entfernung über die Ostsee liegt bei mindestens 40 km Luftlinie. Auf diesem Weg wäre die Distanz zwischen den beiden Regionszentren Kiel und Odense knapp 150 km (60 km See und 90 km Straße). Die Fahrtzeit (Auto/Schiff) würde bei über 4 Stunden liegen. Der Landweg führt durch den Grenzraum Sønderjylland/Schleswig über Flensburg und Kolding, dabei sind 250 km Distanz zwischen Kiel und Odense zu überwinden, Fahrtzeit je nach Verkehrsaufkommen etwa 3 Stunden. In dieser Hinsicht sind die Voraussetzungen für grenzüberschreitende Aktivitäten also deutlich ungünstiger als z.B. beim Grenzraum Sønderjylland/Schleswig.

Die großräumige wirtschaftsgeographische Lage des Grenzraumes entspricht weitgehend der Situation des bereits vorgestellten Grenzraumes Storstrøms Amt/Ostholstein-Lübeck. Auch hier sind zwei wesentliche Aspekte der wirtschaftsgeographischen Lage die Position im überregionalen Verkehrssystem und die Nachbarschaft zu den großen Agglomerationsräumen Hamburg und Kopenhagen/Malmö. Für den Grenzraum Fyns Amt/KERN-Region spielen dabei die vor einigen Jahren neu eröffnete Große Belt-Querung und damit verbunden die wachsende Bedeutung der Jütlandroute E20/E45 (auf deutscher Seite die Autobahn A7)[5], anderseits aber auch die Problematik der Elbquerung in/bei Hamburg bei den Süd-, Südwest- und Südostverkehren eine besondere Rolle. Gewerbliche und Dienstleistungsstandorte entlang dieser Verkehrsachse wie Neumünster, Rendsburg oder Odense erwarten von der Aufwertung der Jütlandroute einerseits mehr Belastungen aus ihrer reinen Transitfunktion, andererseits aber auch zusätzliche Wertschöpfung, nicht nur im Transport- und Logistikbereich, sondern auch durch Ansiedlungen und Neugründungen in Gewerbe, Handel und Dienstleistungen.

Tab. 3: Grenzraum Fyns Amt/KERN Region

Gebietskörperschaft	Einwohner
Fyns Amtskommune	472.000
Städte: Odense	145.000
Svendborg	28.000
KERN-Region	715.000
Kreisfreie Stadt Kiel	233.000
Kreisfreie Stadt Neumünster	80.000
Landkreis Rendsburg-Eckernförde	270.000
Landkreis Plön	133.000
Weitere Städte: Rendsburg	30.000
Eckernförde	23.000
Grenzraum Fyns Amt/KERN-Region	**1.187.000**

Städte mit mehr als 20.000 Einwohnern

Für die deutsche Grenzregion machen sich die Impulse der Nachbarschaft zur Metropolregion Hamburg bereits bemerkbar: Die Verlängerung der Entwicklungsachsen im nördlichen Hamburger Randgebiet (z.B. parallel zur Autobahn A7), die aus dem Suburbanisierungsdruck der Metropole resultiert, wird sich zunehmend auf den südlichen Teil der KERN-Region im Bereich der A7 auswirken und wirtschaftliche Impulse setzen. Für die dänische Grenzregion hat die 1997/98 eröffnete Große Belt-Querung nicht nur die Transitfunktion der über die Insel Fyn verlaufenden E20 verstärkt. Sie hat vor allem auch die Distanz zur Metropolregion Kopenhagen um nahezu eine Stunde reduziert, die PKW-Fahrtzeit von Odense in die Hauptstadt ging damit von etwa 3¼ Stunden auf 2¼ Stunden zurück. Die Insel Fyn und ihr Zentrum, die Stadt Odense, haben sich damit von ihrer früheren einseitigen Bindung an das dänische Festland gelöst und eine neue Orientierung nach Osten hinzugefügt. Die feste Querung über den Öresund nach Südschweden verstärkt diese Neuorientierung noch zusätzlich. Die neue räumliche Lage macht sich bei allen Formen von Geschäftsbeziehungen bis hin zu einer neuen räumlichen Dimension eines Arbeitsmarktes Fyn/nördliches Sjælland bemerkbar.

Die innere Raumstruktur der beiden Grenzregionen lässt sich anhand der Städte bzw. der Zentralen Orte und der Siedlungs- und Verkehrsachsen beschreiben. Das dominierende Zentrum der KERN-Region ist die Landeshauptstadt Kiel. Neumünster ist ein weiteres Oberzentrum im Süden der Region, Rendsburg und Eckernförde sind Zentren mittlerer Bedeutung. Fast zwei Drittel aller Einwohner der deutschen Grenzregion leben in diesen vier Städten, die der Region den Namen KERN gegeben haben. Trotz des relativ hohen Urbanisierungs- und Verdichtungsgrades waren die Bodenpreise (Bauland) über die Jahre 1997-1999 in der Region um fast 9% geringer als im Durchschnitt im Bundesgebiet West (BBR, 2002). Innerhalb der KERN-Region pendelten 1998 täglich

---

[5] Die Jütlandroute Kopenhagen-Odense-Kolding-Flensburg-Neumünster-Hamburg ist der bedeutendste Verkehrsweg zwischen Skandinavien und dem europäischen Kontinent. Ihr Anteil am gesamten Straßen-Transitaufkommen erreicht 40% (PKW) bzw. fast 70% (LKW). Lediglich beim PKW-Verkehr erreicht die Vogelfluglinie (Fährverbindung) noch einen annähernd großen Verkehrsanteil (JENSEN-BUTLER; MADSEN 2000).

fast 50 Tsd. Berufstätige zu ihren Arbeitsplätzen in Kiel, und in der Gegenrichtung waren es immerhin noch etwa 15 Tsd. Berufspendler. Darüber hinaus ist Kiel auch Einpendlerziel für Arbeitskräfte, die in Gebieten außerhalb der KERN-Region wohnen.[6]

Die dänische Grenzregion Fyns Amt definiert sich ganz wesentlich über ihr Zentrum Odense auf der Insel Fyn. Darüber hinaus ist Svendborg im Süden Fyns ein Zentrum mittlerer Bedeutung. Der Urbanisierungsgrad der Grenzregion ist höher als in Dänemark insgesamt, aber niedriger als in der deutschen Grenzregion. Die zentrale Funktion der Stadt Odense für Fyns Amt entspricht der Position Kiels für die KERN-Region. Dies zeigt sich auch an den Berufspendlerströmen: Fast 22 Tsd. Arbeitskräfte pendeln täglich nach Odense, in der Gegenrichtung, also aus der Stadt zu Arbeitsplätzen auf Fyn, sind es über 10 Tsd. Pendler. Darüber hinaus besteht aber auch ein intensiver Pendleraustausch mit anderen dänischen Regionen, zunehmend auch zu den Arbeitsplätzen der Metropolregion Kopenhagen.

Bis 1999 bestand auch ein regelmäßiger Fährdienst von Fyns Amt nach Schleswig-Holstein, und zwar in die Region Schleswig (von Faborg nach Gelting) und auch in die KERN-Region (von Bagenkop auf der Insel Langeland nach Kiel). Im Herbst 1999 wurden diese Linie durch den Fortfall des zollfreien Verkaufs auf Fährschiffen eingestellt. Eine Wiedereröffnung der Langeland-Fährverbindung konnte ab Frühjahr 2003 – nicht zuletzt mit finanzieller Unterstützung durch das INTERREG IIIA-Programm – erreicht werden, ob es aber wieder zu einem regelmäßigen Fährdienst kommen wird, ist noch ungewiss. So bleibt als einzige permanente, auch im Winter nutzbare Auto- bzw. Bahnverbindung zwischen den beiden Teilen des Grenzraumes der (Um-)Weg über Flensburg und Kolding, also durch die Region Sønderjylland/Schleswig.

Die Ausgangssituation des Grenzraumes am Ende der 90er Jahre ergibt sich aus wesentlichen Grundzügen einer sozioökonomischen Bestandsaufnahme, die an dieser Stelle nur stichpunktartig genannt werden kann (HANSEN et al. 2000).

Aufgrund ihrer Lage und Größe und der Bedeutung ihrer Regionszentren sind die KERN-Region und Fyns Amt jeweils eigenständige Regionen mit einer relativ breiten Gewerbe- und Dienstleistungsstruktur und einer starken inneren Verflechtung. Hierin unterscheiden sie sich von einigen anderen Grenzregionen im deutsch-dänischen Raum. Ihre Eigenständigkeit zeigt sich auch darin, dass sie beide eindeutige Zentren (Kiel und Odense) in ihrer Regionsmitte haben.

Der Altersaufbau der Bevölkerung ist in den beiden Grenzregionen etwa so wie in den jeweiligen Vergleichsräumen Dänemark und Schleswig-Holstein, die KERN-Region unterscheidet sich von Fyns Amt aber durch einen höheren Anteil der Bevölkerung im erwerbsfähigen Alter und einen geringeren Anteil Jugendlicher an der Gesamtbevölkerung. Eine besondere Funktion als Wohnraum für (z.B. ältere) Personen oder Familien aus den benachbarten Metropolen Hamburg und Kopenhagen besteht hier in geringerem Maße als in den Grenzregionen Ostholstein-Lübeck oder Storstrøms Amt.

Die Wirtschaftskraft wird als Bruttoinlandsprodukt pro Kopf der Bevölkerung ausgedrückt. Sie lag im Jahr 2000 in Fyns Amt etwa 20% unter dem Wert für Dänemark. Auch in der KERN-Region bleibt das Bruttoinlandsprodukt pro Kopf unter dem des Gesamtraumes (Westdeutschland), der Rückstand lag im Jahr 2000 bei ca. 10%. Ein

---

[6] Diese Zahlen sind Schätzungen der Pendlerzahlen durch das Institut für Regionalforschung auf der Basis der sozialversicherungspflichtig Beschäftigten nach Wohn- und Arbeitsort (Hochrechnung von der Beschäftigtenbasis auf die Basis der Erwerbstätigen). Zur Berufspendlerverflechtung in der KERN-Region vgl. auch HERRMANN et al. (2001).

Vergleich zwischen der KERN-Region und Fyns Amt (für 1996, auf €-Basis) ergibt, dass das Pro-Kopf-Inlandsprodukt in beiden Teilen des Grenzraumes etwa gleich stark ist. Raumstruktur und Wirtschaftskraft zeigen also ein Bild zweier recht ähnlicher Grenzregionen.

Die Wirtschaftsstruktur von Fyns Amt unterscheidet sich von der dänischen Struktur weniger deutlich als die Struktur der KERN-Region von der Westdeutschlands. Das Produzierende Gewerbe ist in der dänischen Grenzregion etwas stärker, der Bereich Handel, Verkehr, Kommunikation dagegen etwas schwächer vertreten als in Dänemark. In der KERN-Region ist der Wertschöpfungsanteil des Produzierenden Gewerbes im Vergleich mit Westdeutschland deutlich geringer, während hier der Sektor Öffentliche Dienstleistungen sehr viel stärker präsent ist. Vergleicht man die Wertschöpfungsstruktur der beiden Grenzregionen miteinander, fällt als wesentlicher Unterschied der höhere Anteil des Produzierenden Gewerbes in der dänischen Grenzregion und der höhere Anteil der privaten Dienstleistungen auf deutscher Seite auf. Dagegen sind die Wertschöpfungsanteile der öffentlichen Dienstleistungen in beiden Teilen des Grenzraumes etwa gleich. Insgesamt erreicht der Tertiäre Sektor sowohl bei der Wertschöpfung als auch bei den Erwerbstätigen in der KERN-Region einen höheren Anteil als in Fyns Amt (ca. 75% gegenüber etwa 65%).

Die besondere Wirtschaftsstruktur der KERN-Region spiegelt wider, dass das Regionszentrum Kiel Sitz der Landeshauptstadt Schleswig-Holsteins und der einzigen vollwertigen Universität des Landes ist. Kiel ist überregionales Bildungs- und Dienstleistungszentrum für ganz Schleswig-Holstein, gleichzeitig aber auch Seetransit-Knotenpunkt im Ostseeraum. Die regionale Ausstrahlung als Dienstleistungsstandort ist dabei weitaus stärker als die von Lübeck, einer Stadt vergleichbarer Größe (vgl. DOHSE et al. 1992). Allerdings ist die Funktion Kiels als Standort unternehmensorientierter Dienstleistungen nachrangig gegenüber der Metropole Hamburg. Das dänische Regionszentrum Odense erfüllt mit seinen Dienstleistungen vor allem regionale, aber auch überregionale Funktionen. Es ist – ebenso wie Kiel gegenüber Hamburg – nachrangig im Vergleich mit Kopenhagen, das bei überregionalen Dienstleistungsfunktionen innerhalb Dänemarks dominiert.

Regionale Spezialisierungen werden an der absoluten Größe einzelner Branchen und am Vergleich mit dem jeweiligen Gesamtraum (Dänemark bzw. Westdeutschland) erkennbar. In der KERN-Region konzentriert sich das Produzierende Gewerbe stark auf die Bereiche Maschinen- und Fahrzeugbau (Schiffbau), die Elektrotechnik, Feinmechanik und Optik und die Nahrungs- und Genussmittelindustrie, ohne dass hier im Bundesvergleich überdurchschnittliche Beschäftigungs- oder Wertschöpfungsanteile erreicht werden. Dies gilt im gewerblichen Bereich allein für das Baugewerbe. Tertiäre Wirtschaftsbereiche mit besonderer Bedeutung sind die Gastronomie (Hotels, Gaststätten), der öffentliche Sektor und der Bereich „Organisationen". In Fyns Amt ist jeder zweite Indus-triebeschäftigte im Bereich Stahl-, Maschinen- und Fahrzeugbau und in der Metallindustrie tätig. Weitere Branchen mit im Vergleich zu Dänemark hohen Beschäftigungsanteilen sind der Kfz-Bereich (Handel, Reparatur) und die Bereiche Gesundheit und Wissenschaft.

Der Tourismus hat in einigen Teilen der beiden Grenzregionen einen erheblichen Stellenwert, wobei es neben einer Reihe von Gemeinsamkeiten (Sommertourismus, Strandurlaub, Familienurlaub, Segeltourismus) auch Unterschiede gibt: Auf dänischer Seite haben Ferienhäuser und Segelhäfen eine besondere Bedeutung, auf deutscher Seite eher Hotels und Pensionen – eine unmittelbare Konkurrenzsituation wird dadurch abgemildert. Aufgrund der unterschiedlichen Unterkunftsstruktur ist die Wertschöpfungsquote auf dänischer Seite geringer als in der deutschen Grenzregion. Beide Grenzregionen haben sich einem verschärften touristischen Wettbewerb, z.B. mit Zielorten am Mittelmeer oder in der Karibik wie auch in der Ostseeregion, zu stellen – dies könnte eine Motivation zu kooperativen touristischen Strategien darstellen.

Die Wirtschaft der deutschen Grenzregion ist stärker exportorientiert als andere Teile Schleswig-Holsteins, der Auslandsumsatzanteil liegt etwa auf dem westdeutschen Niveau. Einen dominierenden Stellenwert haben dabei immer noch die Handelsbeziehungen mit Westeuropa, allerdings ist die Handelsverflechtung mit den Regionen des Ostseeraumes stärker als in anderen Teilen des Bundesgebietes. Innerhalb der KERN-Region bestehen intensive Vorleistungsverflechtungen sowohl bei Sachinputs als auch bei Leistungs- und Beratungsinputs. Die dänische Grenzregion ist insgesamt weniger exportorientiert als der Vergleichsraum Dänemark, die Exportquote ist auch niedriger als die der deutschen Grenzregion.

Im Bereich Forschung und Entwicklung haben beide Grenzregionen Defizite im Vergleich zu den Gesamträumen Bundesgebiet West bzw. Dänemark. Immerhin erreicht die KERN-Region insbesondere aufgrund der Bedeutung der Hochschulen in Kiel und ihrer Ausstrahlung in die Region im Vergleich mit Schleswig-Holstein günstigere Werte für die Forschungs- und Entwicklungsintensität, gemessen an den FuE-Beschäftigten oder den Patentanmeldungen. Auch Odense hat eine Universität und – wie Kiel – ein Universitätsklinikum. Dennoch entspricht der Anteil der FuE-Aktivitäten in Fyns Amt an den Aktivitäten in Dänemark bei weitem nicht dem Bevölkerungs- oder Wertschöpfungsanteil der dänischen Grenzregion, auch hier wirkt sich die dominierende Stellung Kopenhagens innerhalb Dänemarks aus.

3.4.2 Entwicklungslinien in den 80er und 90er Jahren

Die Bevölkerungsentwicklung in den beiden Grenzregionen wird in erster Linie durch Wanderungsbewegungen und durch eine Veränderung der Altersstruktur geprägt (vgl. HANSEN et al. 2000). Bezüglich der Wanderungen (Wohnortwechsel) hat Fyns Amt in der Vergangenheit gegenüber dem übrigen Dänemark Verluste erlitten, während die KERN-Region insbesondere in den 90er Jahren von Ost-West-Zuwanderungen geprägt war. Damit konnte der demographisch bedingte Bevölkerungsrückgang in der deutschen Grenzregion zwar ausgeglichen werden, der Bevölkerungszuwachs war aber deutlich geringer als in Schleswig-Holstein oder in Westdeutschland. Angesichts des verbesserten Zugangs zum Arbeitsmarkt Kopenhagens sind für Fyns Amt nach Einrichtung der festen Beltquerung Zuwanderungen von der Insel Sjælland zu erwarten, da Beschäftigte aus dem Raum Kopenhagen von den geringeren Bodenpreisen in Fyns Amt attrahiert werden. In beiden Grenzregionen hat sich die Altersstruktur in den letzten 20 Jahren zugunsten der Älteren und auf Kosten der Jugendlichen verschoben. Dies ist ein Trend, der sich in mäßigem Umfang auf dänischer und in hoher Intensität auf deutscher Seite in den nächsten 15 Jahren fortsetzen wird.

Die Entwicklung in den 90er Jahren in Stichpunkten: Zunahme der Bevölkerung von 1992 bis 2000 in Dänemark um 2,9% und in Fyns Amt um 1,5%; Bevölkerungszunahme in Westdeutschland um 3,5% und in der KERN-Region um 1,7%.

Im Zeitraum 1980 bis 1997 erreichte das Wirtschaftswachstum (Bruttoinlandsprodukt, real) in Fyns Amt im Durchschnitt 2,2% pro Jahr, der Vergleichswert für Dänemark lag bei 2,7%. Auch auf deutscher Seite war das Wachstum im Zeitraum 1980-1996 trotz der vorübergehenden starken Impulse durch die Ereignisse der Grenzöffnung und Wiedervereinigung schwächer: Die KERN-Region erreichte im Jahresdurchschnitt 1,7% gegenüber 1,9% für Schleswig-Holstein und 2,0% für Westdeutschland (vgl.:

HANSEN et al., 2000). Beide Grenzregionen haben gegenüber ihrem jeweiligen Referenzraum also an Boden verloren. Seit 1980 sank der Anteil des Bruttoinlandsproduktes von Fyns Amt am dänischen Produkt leicht von 7,4% (1980) auf 7,1% (2000), der entsprechende Anteil der deutschen Grenzregion an Schleswig-Holstein ging von 28,2% (1980) auf 27,4% (2000) zurück.

Die Entwicklung in den 90er Jahren (1992-2000) zeigt einen noch deutlicheren Wachstumsrückstand der deutschen Seite und weiterhin Defizite der Grenzregionen im Vergleich zum jeweiligen Gesamtraum: Zunahme des realen Bruttoinlandsproduktes in Dänemark um 3,2% (jährliche durchschnittliche Wachstumsrate) und in Fyns Amt um 2,9%, Zunahme des realen Bruttoinlandsproduktes in der KERN-Region um 0,9% und in Westdeutschland um 1,3%. Dies zeigt sich auch in der Beschäftigungsentwicklung: In Dänemark nahm die Zahl der Erwerbstätigen 1992 bis 2000 um 5,1% und in Fyns Amt um 2,8% zu, während sie in der KERN-Region um 0,7% zurückging. Hier ist der Rückstand gegenüber dem Gesamtraum (Westdeutschland, Beschäftigungszunahme um 3,1%) besonders gravierend.

Dabei ist zu beachten, dass die beiden Teilregionen stark in die jeweiligen Makroökonomien integriert sind. Infolgedessen entspricht der Konjunkturverlauf dem in Dänemark bzw. in (West-)Deutschland. Für die 90er Jahre hat dies dazu geführt, dass die Entwicklung in Fyns Amt erheblich günstiger verlaufen ist als in der KERN-Region. Dies gilt insbesondere für die Beschäftigungsentwicklung.

Eine wesentliche Ursache für die günstigere Arbeitsplatzentwicklung in Fyns Amt als in der KERN-Region war die Entwicklung des Verarbeitenden Gewerbes: Während in der deutschen Grenzregion – wie auch im Bundesgebiet – langfristig Arbeitsplätze abgebaut wurden, konnte sich dieser Sektor auf dänischer Seite behaupten, in der zweiten Hälfte der 90er Jahre wurden hier sogar kräftige Arbeitsplatzzuwächse erreicht.

Die Trends der Beschäftigungsentwicklung – vom sektoralen und funktionalen Strukturwandel zugunsten des Tertiären Sektors bzw. der Dienstleistungstätigkeiten und von Vollzeit- zu Teilzeitarbeitsplätzen – sind hier ebenso wie im Grenzraum Storstrøms Amt/Ostholstein-Lübeck sichtbar. Hinzu kommt die räumliche Komponente des Strukturwandels: Die innerregionale Dezentralisierung bzw. Suburbanisierung führt zu Arbeitsplatzverlusten in den Zentren (Kiel, Odense) und zu neuer Beschäftigung am Rand der Städte, zum Teil auch außerhalb der Stadtregionen. Diese Prozesse sind vor allem in der deutschen Grenzregion sichtbar.

Auch für die regionale Entwicklung der Arbeitslosigkeit lassen sich die Aussagen für den Grenzraum Storstrøms Amt/Ostholstein-Lübeck im Wesentlichen auf den Grenzraum Fyns Amt/KERN-Region übertragen. In Westdeutschland und in der deutschen Grenzregion nahm die Arbeitslosigkeit seit 1991 bis 1998 kontinuierlich zu, und im Jahr 2001 lag sie immer noch auf dem hohen Niveau von 1993/94, wobei die Arbeitslosenquote in der KERN-Region durchweg um fast zwei Prozentpunkte über der westdeutschen und auch etwas über der Quote für Schleswig-Holstein blieb. Auch auf dänischer Seite ist die Arbeitslosenquote der Grenzregion etwas höher als die dänische Quote, allerdings war die Entwicklung in den 90er Jahren völlig anders als auf deutscher Seite: Seit 1994, dem höchsten Stand der Arbeitslosigkeit in Dänemark, sind die Arbeitslosenquoten bis 2001 auf weniger als die Hälfte zurückgegangen, die Jahresdurchschnittsquote für Fyns Amt lag 2001 um drei Prozentpunkte unter der Quote für die KERN-Region (6,2% gegenüber 9,2%). Zu den Ursachen der unterschiedlichen Arbeitsmarktsituation wurde bereits in der Fallstudie Storstrøms Amt/Ostholstein-Lübeck Stellung genommen.

■ Fallstudien für deutsch-dänische Grenzräume

Entwicklungsparallelitäten bei Beschäftigung und Arbeitslosigkeit

Bei der Frage nach Entwicklungsparallelitäten zwischen den Grenzregionen und ihrem jeweiligen übergeordneten Gesamtraum zeigen sich im Grenzraum Fyns Amt/KERN-Region ähnliche Befunde für Bruttoinlandsprodukt, Erwerbstätigkeit und Arbeitslosigkeit wie im Grenzraum Storstrøm/Ostholstein-Lübeck: Ein vorwiegend national, weniger regional geprägter institutioneller Rahmen für Wirtschaft und Arbeitsmarkt führt dazu, dass sich die Entwicklung der Grenzregionen eng an ihrem jeweiligen nationalen Referenzraum orientiert, in beiden Teilen des Grenzraumes aber unterschiedlich ausfällt, sobald sich die beiden Staaten unterschiedlich entwickeln.

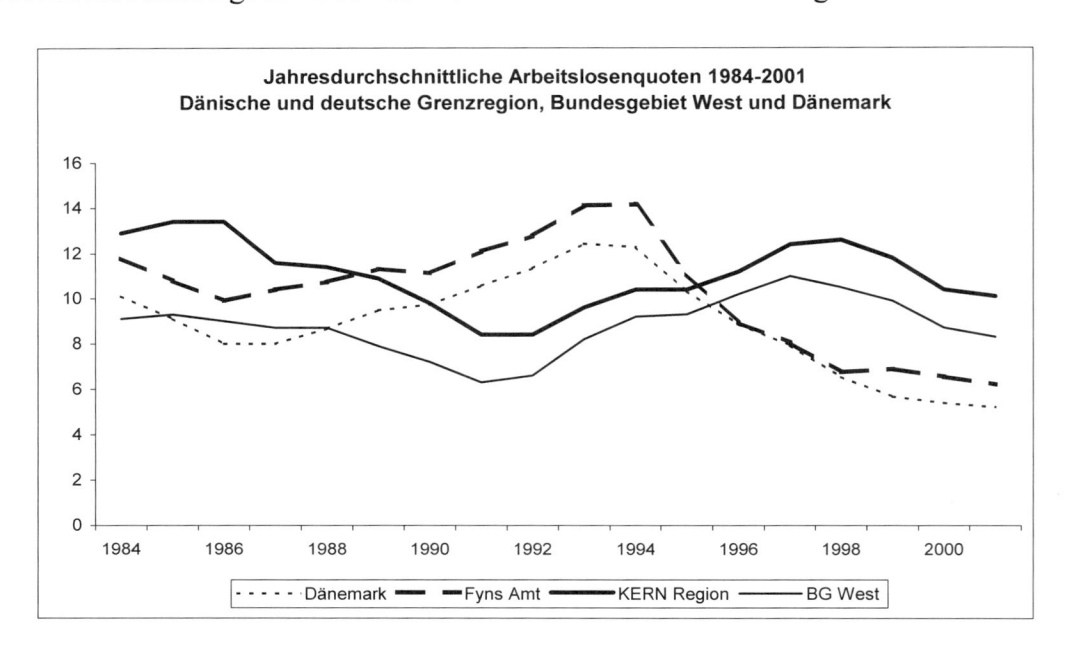

Abb. 13: Arbeitslosigkeit in der dänischen und deutschen Grenzregion 1984-2001

Auf deutscher Seite beziehen sich die im Text aufgeführten Arbeitslosenquoten auf alle zivilen Erwerbspersonen. In der Abbildung 13 wird für die deutsche Seite die um ca. einen Prozentpunkt höhere Quote dargestellt, die die Arbeitslosen auf die zivilen *abhängigen* Erwerbspersonen bezieht.

Entwicklungsbesonderheiten der Grenzregionen

Die Entwicklungsbesonderheiten der KERN-Region im Vergleich mit dem Bundesgebiet West bzw. von Fyns Amt im Vergleich mit Dänemark werden – wie schon im Fall des Grenzraumes Storstrøm/Ostholstein-Lübeck – anhand der „relativen" Trends der ökonomischen Größen Bruttoinlandsprodukt und Erwerbstätigkeit dargestellt.[7] Ähnlich wie bei Ostholstein-Lübeck kann die Position der KERN-Region gegenüber dem Bundesgebiet West seit 1970 in einige wenige Phasen eingeteilt werden: In den 70er Jahren entsprach die Erwerbstätigenentwicklung in der Region etwa dem westdeutschen Trend, in den 80er Jahren war sie dagegen ungünstiger, wenngleich in geringerem Ausmaß als

---

[7] Detaillierte empirische Resultate zu den Entwicklungsparallelitäten und -besonderheiten der dänischen und deutschen Grenzregionen sind zusammen mit den Quellennachweisen im Anhang dokumentiert.

bei Ostholstein-Lübeck. Wie viele andere norddeutsche Regionen war die KERN-Region bis in die späten 80er Jahre vom allgemeinen Süd-Nord-Gefälle innerhalb des alten Bundesgebietes geprägt. Veraltete Industriestrukturen und eine große Distanz zu den neuen südeuropäischen Märkten innerhalb der EU sind nur zwei Aspekte, die hinter diesem räumlichen Entwicklungsmuster stehen. In der Periode 1990/92 konnte die Region dann nur unterproportional von den positiven Effekten der Grenzöffnung und Wiedervereinigung profitieren.

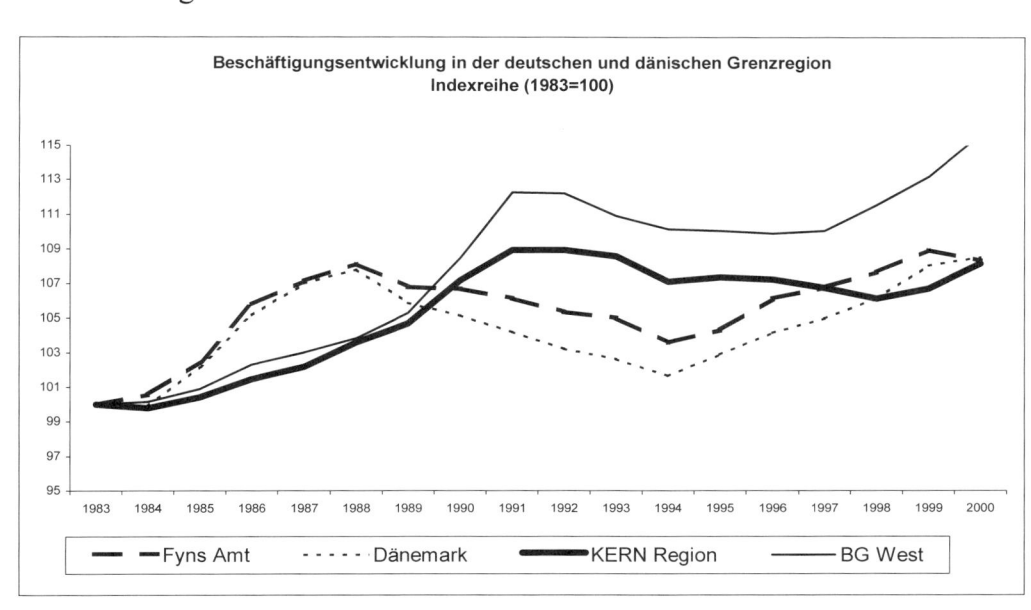

Abb. 14: Beschäftigungsentwicklung in der dänischen und deutschen Grenzregion 1983-2000

In der Phase 1992-1996 entsprach die Beschäftigungsentwicklung in der KERN-Region dann etwa der in Westdeutschland, Resultat einer im Bundesvergleich relativ moderat verlaufenden Rezession. Seit 1996 schwenkt der Entwicklungspfad der Region offenbar wieder auf den negativen Trend der 80er Jahre ein – die Bauwirtschaft-Krise und ein geringer Anteil der Region am deutschen Exportboom der späten 90er Jahre sind mögliche Erklärungsfaktoren.

Die Entwicklung des Bruttoinlandsproduktes in Relation zur westdeutschen Entwicklung bestätigt diese Phasen. Über den Zeitraum 1976-1999 ist der Anteil der KERN-Region am westdeutschen Bruttoinlandsprodukt um knapp 8% zurückgegangen (bei der Region Ostholstein-Lübeck waren es sogar über 13%), während der Trend für Schleswig-Holstein etwa dem westdeutschen entsprach. Bei der Erwerbstätigkeit sind die Anteilsverluste der beiden Regionen über den genannten Zeitraum etwa gleich (KERN-Region: minus 4,5%, Ostholstein-Lübeck: minus 5%), während Schleswig-Holstein insgesamt sogar einen günstigeren Verlauf zeigte als Westdeutschland (Anteilszuwachs um 3,0%, zur Datenquelle und Berechnung siehe Anhang).

Die Frage, welche Faktoren die relative Entwicklungsposition der KERN-Region im Vergleich zum Bundesgebiet West über die letzten 25 Jahre bestimmt haben, kann auf gleiche Weise wie für die Grenzregion Ostholstein-Lübeck untersucht werden (vgl. Abschnitt 3.3.2). Wie dort, zeigt die Entwicklung über die Periode 1976-1999 einen negativen Gesamttrend, der allerdings etwas moderater ist als bei Ostholstein-Lübeck. Außerdem gibt es einen Konjunktureffekt: Die Grenzregion stellt sich – vermutlich aufgrund ihrer Branchenstruktur und der Auslandsorientierung ihrer gewerblichen Wirtschaft – in Rezessionsphasen im Vergleich zum Bundesgebiet West günstiger dar als in Aufschwungphasen. Der Wiedervereinigungseffekt ist dagegen – anders als in Ostholstein-Lübeck – nicht positiv: Die Grenzregion hat also nicht in besonderem Maße von der Grenzöffnung profitiert. Der Außenhandelseffekt (Dänemark-Handel in Relation zum Handel mit dem EU-Kerngebiet) ist auch hier nicht von Bedeutung. Entscheidend für die relative Entwicklungsposition der KERN-Region ist unter den untersuchten Aspekten also abseits des negativen Basistrends vor allem der Konjunktureffekt, dagegen ist ein Integrationseffekt bezüglich des Dänemark-Handels nicht zu beobachten.

Eine für beide Grenzregionen gemeinsame Entwicklungsdarstellung ist nur für die jüngere Phase ab 1983 (für die Beschäftigung) bzw. 1988 (Bruttoinlandsprodukt) möglich. Die Beschäftigungsentwicklung der Grenzregion Fyns Amt unterschied sich über den gesamten Zeitraum seit 1983 nur wenig von der dänischen Entwicklung: Gegenüber 1983 lag die Beschäftigung in der Grenzregion im Jahr 2000 um 8,3% höher, in Dänemark lag der Zuwachs bei 8,5%. In den ersten Jahren (1983 bis etwa 1988) war die Beschäftigungsentwicklung von Region und Gesamtraum etwa gleich. Danach war der Trend in der Grenzregion in der Phase rückläufiger Beschäftigung (1989-1993) etwas günstiger als im Gesamtraum, d.h. der Arbeitsplatzabbau war in der Region geringer als in Dänemark. Seit 1996 ist die regionale Beschäftigungsentwicklung dagegen ungünstiger als in Dänemark, d.h. der dänische Trend zunehmender Beschäftigung ab Mitte der 90er Jahre kann in der Grenzregion Fyns Amt – wie übrigens auch in den anderen beiden dänischen Grenzregionen – nicht in gleichem Maße nachvollzogen werden, die dynamischen Regionen des Landes liegen in dieser Aufschwungphase offenbar außerhalb der drei Grenzregionen. Dieser relativ ungünstige Befund für die letzten Jahre wird im Übrigen auch bei der Entwicklung der Bruttowertschöpfung bestätigt.

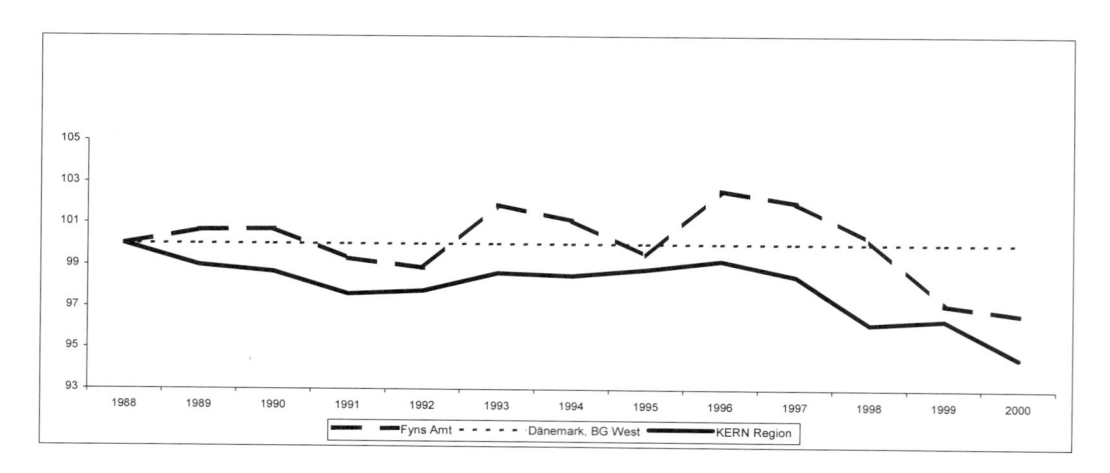

Abb. 15: Bruttowertschöpfungstrends in der dänischen und deutschen Grenzregion 1988-2000

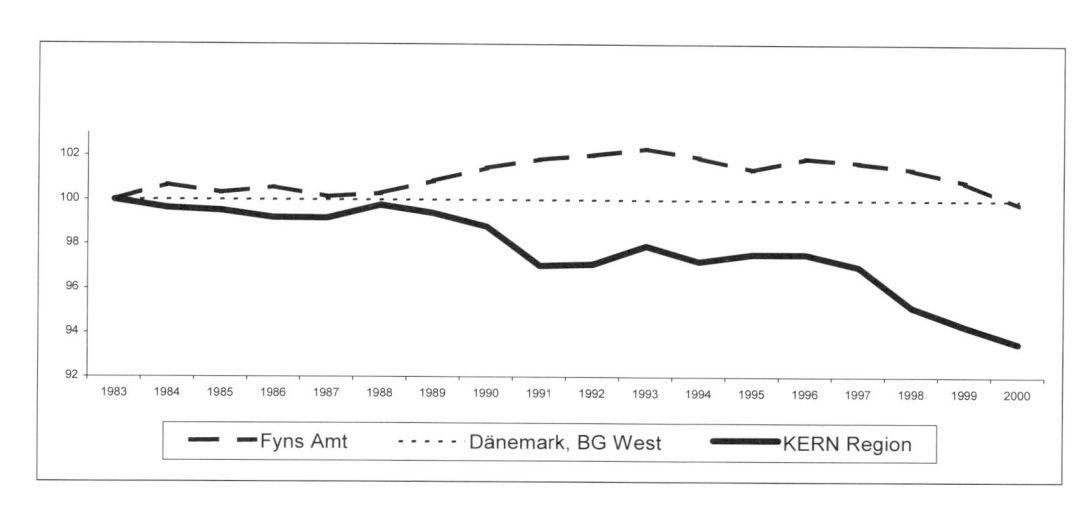

Abb. 16: Beschäftigungstrends in der dänischen und deutschen
Grenzregion 1983-2000

Der Vergleich der beiden relativen Beschäftigungstrends für die KERN-Region (relativ zum Bundesgebiet West) und für Fyns Amt (relativ zu Dänemark) zeigt, dass die Position der deutschen Grenzregion vor allem ab Ende der 80er Jahre deutlich ungünstiger ist als diejenige der dänischen Grenzregion.

3.4.3 Zukünftige Entwicklungslinien

Die wirtschaftlichen Perspektiven des Grenzraumes Fyns Amt/KERN-Region werden durch langfristige Entwicklungstendenzen geprägt, die bereits im Rahmen der Fallstudie für den Grenzraum Storstrøms Amt/Ostholstein-Lübeck diskutiert worden sind (vgl. NIEBUHR et al. 1999). Insofern werden im Folgenden für die beiden Grenzregionen nur Abweichungen und regionale Besonderheiten dargestellt.

Der Alterungsprozess der Bevölkerung wird sich zukünftig im Grenzraum Fyns Amt/KERN-Region ebenso verstärken wie in Storstrøms Amt/Ostholstein-Lübeck. Auch hier ist die Intensität auf deutscher Seite stärker als in der dänischen Grenzregion, zumal dort aufgrund der neu eingerichteten festen Verbindung nach Kopenhagen mit Wanderungen aus der stark verdichteten Hauptstadtregion auf die Insel Fyn zu rechnen ist. Auf deutscher Seite ist hinsichtlich der Bevölkerungsentwicklung nicht nur von Anteilsverschiebungen der Altersgruppen, sondern auch von deutlichen Verschiebungen der Absolutzahlen zu rechnen. Der Anpassungsbedarf, vor allem in den Bereichen Qualifikation (auch älterer Erwerbspersonen), Altenbetreuung, Gesundheitswesen und Wohnungsversorgung, wird in der deutschen Grenzregion also stärker als auf dänischer Seite sein.

Die künftige Beschäftigungsentwicklung der beiden Grenzregionen ist auch von den jeweiligen nationalen institutionellen Rahmenbedingungen und insbesondere den nationalen Regulierungen des Arbeitsmarktes geprägt. Die heutigen institutionellen Unterschiede zwischen Dänemark und Deutschland lassen eine günstigere Beschäftigungs- und Arbeitsmarktentwicklung auf dänischer Seite erwarten. Die feste Querung über den Großen Belt hat die Insel Fyn wesentlich enger mit der dänischen Hauptstadtregion verknüpft und ihr eine zentrale Position in Dänemark zugewiesen, sie hat auch bereits zu Änderungen des Standortmusters geführt. Es ist zu erwarten, dass sich auch zukünftig positive Auswirkungen auf Unternehmensansiedlungen in der dänischen Grenzregion ergeben. In der KERN-Region dürfte die Beschäftigungsentwicklung dagegen mittelfristig eher stagnieren.

Ebenso wie in der Grenzregion Storstrøms Amt wird sich in Fyns Amt zukünftig die Knappheit von Arbeitskräften mittlerer und höherer Qualifikation weiter verschärfen, da die Arbeitslosigkeit hier in den letzten Jahren stark zurückgegangen ist. Die zukünftige Bevölkerungsentwicklung lässt nicht erkennen, dass Fyns Amt in Zukunft auf ein wachsendes eigenes Potenzial zurückgreifen kann, der regionale Wettbewerb um qualifizierte Arbeitskräfte wird sich also verschärfen. Fyns Amt ist in diesem Zusammenhang recht gut gerüstet: Die Region hat eine Großstadt und eine Universität sowie eine vielseitige gewerbliche Struktur, und sie liegt in einer geographisch zentralen, von allen Seiten gut erreichbaren Position in Dänemark. In der KERN-Region bleibt es dagegen angesichts der in Deutschland weiterhin angespannten Arbeitsmarktsituation auf absehbare Zeit immer noch bei hohen Arbeitslosenzahlen und einem erheblichen Anteil verfestigter Arbeitslosigkeit. Dennoch wird auch hier die Knappheit von Arbeitskräften in einzelnen höheren Qualifikationssegmenten zunehmen.

Hinsichtlich weiterer für den Grenzraum wichtiger Zukunftstrends, die sich auf den Wandel der Arbeitswelt oder die Verschiebungen der wirtschaftlichen Orientierung im Rahmen der Nord- und Osterweiterung der EU beziehen, können die Einschätzungen für den Grenzraum Storstrøms Amt/Ostholstein-Lübeck auch auf den hier betrachteten Grenzraum übertragen werden. Auch im Bereich des Tourismus gilt die Aussage für Storstrøm/Ostholstein-Lübeck gleichermaßen für den Grenzraum Fyns Amt/KERN-Region: Die Urlaubsaktivitäten werden sich zunehmend von der lokalen auf die regionale Ebene verlagern, dies eröffnet Chancen für eine stärkere Kooperation zwischen den Urlaubsorten einer Region – das gilt auch für den deutsch-dänischen Grenzraum insgesamt.

3.4.4 Vom geteilten zum verbundenen Grenzraum

Im Folgenden wird zunächst von der Situation des durch eine Grenze geteilten Raumes Fyns Amt/KERN-Region ausgegangen, es folgen Anmerkungen über die Motivation zur grenzüberschreitenden Zusammenarbeit zwischen den beiden Grenzregionen, die Entstehungsgeschichte der Kooperation und – soweit statistische Informationen dies zulassen – die Situation grenzüberschreitender wirtschaftlicher Aktivitäten. Weitere Vorbemerkungen zu diesem Abschnitt entsprechen den Anmerkungen in der Fallstudie Storstrøm/Ostholstein-Lübeck.

Die Ausführungen in diesem Abschnitt stützen sich auf Gutachten und Berichte, z.B. die Gutachten des Instituts für Regionalforschung und des Instituts for graenseregionsforskning zum hier betrachteten Grenzraum (HANSEN et al. 2000), und auf den „Vorschlag für das Programmplanungsdokument für die Gemeinschaftsinitiative INTERREG IIIA" zwischen Fyns Amt (DK) und der Technologie-Region KERN (D), 2000-2006. Ein zweites Standbein sind Gespräche mit Akteuren aus der Region[10].

Hemmnisse und Impulse durch die bisherige Landesgrenze und durch die unterschiedliche nationale Zugehörigkeit

Ebenso wie beim Grenzraum Storstrøm/Ostholstein-Lübeck besteht zwischen der KERN-Region und Fyns Amt keine Landverbindung. Entsprechend gelten die meisten

---

[10] U.a. mit Dr. FRIEDER HENF und LARS WRAGE, KERN e.V., Rendsburg (Geschäftsstelle für das INTERREG-Programm); Dr. MARTIN KRUSE, Industrie- und Handelskammer zu Kiel und THEIS PETERSEN, Fyns Amt, IINTERREG-Sekretariat.

der für Storstrøm/Ostholstein-Lübeck diskutierten Argumente auch hier – der Abbau der Grenze wird sich also nur geringfügig auswirken. Auch die nationalen Unterschiede im Rechts-, Verwaltungs- und Sozialsystem oder im Qualifikationssystem (Ausbildungsgänge, gegenseitige Anerkennung) dürften eine geringere Bedeutung als z.B. im Grenzraum Sønderjylland/Schleswig darstellen. Bei der Kontaktaufnahme und Kooperation zwischen öffentlichen Institutionen wirkt sich der unterschiedliche föderative Aufbau auf deutscher und dänischer Seite des Grenzraumes allerdings als Hemmnis aus: Auf deutscher Seite steht noch das Land Schleswig-Holstein zwischen der Regions- und Bundesebene, während auf dänischer Seite nur noch die Staatsregierung in Kopenhagen über der Grenzregion steht. Hinzu kommen die unterschiedliche Größe und Kompetenzverteilung bei Amtskommunen und Kommunen auf dänischer und bei Planungsräumen, Kreisen und Gemeinden auf deutscher Seite.

Im Grenzraum Fyns Amt/KERN-Region sind gesellschaftliche Vorbehalte oder „Grenzen in den Köpfen" weniger problematisch als im Raum Sønderjylland/Schleswig, da die historischen Belastungen ebenso wie im Grenzraum Storstrøm/Ostholstein-Lübeck kleiner sind und kein Grenzgebiet im engeren Sinne existiert. Dagegen sind die Sprachhemmnisse hier größer als in Sønderjylland/Schleswig, da die Kenntnis der Nachbarsprache insbesondere auf deutscher Seite gering ist – die Sprachhemmnisse sind also auch hier wie im Grenzraum Storstrøm/Ostholstein-Lübeck asymmetrisch verteilt, und Englisch als gemeinsame Sprachplattform ist auf vielen Ebenen (Verwaltung, Politik, teilweise auch in der Wirtschaft) noch begrenzt. Kooperationshemmnisse zwischen den beiden Grenzregionen resultieren außerdem daraus, dass potenzielle Partner immer noch zu wenig voneinander wissen.

Nachteile durch eine bisherige nationale oder europäische Randlage

Die Frage, inwieweit bei beiden Grenzregionen eine nationale Randlage vorliegt oder zumindest empfunden wird, ist differenziert und für beide Seiten unterschiedlich zu beantworten. Eine nationale Randlage ist für Fyns Amt aufgrund der durch die feste Beltquerung gewonnenen Nähe zur Hauptstadtregion und ihrer Brückenfunktion zwischen Sjælland und dem dänischen Festland nicht gegeben. Allerdings wird die überragende Position Kopenhagens auch als Nachteil gesehen, da es dem weitaus kleineren Regionszentrum Odense im Schatten der Hauptstadt nur mit viel Mühe gelingt, hochwertige Funktionen im Forschungs-, Service- und Qualifikationsbereich aufzubauen. Die KERN-Region sieht sich durchaus in einer nationalen Randlage, dem stehen aber der Sitz der Landesregierung Schleswig-Holsteins im eigenen Regionszentrum und eine starke regionsinterne wirtschaftliche Verflechtung, also ein tragfähiger binnenregionaler Markt, entgegen. Die Nähe zur Metropolregion Hamburg wird ähnlich wie in Fyns Amt zwiespältig beurteilt. Die Hansestadt liefert Impulse, aber sie entzieht der Grenzregion auch hochwertige Dienstleistungsfunktionen.

Anders ist die Frage zu behandeln, inwieweit eine Marktferne zu den großen westeuropäischen Wirtschaftszentren vorliegt. Gegenüber den ökonomischen Zentren der EU wird die Distanz zu den wichtigsten Absatz- und Beschaffungsmärkten tatsächlich als Nachteil empfunden, der sich durch eine Erhöhung der Verkehrskosten (z.B. Autobahn-Maut) verschärfen könnte. In der dänischen Grenzregion wird die durch feste Querungen gewonnene Nähe zur Region Südschweden als Vorteil gewertet. Wie bereits beim Grenzraum Storstrøm/Ostholstein-Lübeck zeigt sich für die beiden Grenzregionen eine asymmetrische Situation beim Blick „über die Grenze": Für Fyns Amt liegt hinter der Grenze der große deutsche und westeuropäische Markt, für die deutsche Grenzregion stellt der skandinavische Markt dagegen nur eine Ergänzung, aber nicht den Mittelpunkt der wirtschaftlichen Orientierung dar. Hauptmärkte für die KERN-Region sind das Bundesgebiet und die wirtschaftlichen Schwerpunkte der EU sowie im Ostseeraum vor allem der polnische Markt.

Auch in der KERN-Region wird die Steuerung wichtiger Betriebe von Zentralen außerhalb Schleswig-Holsteins – gerade auch angesichts jüngster Erfahrungen – als Risiko für die regionale Wirtschaftsentwicklung angesehen. Für diesen Risikofaktor stellt die Randlage der Region in Deutschland durchaus eine mögliche Ursache dar.

Ansätze zu grenzüberschreitender Kooperation im Grenzraum

Ansätze zu grenzüberschreitender Kooperation werden im Grenzraum Fyns Amt/ KERN-Region nicht wie im Grenzraum Storstrøm/Ostholstein-Lübeck durch ein einziges dominierendes Thema hervorgerufen. Gemeinsame Interessenlagen rekrutieren sich vielmehr aus mehreren Quellen.

Durch den Grenzraum läuft die Jütlandroute von Südschweden über Kopenhagen, Odense, Flensburg und Hamburg in die (west-)europäischen Wirtschaftszentren, nunmehr ohne Unterbrechung durch Fähren. Sie hat sowohl transnationale als auch regionale Funktion. Die regionale Bedeutung zeigt sich in der Verbindung der KERN-Region mit der Metropolregion Hamburg sowie von Fyns Amt mit der Hauptstadtregion Kopenhagen. Die Jütlandroute ist Quelle gemeinsamer Diskussionen um ihren künftigen Stellenwert (Straße und Schiene), um die Abwendung von Verkehrsengpässen und um kooperative Strategien zur Schaffung von Wertschöpfung entlang der Route (Interessenlage 2, siehe Fallstudie Storstrøm/Ostholstein-Lübeck).

Beide Grenzregionen sehen den Tourismus als bedeutenden Wirtschaftsfaktor an. Sie verstehen sich angesichts der unterschiedlichen Urlaubsstrukturen eher als komplementäre Anbieter denn als Konkurrenten und sehen dadurch Potenziale kooperativer touristischer Strategien. In beiden Grenzregionen sind die Zentren Hochschul- und Forschungsstandorte mit jeweils starker regionaler Ausstrahlung, die über die Grenzregionen hinausgeht. Beide Regionen haben ein Interesse daran, noch ungenutzte Kooperationspotenziale in Forschung und Lehre zu eröffnen und auszubauen (Interessenlage 1).

Eine gemeinsame Interessenlage resultiert auch aus einer ähnlichen wirtschaftsgeographischen Lage: Beide Grenzregionen liegen in der Nähe großer Metropolen, sie haben aber nicht zuletzt aufgrund ihrer Zentren Kiel und Odense und der bestehenden innerregionalen Verflechtung eine ökonomische Substanz, die ermöglicht, dass sie mit Hilfe einer besseren Erschließung gemeinsamer Potenziale ein eigenständiges Gegengewicht aufbauen können. Ihre Rolle zwischen den Metropolregionen Hamburg und Kopenhagen ist also eigenständiger als im Falle Storstrøm/Ostholstein-Lübeck (Interessenlage 4a).

Dagegen sind typische grenznahe Beziehungen, z.B. Berufs-, Ausbildungs- und Einkaufspendeln oder tägliche betriebliche Zusammenarbeit, aufgrund der fehlenden Landgrenze naturgemäß gering, da die Zeitdistanz zwischen den Zentren der beiden Grenzregionen hierfür zu hoch ist (Interessenlage 1). Auch die Interessenposition 3 hat hier wie bereits im Grenzraum Storstrøm/Ostholstein-Lübeck nur eine untergeordnete Bedeutung, da sich die beiden Grenzregionen schwerpunktmäßig an anderen Wirtschaftsräumen orientieren. Es gibt also unterschiedliche Blickrichtungen der Teile des Grenzraumes.

Schließlich sollte nicht vergessen werden, dass die Motivation zu grenzüberschreitender Kooperation auch aus der Position von Fyns Amt/KERN-Region zwischen den beiden benachbarten deutsch-dänischen Grenzräumen entstanden ist, deren Zusammenarbeit sich bereits im Rahmen der INTERREG A-Initiative konstituiert hat. Auf dänischer Seite erscheint der Grenzraum Fyns Amt/KERN-Region dabei eher als Zwischenstation auf dem Weg zu einer kooperativen Großregion „West Baltic Region". Hier denken viele Akteure also in größeren Dimensionen als auf deutscher Seite, wo der eigenständige Charakter der drei Grenzräume stärker betont wird.

Für die dänische Grenzregion ist in diesem Zusammenhang zu beobachten, dass sich die Kooperationsanstrengungen nicht in erster Linie auf den deutschen Nachbarn konzentrieren. Die zur Zeit dominierenden Kooperationsanstrengungen von Fyns Amt ergeben sich aus der Befürchtung, dass man zunehmend zur Transitregion zwischen Kopenhagen und dem Festland bzw. zum Wohn- und Erholungsraum für die Hauptstadtregion wird. Die Region will künftig auf zwei Beinen stehen. Da die Verbindung zur Hauptstadtregion bereits „von selbst" läuft, aber eher asymmetrischen Charakter hat, richtet sich der Blick verstärkt auf das dänische Festland (Stichwort „Southern Denmark"), dort insbesondere auf den südlichen Teil mit dem Zentrum Aarhus. Man hofft, ein gemeinsames Gegengewicht zur Hauptstadtregion Kopenhagen aufbauen zu können. So sollen die Universität Odense als „süddänische Universität" ausgebaut und Kooperationen mit der Universität Aarhus vertieft werden. Süddänische Kooperationen gibt es zwischen den beiden Grenzregionen Fyns Amt und Sønderjylland bereits auf öffentlicher Ebene, im Gesundheits- und Umweltbereich. Odense setzt mittlerweile den dänischen Kommunikationsstandard im Klinikbereich. Unternehmenskooperationen gibt es vor allem im IT-Bereich (E-Business) und in der Biotechnologie.

Entstehung und Weiterentwicklung institutioneller grenzüberschreitender Kooperationen und Netzwerke

Die Kooperation zwischen den beiden Grenzregionen begann – ähnlich wie im Grenzraum Storstrøm/Ostholstein-Lübeck – mit einer Partnerschaft auf kleiner regionaler Ebene: 1981 wurde eine erste formale Zusammenarbeit zwischen dem Kreis Plön und Fyns Amt aufgenommen, und auch hier standen zunächst die Bereiche Kultur, Sport und Jugend (Schüleraustausch) im Vordergrund.

Auf dieser Basis war eine Vertiefung der Zusammenarbeit im Rahmen der EU-Gemeinschaftsinitiative INTERREG Mitte der 90er Jahre ein logischer Schritt, der den Beginn der Integrationsphase darstellt. Für den Grenzraum Fyns Amt/KERN-Region wurde damit die bereits Ende der 80er Jahre in Sønderjylland/Schleswig und ab 1992 in Storstrøm/Ostholstein-Lübeck begonnene INTERREG-A-Zusammenarbeit nachvollzogen und die Lücke zwischen den beiden benachbarten deutsch-dänischen Grenzräumen geschlossen. So wurden unter INTERREG IIA erstmalig alle drei Grenzräume einbezogen.

Die Teilnahme am INTERREG-A-Programm ist weiterhin der wesentliche Motor institutioneller Kooperation im Grenzraum Fyns Amt/KERN-Region. Im Zentrum steht dabei das *„gemeinsame technische Sekretariat"* (Programm-Management), dem ein Begleitausschuss und ein Lenkungsausschuss zur Seite stehen. Diese Gremien sind vollständig oder teilweise von Institutionen aus beiden Grenzregionen besetzt, die im Zuge der INTERREG-Programmplanung, -Evaluierung und -Durchführung regelmäßig zusammenarbeiten.

■ Fallstudien für deutsch-dänische Grenzräume

Ausgehend von der INTEREG-Zusammenarbeit bestehen heute weitere Kooperationen zwischen öffentlichen Institutionen, den Wirtschaftsförderungseinrichtungen, den Unternehmensverbänden, den Hochschulen in Kiel und Odense oder dem Tourismus. So wirken z.B. die Industrie- und Handelskammern auf deutscher und die Erwerbscenter auf dänischer Seite zusammen, um nach gemeinsamen technologischen Clustern zu suchen. Am Anfang dieser Strategie stehen die Vertiefung gegenseitiger Information und eine zunächst informelle Kontaktaufnahme. Auf Hemmnisse aufgrund deutsch-dänischer Unterschiede im institutionellen Aufbau wurde bereits im Rahmen dieser Fallstudie und der Studie für Storstrøm/Ostholstein-Lübeck hingewiesen: Dies gilt sowohl für die Zusammenarbeit öffentlicher Institutionen als auch z.B. bei Verbänden und Kammern. Dabei besteht die Tendenz zur Zergliederung von Zuständigkeiten auf deutscher und zur Zentralisierung auf dänischer Seite. Nicht zuletzt aus diesem Grund werden Kooperationen von den grenzüberschreitenden Partnern oft bewusst informell, zeitlich begrenzt und projektbezogen definiert und damit einer fest geregelten, unbegrenzten Zusammenarbeit vorgezogen. Damit können Flexibilität, Kompetenz und Handlungsspielräume bewahrt und kann Befürchtungen einer allzu weit gehenden Verknüpfung begegnet werden. Eine feste Organisationsstruktur ist daher bislang lediglich im Bereich der INTERREG-A-Kooperation erreicht worden.

Grenzüberschreitende ökonomische Aktivitäten

Auch im Grenzraum Fyns Amt/KERN-Region dürfte die Basis grenzüberschreitender ökonomischer Aktivitäten z.B. im Vergleich mit Sønderjylland/Schleswig gering sein, da die Zeitdistanz zwischen den beiden ökonomischen Zentren Kiel und Odense hoch und die wirtschaftsgeographische Orientierung der beiden Grenzregionen nur nachrangig aufeinander bezogen ist.

Potenziale gemeinsamen Handelns zeigen sich insbesondere im Bereich Tourismus, in einer Vertiefung der Hochschulkooperation, in gemeinsamen Strategien zur Schaffung von Wertschöpfung entlang der Verkehrsader, die durch beide Grenzregionen läuft, im Umweltbereich (Gewässerschutz südliche Ostsee) oder im Gesundheitsbereich (Klinik-Kooperation, Tele-Medizin). Dagegen haben Basis und Struktur gewerblicher Unternehmen im Grenzraum bislang nicht ausgereicht, ein dichtes grenzüberschreitendes Netz betrieblicher Kooperationen zu erzeugen. Informationslücken, die die Bildung solcher Kooperationen bislang verhindert haben, sollen im Rahmen eines gemeinsamen Regionalmanagements der beiden Grenzregionen mit Hilfe eines grenzüberschreitenden regionalen Informationssystems geschlossen werden.

3.5 Fazit

Allgemeine Vorbemerkungen

Die Analysen der drei dänisch-deutschen Grenzräume deuten darauf hin, dass Entwicklungsparallelen zu den übergeordneten Gesamträumen (Dänemark, Bundesgebiet West) nach wie vor die Regel sind, während innerhalb der Grenzräume grenzüberschreitende Parallelitäten eher die Ausnahme darstellen.

Grenzräume als sich bildende umfassende Integrationsräume aufzufassen, wäre angesichts der fortbestehenden Bedeutung der Nationalstaaten wohl auch nicht angemessen. Nach wie vor treffen in Grenzräumen unterschiedliche institutionelle Rahmenbedingungen aufeinander, die sich möglicherweise nur in einem sehr weit gefassten Zeithorizont verändern. Daher sind Grenzräume auch eher als Schnittstellen zwischen Staaten aufzufassen, in denen sich die regionale Integration nach den Erfordernissen und Rahmenbedingungen aus regionaler und nationaler Politik, Wirtschaft und Bevölkerung ableitet.

Auch sind die hier behandelten Grenzräume im Verhältnis zu anderen Grenzräumen und transnationalen Regionen im westlichen Ostseeraum (Baltic Region) zu sehen. So ist das Interesse an der Øresundregion in Dänemark deutlich größer als an den hier behandelten Grenzräumen. Dieser für die grenzüberschreitende Zusammenarbeit wichtige Aspekt wird durch die Frage ergänzt, ob in Zukunft eher größere räumliche Einheiten zusammen arbeiten sollten. Dafür spricht, dass eine enge funktionale oder auch kulturelle Verflechtung der bestehenden Grenzräume auf den ersten Blick kaum erkennbar ist. Dagegen spricht, dass in größeren Einheiten von Grenzräumen die Mitwirkungsmöglichkeiten der Bevölkerung, der Interessenorganisationen und der regionalen Wirtschaft an grenzüberschreitender Zusammenarbeit zugunsten einer sehr viel stärkeren institutionellen Organisationsform aus dem regionalen Zusammenhang genommen werden müsste.

Der verbundene Grenzraum ist als Zielsetzung und Programmatik ein langfristig angelegtes Projekt. Dies ist denn auch der Grund dafür, dass die Institutionalisierung grenzüberschreitender Zusammenarbeit weniger auf die Aufhebung von Grenzhemmnissen ausgerichtet ist als vielmehr auf die Verbesserung grenzüberschreitender Strukturen.

Grenzraum Sønderjylland/Schleswig

Es muss berücksichtigt werden, dass die seit Mitte der 90er Jahre günstigere ökonomische Entwicklung nördlich der Grenze kaum dazu geführt hat, dass man südlich der Grenze davon hätte profitieren können. Innerhalb der beiden beschäftigungspolitisch und insgesamt regional bedeutsamsten Wirtschaftsbereiche in der Region Sønderjylland/Schleswig, dem produzierenden Gewerbe (hier insbesondere Metallindustrie) und den privaten und öffentlichen Dienstleistungen, dürfte ein grenzüberschreitender Arbeitsmarkt nicht ohne weiteres zu einer Realität werden. Im ersten Bereich konkurriert man grenzüberschreitend (aber auch regional) um qualifizierte Arbeitskräfte, und im zweiten Bereich muss von Hürden ausgegangen werden, die insbesondere mit der Kommunikationsfähigkeit in einer anderen Sprache sowie mit der Kompatibilität der geforderten Qualifikationen einhergehen. Es sind häufig Unterschiede in Details, die der Arbeitsmarktintegration entgegenstehen.

Ein weiterer Grund für die unterschiedliche Situation in den beiden Grenzregionen Sønderjylland und Schleswig dürfte darin zu suchen sein, dass der Grenzraum von keiner Seite als Einheit gesehen wird. Hier macht es sich bemerkbar, dass in der deutschen Grenzregion insgesamt drei Gebietskörperschaften beteiligt sind, die nicht unbedingt dieselben Interessen haben. Die grenzüberschreitende Zusammenarbeit ist allenfalls eine Ergänzung regionalpolitischer und regionalökonomischer Möglichkeiten, die in jüngster Zeit in Form eines Leitbildes mit konkreten Zielen (grenz-)regionaler Entwicklung umgesetzt wird. Hier ist es offenbar schwierig, auf breiter Front mögliche Potenziale zu erkennen und zu entwickeln, schwieriger jedenfalls als in klar abgegrenzten Wirtschaftsbereichen wie dem in der Fallstudie angesprochenen Gesundheitswesen. Dies unterscheidet diesen Raum vom Grenzraum Fyns Amt/KERN-Region und auch von Storstrøms Amt/Ostholstein-Lübeck, wo eher eine strategische Entwicklungsplanung im Vordergrund steht.

Derzeit gibt es kaum Anzeichen dafür, dass die generelle Bedeutung der jeweiligen übergeordneten Referenzräume Dänemark bzw. Deutschland zugunsten der Nachbarregion auf der jeweils anderen Seite der Grenze abnehmen könnte und eine Integration des Grenzraumes in vielen gesellschaftlichen und/oder Wirtschaftsbereichen in greifbarer Nähe wäre. Außerdem steht die grenzüberschreitende Zusammenarbeit gewissermaßen in „Konkurrenz" zu anderen Kooperationen diesseits und jenseits der Grenze. So werden regionale Entwicklungsprojekte oder gemeinsame Initiativen in punkto Standortpolitik unter Umständen von den Akteuren in Politik und Wirtschaft auf nur einer Seite der Grenze als Erfolg versprechend eingeschätzt. Auch haben sich innerhalb der beiden Grenzregionen zum Teil erst nach langwierigen Entwicklungsprozessen Kooperationen gebildet. Dazu zählen etwa die Wirtschaftsentwicklungsgesellschaften südlich der Grenze oder die Zusammenarbeit Sønderjylland/Fyn nördlich der Grenze. Bislang, und dies kann festgehalten werden, hat die grenzüberschreitende Kooperation keinen ebenso hohen Stellenwert.

Man muss an dieser Stelle auch darüber nachdenken, ob die grenzüberschreitende Zusammenarbeit in Zukunft noch in der jetzigen Form zu organisieren sein wird. Derzeit ist ungewiss, in welcher Höhe EU-Fördermittel im Rahmen von INTERREG auch nach Abschluss von INTERREG-IIIA zur Verfügung stehen werden. Auch könnte ein Modell aktuell werden, in dem die grenzüberschreitende Zusammenarbeit vom Land Schleswig-Holstein geregelt würde. Immerhin gibt es schon einen Kooperationsvertrag zwischen Sønderjyllands Amt und dem Land Schleswig-Holstein. In Dänemark wird derzeit nicht nur über eine Zusammenlegung der Kommunen nachgedacht, sondern auch darüber, inwieweit die übergeordneten Amtskommunen fusionieren werden. Voraussichtlich Anfang 2004 werden dazu Vorschläge der Strukturkommission vorliegen. Spätestens dann müsste die Organisationsform der grenzüberschreitenden Zusammenarbeit dahingehend überdacht werden, ob größere Verwaltungseinheiten der Kooperation ein größeres Gewicht beimessen könnten, als es derzeit der Fall ist, oder ob aus einer solchen Zusammenlegung den grenzüberschreitenden Aktivitäten insgesamt ein eher geringeres Gewicht zukommen wird.

Wie die Fallbeispiele zeigen, ist eine umfassende Integration der Grenzräume aus einer Vielzahl von Gründen noch nicht zu beobachten. Zwar wurden grenzüberschreitende Projekte seit mehr als zehn Jahren durchgeführt, doch zumindest was die sozioökonomische Entwicklung angeht, sind den Erwartungen enge Grenzen gesetzt. Zu sehr überwiegt der Einfluss nationaler Entwicklungsverläufe. Allerdings muss auch hinzugefügt werden, dass Integration auf einen Grenzraum bezogen viele Bedeutungen haben kann. In der Region Sønderjylland-Schleswig ist man darauf angewiesen, einen Konsens über die Ziele der grenzüberschreitenden Zusammenarbeit zu finden. Dieser kann nicht zuletzt aufgrund der noch beobachtbaren kulturhistorischen Bedeutung der Grenze – vor allem auf dänischer Seite – nicht in der gemeinsamen Zielrichtung einer umfassenden Integration des Grenzraums liegen. Dagegen sprechen auch signifikante Unterschiede der Verwaltungskulturen, der politischen Kultur und nicht zuletzt der Unternehmenskulturen in Dänemark und in Deutschland.

Zukünftig scheint es daher vielversprechender zu sein, eine gemeinsame Schnittmenge der Interessen zu identifizieren, die in einem gemeinsamen Leitbild des Grenzraumes zum Ausdruck kommen.

Grenzraum Storstrøms Amt/Ostholstein-Lübeck

Im Gegensatz zum Grenzraum Sønderjylland/Schleswig besteht hier keine gemeinsame Landgrenze, sondern eine „nasse" Grenze im Grenzraum Storstrøms Amt/Ostholstein. Wichtiges Bindeglied der beiden Grenzregionen ist die Verkehrsader „Vogelfluglinie". Sie gibt dem Grenzraum den Charakter einer Transitregion zwischen der Øresundregion und den westeuropäischen Wirtschaftszentren. Eine weitere Gemeinsamkeit ist ihre Position zwischen den beiden Metropolregionen Kopenhagen und Hamburg, die Entwicklungspotenziale, aber auch -risiken beinhaltet.

Aufgrund dieser wirtschaftsgeographischen Position ist die ökonomische Blickrichtung der beiden Grenzregionen immer noch vorwiegend gegengerichtet: Die deutsche Grenzregion konzentriert sich vor allem auf den Wirtschaftsraum Hamburg, auf Norddeutschland und Westeuropa, zunehmend auch auf die neuen Märkte in Polen; Storstrøms Amt orientiert sich stark am nördlichen Nachbarn Kopenhagen/Südschweden. Innerhalb des Grenzraumes zeigt sich eine asymmetrische Situation beim Blick „über die Grenze": Für Storstrøms Amt liegen hinter der Grenze die großen deutschen und westeuropäischen Märkte, für die deutsche Grenzregion stellt der skandinavische Markt eine Ergänzung, aber nicht den Mittelpunkt der wirtschaftlichen Blickrichtung dar.

Betrachtet man die wirtschaftliche Entwicklung der beiden Grenzregionen in den letzten 20 Jahren, so fallen zunächst die Entwicklungsparallelitäten zwischen den Regionen und ihrem jeweiligen übergeordneten Gesamtraum (Dänemark bzw. Bundesgebiet West) ins Auge. Dies zeigt sich insbesondere in den 90er Jahren, als die dänische Konjunktur einen völlig anderen Verlauf genommen hat als die westdeutsche Entwicklung. Eine wesentliche Ursache liegt darin, dass insbesondere Beschäftigung und Arbeitslosigkeit stark von den jeweiligen nationalen Rahmenbedingungen der Arbeitsmärkte und der Sozial- und Steuersysteme geprägt wird. Die vorwiegend national bestimmten institutionellen Regelsysteme haben bislang verhindert, dass die wachsende Integration zwischen den Teilen des Grenzraumes die Dominanz nationaler Vorgaben brechen konnte. An der Grenze der beiden Staaten treten immer noch und unvermindert erstaunlich große Unterschiede in der Wirtschaftsentwicklung, der Beschäftigung und der Arbeitslosigkeit auf.

Die durch eine Region verlaufende Grenze und die Zugehörigkeit zweier Grenzregionen zu Staaten mit unterschiedlichen Rechts-, Verwaltungs- und Sozialsystemen generieren Hemmnisse, in einzelnen Bereichen aber auch Impulse wirtschaftlicher Entwicklung, die sich – so die Erwartung – im Zuge der Integration abbauen. Da im Raum Storstrøms Amt/Ostholstein-Lübeck keine Landgrenze besteht und die Nahtstelle zwischen den beiden Grenzregionen durch eine geringe gewerbliche und Bevölkerungsdichte geprägt ist, treten keine nennenswerten grenznahen Verflechtungen auf. Entsprechend sind die positiven wie auch die negativen Effekte beim Abbau grenzbedingter Hemmnisse geringer als in einer Region mit einer Landgrenze. Offenbar sind aber auch Vorbehalte und Berührungsängste geringer, wenn zwischen den beiden Grenzregionen eine gewisse Distanz besteht. Dies haben gerade die Vergleiche zwischen den Grenzräumen Sønderjylland/Schleswig und Storstrøms Amt/Ostholstein-Lübeck gezeigt.

Entscheidender Motor einer wachsenden grenzüberschreitenden Zusammenarbeit im Grenzraum Storstrøms Amt/Ostholstein-Lübeck war und ist nicht die unmittelbare Nachbarschaft per se, sondern die Motivation zur Kooperation, die aus gemeinsamen Interessenlagen entsteht. Hier ist das wichtigste verbindende Thema die Vogelfluglinie und damit die Verstärkung der Achse zwischen der Øresundregion und Hamburg sowie den westeuropäischen Märkten, damit verbunden aber auch das Interesse an gemeinsamen Strategien zur Schaffung von Wertschöpfung entlang der Verkehrsachse und am weiteren Ausbau der Verkehrsinfrastruktur innerhalb des Grenzraumes. Nach einer Pionierphase grenzüberschreitender Kooperation, die typischerweise auf kleinräumlicher Ebene begann, wurde die Fehmarnbelt-Diskussion zur Triebfeder regionaler Zusammenarbeit.

■ Fallstudien für deutsch-dänische Grenzräume

Grenzraum Fyns Amt/KERN-Region

Auch der dritte deutsch-dänische Grenzraum hat keine gemeinsame Landgrenze. Aufgrund ihrer Lage und Größe und der Bedeutung ihrer Regionszentren sind KERN und Fyns Amt jeweils eigenständige Regionen mit einer relativ breiten Gewerbe- und Dienstleistungsstruktur und einer starken inneren Verflechtung. Hierin unterscheiden sie sich von den anderen deutsch-dänischen Grenzregionen. Die Wirtschaftskraft ist in beiden Teilen des Grenzraumes etwa gleich stark. Raumstruktur und Wirtschaftsleistung zeigen also ein Bild zweier recht ähnlicher Grenzregionen.

Für die dänische Grenzregion hat die Große Belt-Querung nicht nur die Transitfunktion der über die Insel Fyn verlaufenden E20 verstärkt, sie hat vor allem auch die Distanz zur Metropolregion Kopenhagen reduziert. Damit hat sie sich von ihrer früheren einseitigen Bindung an das dänische Festland gelöst und eine neue Orientierung nach Osten hinzugefügt. Die feste Querung über den Øresund nach Südschweden verstärkt diese Neuorientierung noch zusätzlich. Die neue räumliche Lage macht sich bei allen Formen von Geschäftsbeziehungen bis hin zu einer neuen räumlichen Dimension eines Arbeitsmarktes Fyns Amt/nördliches Sjælland bemerkbar.

Die wirtschaftliche Situation der KERN-Region spiegelt wider, dass das Regionszentrum Kiel Sitz der Landeshauptstadt Schleswig-Holsteins und der einzigen vollwertigen Universität des Landes ist. Kiel ist überregionales Bildungs- und Dienstleistungszentrum für ganz Schleswig-Holstein. Allerdings ist die Funktion Kiels als Standort unternehmensorientierter Dienstleistungen nachrangig gegenüber der Metropole Hamburg. Auch Odense hat gegenüber Kopenhagen eine untergeordnete Position. Die Hauptstadt dominiert bei überregionalen Dienstleistungsfunktionen innerhalb Dänemarks, dem weitaus kleineren Regionszentrum Odense gelingt es im Schatten der Hauptstadt nur mit viel Mühe, hochwertige Funktionen im Forschungs-, Service- und Qualifikationsbereich aufzubauen. Auch in der KERN-Region wird die Nähe zur Metropolregion Hamburg ähnlich wie in Fyns Amt zwiespältig beurteilt. Die Hansestadt liefert Impulse, aber sie entzieht der Grenzregion auch hochwertige Dienstleistungsfunktionen.

In einigen Aspekten haben sich Gemeinsamkeiten zwischen den beiden Grenzräumen Storstrøms Amt/Ostholstein-Lübeck und Fyns Amt/KERN-Region oder sogar zwischen allen drei Grenzräumen herauskristallisiert.

1. In den beiden Grenzräumen ohne Landverbindung dürfte sich der Abbau der Grenze weniger stark auswirken als in Sønderjylland/Schleswig. Auch die nationalen Unterschiede im Rechts-, Verwaltungs- und Sozialsystem oder im Qualifikationssystem (Ausbildungsgänge, gegenseitige Anerkennung) haben hier eine geringere Bedeutung.

2. Gemeinsamkeiten zeigen sich für alle drei Grenzräume bei der Frage nach Entwicklungsparallelitäten zwischen den Grenzregionen und ihrem jeweiligen übergeordneten Gesamtraum: Ein vorwiegend national, weniger regional geprägter institutioneller Rahmen für Wirtschaft und Arbeitsmarkt führt dazu, dass sich die Entwicklung der Regionen eng an ihrem jeweiligen nationalen Referenzraum orientiert, in beiden Teilen des Grenzraumes dagegen unterschiedlich ausfällt, sobald sich die beiden Staaten unterschiedlich entwickeln.

3. Für alle drei Grenzräume gilt außerdem, dass sich bei der Kontaktaufnahme und Kooperation zwischen öffentlichen Institutionen der unterschiedliche föderative Aufbau auf deutscher und dänischer Seite des Grenzraumes als Hemmnis auswirkt: Auf deutscher Seite steht noch das Land Schleswig-Holstein zwischen der Regions-

und Bundesebene, während auf dänischer Seite nur noch die Staatsregierung in Kopenhagen über der Grenzregion steht. Hinzu kommt die unterschiedliche Größe und Kompetenzverteilung bei Amtskommunen und Kommunen auf dänischer und bei Planungsräumen, Kreisen und Gemeinden auf deutscher Seite.

4. Insbesondere von dänischer Seite zeigt sich die Präferenz, dass Kooperationen von grenzüberschreitenden Partnern möglichst informell, zeitlich begrenzt und projektbezogen definiert und damit einer fest geregelten, unbegrenzten Zusammenarbeit vorgezogen werden. Damit können Flexibilität, Kompetenz und Handlungsspielräume bewahrt und kann Befürchtungen einer allzu weit gehenden Verknüpfung begegnet werden. Eine feste Organisationsstruktur ist bislang lediglich im Bereich der INTERREG-A-Kooperation erreicht worden.

5. Auch die Asymmetrie beim Blick „über die Grenze" gilt für alle drei Grenzräume: Für die dänischen Regionen liegt hinter der Grenze der große deutsche und westeuropäische Markt, für die deutschen Grenzregionen stellt der skandinavische Markt dagegen nur eine Ergänzung, aber nicht den Mittelpunkt der wirtschaftlichen Orientierung dar. Die Hauptmärkte bleiben das Bundesgebiet und die wirtschaftlichen Schwerpunkte der EU sowie im Ostseeraum zukünftig vor allem der polnische Markt.

Bei der Motivation zu grenzüberschreitender Kooperation zeigen sich dagegen wieder Unterschiede: Sie wird im Grenzraum Fyns Amt/KERN-Region nicht wie in Storstrøms Amt/Ostholstein-Lübeck durch ein einziges Thema (Vogelfluglinie) dominiert, vielmehr rekrutieren sich gemeinsame Interessenlagen hier aus mehreren Quellen.

- Jütlandroute: ihr künftiger Stellenwert (Straße und Schiene), Abwendung von Verkehrsengpässen und kooperative Strategien zur Schaffung von Wertschöpfung entlang der Verkehrsader

- Tourismus als bedeutender Wirtschaftsfaktor im Grenzraum bei unterschiedlichen Urlaubsstrukturen: auf der Suche nach Potenzialen kooperativer touristischer Strategien

- Kiel und Odense als Hochschul- und Forschungsstandorte mit jeweils starker regionaler Ausstrahlung – Ausbau der Kooperationspotenziale in Forschung und Lehre

- Gemeinsamkeiten in der wirtschaftsgeographischen Lage: Trotz der Nähe zu großen Metropolen sieht man aufgrund der eigenen wirtschaftlichen Substanz die Chance, mit Hilfe einer besseren Erschließung gemeinsamer Potenziale ein eigenständiges Gegengewicht aufzubauen.

- Motivation zur Kooperation auch aus der Position von Fyns Amt/KERN-Region zwischen den beiden benachbarten deutsch-dänischen Grenzräumen.

Die Ausrichtung der beiden Grenzregionen aufeinander sollte trotz dieser vielfältigen Kooperationsbereiche dennoch nicht überschätzt werden. Insbesondere in Fyns Amt haben zur Zeit andere Kooperationsanstrengungen Vorrang. Sie ergeben sich aus der Befürchtung, dass man zunehmend zur Transitregion zwischen Kopenhagen und dem Festland bzw. zum Wohn- und Erholungsraum für die Hauptstadtregion werden könnte. Die Region will aber künftig auf zwei Beinen stehen. Da die Verbindung zur Hauptstadtregion bereits „von selbst" läuft, aber eher asymmetrischen Charakter hat, richtet sich der Blick verstärkt auf das dänische Festland (Stichwort „Southern Denmark"). Dabei hofft man, gemeinsam ein Gegengewicht zur Hauptstadtregion Kopenhagen aufbauen zu können.

Rainer Danielzyk / Huib Ernste / Hans-Ulrich Jung

4. Fallstudien für deutsch-niederländische Grenzräume

In diesem Kapitel steht die Frage im Vordergrund, ob und inwieweit die Grenzräume bzw. die jeweiligen Grenzregionen im Laufe der Zeit ihre relative Position in Bezug auf den jeweiligen nationalen Referenzrahmen verbessern konnten, wie dies etwa theoretische Überlegungen (vgl. Kap. 2) als Auswirkungen einer stärkeren Integration von Märkten beiderseits der Grenze nahe legen. Im Folgenden soll zunächst ein Überblick über die hier näher betrachteten deutsch-niederländischen Grenzräume gegeben werden (Kap. 4.1). Anschließend werden die bisherigen sozioökonomischen Entwicklungen beiderseits der Grenze in der jüngeren Vergangenheit dargestellt. Dieses geschieht insbesondere aus Gründen der Datenbeschaffung und der unzureichenden Vergleichbarkeit der vorhandenen Daten über die Entwicklungen beiderseits der Grenze für die niederländische und die deutsche Seite getrennt (Kap. 4.2., 4.3.). Danach sollen mögliche zukünftige Entwicklungstrends skizziert werden (Kap. 4.4). Vor diesem Hintergrund sollen dann einige Konsequenzen ansatzweise erörtert werden (Kap. 4.5). Dabei ist zu berücksichtigen, dass die hier näher betrachteten Euregios im europäischen Vergleich als besonders etabliert und integriert gelten (vgl. AEBR 2001: 71).

4.1 Überblick über die Grenzräume Ems Dollart, EUREGIO und Rhein-Waal

Die Idee, einen von einer Staatsgrenze durchschnittenen Raum als einheitlichen, politisch-ökonomischen Handlungsraum zu verstehen, scheint an der niederländisch-deutschen Grenze entstanden, zumindest erstmals in institutioneller Form realisiert worden zu sein. Denn die EUREGIO (Rhein-Ems-Ijssel) ist die Grenzregion mit der längsten Tradition der grenzüberschreitenden Zusammenarbeit in Europa. Sie ist zugleich Namensgeberin für die anderen europäischen grenzüberschreitenden Kooperationen (vgl. MIOSGA 1999: 90).

Die Interaktion über die niederländisch-deutsche Grenze, die das traditionelle „Tor zu Europa" vom mitteleuropäischen „Kernland" trennt, hat schon immer eine wichtige Rolle gespielt - vermutlich gerade auch wegen der funktionalen Komplementarität zwischen „Kernland" und „Tor". Diese Grenze hatte also schon immer sowohl trennenden als auch verbindenden Charakter. Von daher liegt es nahe, sich mit den an dieser Grenze liegenden Grenzräumen zu befassen, wenn es etwa darum geht, Effekte der europäischen Integration in Form des Abbaus von Binnengrenzen untersuchen zu wollen.

Die heutige Grenze zwischen den beiden Nationalstaaten Deutschland und Niederlande ist, wie in vielen anderen Fällen auch, relativ neuen Datums. Das bedeutet, dass die Grenzregionen beiderseits der Grenze oft eine längere gemeinsame als getrennte Geschichte aufweisen. Insoweit können heutige Initiativen, die Grenze zu überwinden, an Gemeinsamkeiten, zumindest historischer Art, anknüpfen.

Die erste formalisierte Form der grenzüberschreitenden Zusammenarbeit ist, wie schon erwähnt, die EUREGIO, die Ende der 1950er Jahre nach jahrelangen Vorarbeiten und grenzüberschreitenden Kontakten begründet wurde. Erst 15 Jahre später wurde die zweite Euregio, die Euregio Rhein-Waal, im Jahre 1973 gegründet. Ihr folgten die Euregios Maas-Rhein (1976), Ems Dollart (1977) und Rhein-Maas-Nord (1978) (vgl. AEBR 2001: 72, Tab. 8). Dabei ist zu berücksichtigen, dass in den meisten Fällen informelle Formen der Zusammenarbeit schon Jahre vor der offiziellen Gründung entstanden sind. Insoweit ist festzuhalten, dass es an der deutsch-niederländischen Grenze eine längere Geschichte mit mehr oder minder intensiven Formen grenzüberschreitender Kooperation gibt.

Bei der Zusammenarbeit im Rahmen dieser grenzüberschreitenden Kooperationsformen handelt es sich um eine permanente strategische Kooperation lokaler und regionaler Behörden beiderseits der Grenze mit dem Ziel der Förderung der wirtschaftlichen, soziokulturellen und ökologischen Regionalentwicklung. Für die konkrete Zusammenarbeit, gerade auch in Form von Projekten, spielt die Ausgestaltung der Finanzmittelvergabe im Rahmen der sog. INTERREG-Programme eine maßgebliche Rolle. Gerade durch Letztere wird die grenzüberschreitende Zusammenarbeit gefördert, grundsätzliche Fragen der europäischen Integration spielen dabei eher eine geringe Rolle. Dieser Aspekt ist v.a. beim Entwurf möglicher Zukunftsstrategien für die Entwicklung der Grenzräume zu beachten.

Die 577 km lange Grenze zwischen den Niederlanden und Deutschland erstreckt sich vom Wattenmeer im Norden bis zum Aachener Raum im Vorland des Mittelgebirges im Süden. Sie durchschneidet höchst unterschiedlich strukturierte Grenzräume (vgl. SMIT 1998: 112):

- ländliche Räume ohne starke grenzüberschreitende Beziehungen (z. B. Groningen/Ostfriesland, Drenthe/Emsland)
- ländliche Räume mit starken grenzüberschreitenden Beziehungen (z. B. Achterhoek/Westfalen und Maas/Niederrhein)
- Industriegebiete mit früher stärkeren grenzüberschreitenden Verbindungen, die allerdings im Laufe des industriellen Strukturwandels durch eher binnenwärts oder global ausgerichtete Orientierungen ersetzt wurden (z. B. Twente/Gronau-Nordhorn, Aachen/Südlimburg)
- internationaler Durchgangsraum (Rheinkorridor).

Im Folgenden wollen wir uns auf die drei nördlichsten Euregios des deutsch-niederländischen Grenzgebietes konzentrieren (vgl. Übersichtskarte 1).[1]

---

[1] Seit Mai 1999 gibt es darüber hinaus auch noch die Euregio „Die Watten", der die im Wattenmeer gelegenen Inseln in den Niederlanden, Deutschland und Dänemark angehören.

■ Fallstudien für deutsch-niederländische Grenzräume

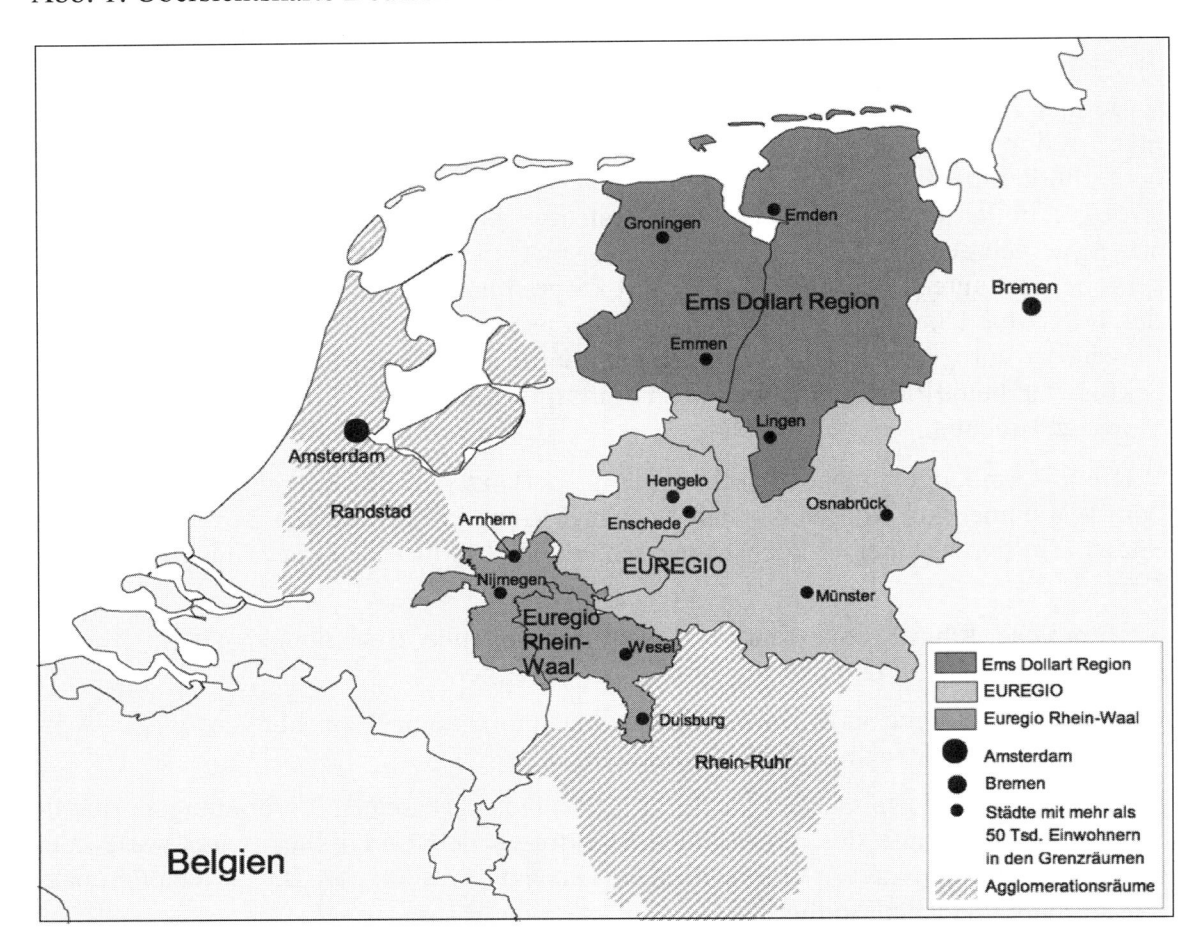

Abb. 1: Übersichtskarte Deutsch-Niederländischer Grenzraum

Ems Dollart Region

Die Ems Dollart Region (EDR) ist die nördlichste grenzüberschreitende Kooperation im deutsch-niederländischen Grenzgebiet auf dem Festland.[2] Das Gebiet der EDR reicht auf der deutschen Seite von den Ostfriesischen Inseln bis in den südlichen Landkreis Emsland. Es umfasst eine Fläche von ca. 11 300 qkm (46 % im deutschen, 54 % im niederländischen Teil). Auf dieser verhältnismäßig großen Fläche leben allerdings nur ca. 1,7 Mio. Einwohner. Die EDR ist damit flächenmäßig der größte der fünf deutsch-niederländischen Kooperationsräume, gleichzeitig aber derjenige mit den wenigsten Einwohnern. Entsprechend gering ist die Bevölkerungsdichte mit ca. 148 Einwohnern je qkm. In weiten Teilen handelt es sich um einen Peripherraum, der vor den Kolonisationsmaßnahmen in den vergangenen zwei bis drei Jahrhunderten sehr schlecht erschlossen und kaum erreichbar war. Insofern kann es kaum überraschen, dass die Grenze wie ein „gerader Strich" auf der Karte gezogen wurde.

Zur wirtschaftsgeographischen Orientierung im EDR-Gebiet lässt sich sagen, dass grenzüberschreitende Beziehungen bislang für Ökonomie und Gesellschaft nicht gerade dominierend sind. Sowohl der deutsche als auch der niederländische Teil der EDR sind aus Sicht der jeweiligen Nationalstaaten bzw. des Landes Niedersachsens eher als Peripherräume einzuschätzen, in denen fast keine städtischen Verdichtungsräume (mit Ausnahme des Oberzentrums Groningen in den nördlichen Niederlanden) zu finden sind.

---

[2] Vgl. zum Folgenden NEEF/JANSSEN 2000, NIEDERSÄCHSISCHE STAATSKANZLEI 2002, STUDENT 2000.

Traditionell ist die Wirtschaft stark durch Landwirtschaft und lokale Gewinnung von Bodenschätzen, wie Torf, Öl und Gas, geprägt. Das Arbeitskräfteangebot ist auf beiden Seiten der Grenze seit vielen Jahrzehnten deutlich größer als die Nachfrage der regionalen Wirtschaft. Beiderseits der Grenze herrscht nicht gerade Flächenknappheit, so dass weitläufige Industrie- und Gewerbegebiete zur Verfügung stehen, die z. T. auch in den letzten 40 Jahren für Ansiedlungen genutzt wurden. Von einigen städtischen Zentren abgesehen (auf niederländischer Seite: Groningen, Emmen, auf deutscher Seite z. B. Emden, Leer und Lingen) macht der Grenzraum insgesamt eher einen „leeren" Eindruck.

Die wichtigsten Verkehrsbeziehungen laufen bislang eher parallel zur Grenze. Die einzige wesentliche grenzüberschreitende Achse (Randstad-) Groningen-Leer-Oldenburg (-Hamburg/Skandinavien) hat im europäischen Vergleich eindeutig eine nachrangige Bedeutung. Im Unterschied zu vielen anderen europäischen Peripherräumen ist dieser Grenzraum aber von den ökonomischen Kernregionen Europas nicht so weit entfernt. Dies gilt vor allem für den niederländischen Teil. Der Ausbau der Verkehrsinfrastruktur lässt die niederländische Grenzregion, insbesondere den Südwesten Frieslands, immer stärker zu einem funktionalen Ergänzungsgebiet des Zentralraums (Randstad) werden.

Auch verwaltungsmäßig scheint die „Distanz" zur Zentralregierung in Den Haag und zur EU in Brüssel relativ gering. Die meisten Kommunen und Regionalverbände sind gut in diverse europäische Förderprogramme eingebunden. Sie haben deshalb nicht unbedingt ein Selbstverständnis als „Grenzgebiet". Auf der deutschen Seite des Grenzraumes ist dies anders. Hier ist eine deutliche Distanz zu den politischen Entscheidungszentren Hannover, Berlin und Brüssel zu erkennen, das Selbstverständnis als „Peripherraum" ausgeprägter.

Nach ersten grenzüberschreitenden Kooperationsansätzen in den 50er und 60er Jahren, die vor allem von den Wirtschaftskammern beiderseits der Grenze ausgingen, wurde die EDR im Februar 1977 gegründet. Zunächst wurde die EDR auf deutscher Seite in der Rechtsform eines eingetragenen Vereins, auf niederländischer Seite als Stichting eingerichtet, allerdings mit wechselseitiger Mitgliedschaft, so dass die beiden unterschiedlichen Organisationsformen zusammen als eine Einheit „EDR" betrachtet werden konnten. Erst auf der Basis eines 1991 zwischen den Niederlanden, der Bundesrepublik, Niedersachsen und Nordrhein-Westfalen geschlossenen Rahmenabkommens war es möglich, der EDR eine grenzüberschreitende öffentlich-rechtliche Basis zu geben. So hat sie seit Oktober 1997 den Charakter eines grenzüberschreitenden Zweckverbandes. Zur EDR gehören Städte, Gemeinden, Kreise, Kammern und sonstige Körperschaften des Öffentlichen Rechts in Ostfriesland und im Emsland sowie in den niederländischen Provinzen Drenthe und Groningen. Dabei wird zwischen dem engeren EDR-Zuständigkeitsbereich (dt.: LK Aurich, Leer, Emsland, Stadt Emden; ndl.: Ost-Groningen, Delfzijl, Overig Groningen, Zuidoost-Drenthe) und dem erweiterten Programmgebiet (dt.: LK Ammerland, Cloppenburg, Friesland, Wittmund; ndl.: Noord-Friesland, Zuidwest-Drenthe, Zuidoost-Friesland) unterschieden.

Die EDR hat sich die Aufgabe gestellt, die regionale grenzüberschreitende Zusammenarbeit ihrer Mitglieder zu fördern, zu unterstützen und zu koordinieren. Dieses soll insbesondere in den Bereichen wirtschaftliche Entwicklung, Verkehr und Transport, Hafenwirtschaft, Kultur und Sport, Ausbildung und Unterricht, Tourismus und Erholung, Umweltschutz und Abfallwirtschaft, Gesundheitswesen, Katastrophenschutz, Kommunikation, Gefahrenabwehr und Öffentliche Ordnung sowie Agrarwirtschaft geschehen. Eine immer bedeutendere Rolle nimmt dabei die Konzipierung, Betreuung und Umsetzung von Projekten im Rahmen der EU-Förderpolitik für grenzüberschreitende

Regionen ein. So konnte die EDR als erste Grenzregion in Europa schon 1978 ein Grenzüberschreitendes Aktionsprogramm (GAP) aufstellen. Während dieses noch recht abstrakt gehalten war, folgten in Neuauflagen dieses GAP schon Anfang der 80er Jahre erste konkrete Listen für gemeinsame Projekte, die ab Ende der 80er Jahre in bedeutendem Umfang durch Fördermittel aus Brüssel unterstützt wurden. Der Umfang der Aufgabenstellung und des Fördervolumens nahm mit der Einrichtung der EU-Gemeinschaftsinitiative INTERREG Anfang der 90er Jahre noch einmal bedeutend zu. Das aktuelle INTERREG III A-Programm für den Zeitraum 2000-2006 wird wegen der notwendigen Kofinanzierung der Projekte durch Land und Projektträger mehr als 33 Mio. Euro Fördervolumen und ein mehr als doppelt so großes Finanzvolumen zur Unterstützung der grenzüberschreitenden Zusammenarbeit realisieren können.

Ergänzend ist zu erwähnen, dass für das Gebiet der EDR weitere grenzüberschreitende Kooperationsformen zuständig sind:

Zum einen handelt es sich dabei um die Deutsch-Niederländische Raumordnungskommission/Unterkommission Nord, die seit 1967 die Information und Zusammenarbeit im Bereich der Raumordnung im niederländisch-niedersächsischen Grenzbereich unterstützt (vgl. NDS. STAATSKANZLEI 2002: 36, STENERT 2000). Federführend ist auf deutscher Seite die Obere Raumordnungsbehörde (Bezirksregierung Weser-Ems). In der zweiten Hälfte der 90er Jahre wurden von der sog. UK Nord zwei bedeutende Initiativen gestartet: die Erarbeitung eines Grenzübergreifenden Raumordnerischen Entwicklungskonzeptes (GREK) im Jahr 1997 und eines Aktionsprogramms zum GREK im Jahr 1998.

Zum anderen ist noch die Neue Hanse Interregio (NHI) zu erwähnen, die 1991 gegründet wurde und auf deutscher Seite die Länder Niedersachsen und Bremen, auf niederländischer Seite die Provinzen Drenthe, Groningen, Friesland und Overijssel umfasst. Hier handelt es sich vor allem um eine Kooperation der Landes- bzw. Provinzregierungen und ihrer jeweiligen Fachressorts.

EUREGIO (Rhein-Ems-Ijssel)

Etwas weiter südlich befindet sich die EUREGIO (Rhein-Ems-Ijssel). Es ist der Grenzraum mit der längsten Tradition der grenzüberschreitenden Zusammenarbeit in Europa.[3] Nach einer Vergrößerung des Kooperationsraums Ende der 90er Jahre leben nun innerhalb der EUREGIO auf einer Fläche von ca. 13 000 qkm knapp 3,2 Mio. Einwohner. Ungefähr zwei Drittel der Fläche und Bevölkerung entfallen auf den deutschen Teil der EUREGIO, etwa ein Drittel auf den niederländischen Teil. Die Bevölkerungsdichte innerhalb der EUREGIO liegt auf deutscher und niederländischer Seite durchschnittlich bei 245 EW/qkm. Dies ist deutlich niedriger als der niederländische Durchschnitt, entspricht aber ungefähr den deutschen Durchschnittswerten. Zur EUREGIO gehören auf deutscher Seite in Niedersachsen die Landkreise Grafschaft Bentheim und Osnabrück sowie die Stadt Osnabrück und Teile des südlichen Emslandes, in Nordrhein-Westfalen die Kreise Borken, Coesfeld, Steinfurt, Warendorf und die Stadt Münster; auf niederländischer Seite gehören zur EUREGIO die Regio Achterhoek in der Provinz Gelderland, die Regio Twente und Teile von Noordoost-Overijssel in der Provinz Overijssel

---

[3] Vgl. zum Folgenden NIEDERSÄCHSISCHE STAATSKANZLEI 2002, KOHLE 2000, MIOSGA 1999. Die EUREGIO ist Namensgeber für alle anderen grenzüberschreitenden Kooperationsverbünde in Europa, da hier schon bald nach dem 2. Weltkrieg grenzüberschreitende Kontakte auf kommunaler Ebene begonnen hatten und 1958 auf eine regelmäßige Basis gestellt worden waren. Insofern ist die Ergänzung „Rhein-Ems-Ijssel" neueren Datums, um sie von den anderen grenzüberschreitenden Kooperationen wieder unterscheidbar zu machen.

sowie die Gemeinde Coevorden aus der Provinz Drenthe. Die EUREGIO hat trotz einiger städtischer Zentren, die aber auf deutscher Seite in großer Entfernung zur Grenze liegen (Münster, Osnabrück sowie Enschede und Hengelo in den Niederlanden), vorwiegend einen ländlichen Charakter und wird durch eine Vielzahl von regional bedeutsamen Mittelzentren geprägt. Früher handelte es sich auf beiden Seiten der Grenze um ein traditionsreiches und wichtiges Gebiet der Textil- und Bekleidungsindustrie, die allerdings aufgrund des globalen wirtschaftlichen Strukturwandels in den letzten Jahrzehnten massiv an Bedeutung verloren hat. Vor allem das Westmünsterland hat dabei in der jüngeren Vergangenheit eine bemerkenswerte Dynamik in der Beschäftigungs- und Bevölkerungsentwicklung zu verzeichnen (vgl. Kap. 4.3). Aufgrund ihrer landschaftlichen Qualitäten und der vielen historischen Stadt- und Ortskerne haben die Teilregionen auf beiden Seiten der Grenze große Bedeutung für Tourismus und Naherholung.[4]

Im Gegensatz zur peripherer gelegenen EDR steht die EUREGIO in engerer funktionaler Verknüpfung mit den wirtschaftlichen Zentralräumen der Niederlande (Randstad) und Deutschlands (in diesem Fall Rhein-Ruhr-Raum). Die immer wichtiger werdende West-Ost-Achse von der Randstad über Osnabrück und Hannover nach Berlin und Osteuropa verläuft durch diesen Grenzraum.

Die grenzübergreifenden Kontakte wurden 1958 nach einem Kongress in Coesfeld regelmäßig institutionalisiert. Dies gilt als der Ursprung der heutigen EUREGIO (vgl. KOHLE 2000). Über verschiedene Zwischenstufen kam es dann 1977 zur Gründung der EUREGIO, wobei bemerkenswert ist, dass es schon seit Anfang der 70er Jahre auf beiden Seiten der Grenze ständig besetzte Geschäftsstellen gab. Der EUREGIO-Rat wurde im Jahr 1978 als erste grenzüberschreitende parlamentarische Versammlung auf regionaler Ebene gegründet. Hier arbeiten in grenzüberschreitenden Fraktionen Politikerinnen und Politiker zusammen, die nach regionalem Proporz von den Mitgliedern der Kommunalparlamente gewählt wurden.

Im Jahr 1972 wurde erstmals ein grenzüberschreitendes Aktionsprogramm vorgelegt, das v.a. die Bewältigung der Krise in der Textil- und Bekleidungsindustrie beiderseits der Grenze und damit verbundene Anforderungen an die Qualifizierung von Arbeitskräften zum Gegenstand hatte. 1985 wurde an einem Grenzübergang eine gemeinsame EUREGIO-Geschäftsstelle eröffnet. 1987 wurde erneut ein grenzüberschreitendes regionales Aktionsprogramm für die EUREGIO aufgestellt, das eine grenzüberschreitende Gesamtstrategie bis 2005 enthielt. Dabei ging es v.a. um wirtschaftliche, infrastrukturelle, technologische und soziokulturelle Themenstellungen. Dieses Konzept hatte durchaus exemplarischen Charakter.[5] In den folgenden Jahren gewann auch hier die Programm- und Projektbearbeitung im Rahmen der INTERREG-Initiativen der EU vorrangige Bedeutung.[6]

Ergänzend ist auch hier zu erwähnen, dass für das Gebiet der EUREGIO sowie für alle anderen nordrhein-westfälischen Euregios als weitere grenzüberschreitende Koopera-

---

[4] Vor allem der niederländische Teilraum wird gelegentlich auch als "Florida der Niederlande" bezeichnet, weil dort v.a. ältere Leute einen hohen Anteil an den touristischen Besuchern haben und vielfach auch ihren Ruhestandswohnsitz nehmen.

[5] „Die EUREGIO war somit die erste grenzüberschreitende Region, die ein umfangreiches und detailliertes Entwicklungskonzept vorweisen konnte, das die Region als geographische Einheit betrachtet und aus einer diskursiv entwickelten Stärken- und Schwächen-Analyse heraus strategische Handlungsfelder entwickelt und konkrete Maßnahmen vorschlägt. Dabei hat sich die von Beginn an enge Kooperation mit der staatlichen/landespolitischen Ebene als vorteilhaft erwiesen, die nicht nur als Mittelgeber fungiert hatte, sondern auch in die Diskussions- und Entstehungsprozesse des Konzeptes involviert war. Der Aufbau und die Methodik der Studie wurde sogar zur 'Blaupause' für die regionalen Entwicklungskonzepte der regionalisierten Strukturpolitik im Rahmen der Zukunftsinitiative Nordrhein-Westfalen" (MIOSGA 1999: 95).

[6] Vgl. zu den umfangreichen und exemplarischen Tätigkeiten der EUREGIO in dieser Hinsicht die detaillierten Darstellungen von KOHLE (2000: 85 ff.) und MIOSGA (1999: 94 ff.).

tionsform die Deutsch-Niederländische Raumordnungskommission/Unterkommission Süd zuständig ist. Im Rahmen dieser UK werden in intensiver Weise Informationen über planungsrelevante Aktivitäten beiderseits der Grenze ausgetauscht und planerisch bedeutsame grenzüberschreitende Vorhaben erörtert. Angedacht ist eine Weiterentwicklung der Kooperation zu einer „strategischen Zusammenarbeit".

Euregio Rhein-Waal

Die Euregio Rhein-Waal liegt im „Rheinkorridor" zwischen dem Rhein-Ruhr-Raum und der Randstad Holland. Der Kooperationsraum umfasst auf der niederländischen Seite die Regio Arnhem und die Regio Nijmegen, Noord-Oost Brabant und Noord-Limburg, auf deutscher Seite die Kreise Kleve und Wesel sowie die Stadt Duisburg. Insgesamt wohnen in diesem Gebiet ca. 2,35 Mio. Menschen. Sie wird von den Hauptverkehrsverbindungen auf Straße, Schiene und Wasser zwischen beiden Ländern geprägt. Die Siedlungsstrukturen sind ungleichgewichtig: Auf deutscher Seite dominieren im grenznahen Raum des Niederrheins ländlich-kleinstädtische Strukturen, die zum Süden hin von den Auswirkungen der Suburbanisierung am Rande des Ruhrgebiets überlagert werden. Südlichste Gebietskörperschaft ist die deutlich vom Strukturwandel der Montanindustrie geprägte Stadt Duisburg. Auf niederländischer Seite liegen in Grenznähe die Städte Arnhem und Nijmegen, die in einem kommunalen Kooperationsverbund „Knotenpunkt Arnhem-Nijmegen" („KAN") zusammenarbeiten. Mit diesem Namen wird unter anderem – und mit einem gewissen Selbstbewusstsein – zum Ausdruck gebracht, dass der Raum in einem zentralen Transportkorridor Nord-West-Europas gelegen ist und damit eine gewisse Zentralität beanspruchen kann, sich selbst im Unterschied zu anderen Grenzräumen nicht als „Peripherie" sieht. Darüber hinaus ist der Name dieses Kooperationsverbundes auch ein Ausdruck für eine sehr erfolgreiche Image- und Visions-Strategie, mit der es gelungen ist, – wie man es auf Niederländisch so schön ausdrückt – „alle Nasen in die gleiche Richtung zu bringen". Dadurch konnten interne Meinungsunterschiede weitgehend beigelegt und Aktivitäten gebündelt werden.

Die Euregio Rhein-Waal wird insgesamt relativ stark von den niederländischen Städten Arnhem und Nijmegen dominiert, wobei letztere in unmittelbarer Grenznähe liegt. Dieser Lageunterschied führt auch zu unterschiedlichen Einstellungen zu grenzüberschreitenden Fragestellungen: Für die wichtigen Akteure in Arnhem ist die Grenze schon offenkundig „weiter entfernt" als aus Nijmeger Sicht. Auf deutscher Seite gibt es keinen gleichgewichtigen Schwerpunkt in Grenznähe. Das nächste größere Zentrum, das als Teil des Metropolraums Rhein-Ruhr starke Verbindungen mit den dortigen großen Städten hat und das darüber hinaus als Verkehrsknoten vor allem auch auf günstige Fernverkehrsverbindungen mit den Häfen, insbesondere Rotterdam, ausgerichtet ist, ist Duisburg. Die Zusammenarbeit in der Euregio hat deshalb hier eindeutig nur einen sekundären Stellenwert. Diese Ungleichgewichtigkeit der städtischen Ballungen im Grenzraum bedeutet sicherlich einen Nachteil bei der Entwicklung integrativer und konsistenter Entwicklungsstrategien im Rahmen der Euregio.

Neben den Öffentlichen Diensten und dem Verarbeitenden Gewerbe gewinnt für den gesamten Grenzraum aufgrund seiner Lage in einem international bedeutsamen Korridor die Logistikwirtschaft eine immer größere Bedeutung. Viele Infrastrukturprojekte der Region (z. B. die Hochgeschwindigkeitsbahnlinie zwischen Amsterdam und Köln) stehen damit im engen Zusammenhang.

Schon Anfang der 1960er Jahre gab es erste Kontakte im Grenzgebiet am Niederrhein. Im Jahr 1971 wurde der „Arbeitskreis für die regionale Entwicklung des deutsch-niederländischen Grenzgebietes Regio Rhein-Waal" gegründet, der später in eine fest institutionalisierte Arbeitsgemeinschaft überging. Zunächst wurde das Aktionsgebiet nicht exakt abgegrenzt, „da keine neuen Grenzen geschaffen werden sollten" (MIOSGA 1999: 108). Mit dem schon erwähnten Abkommen zwischen der Bundesrepublik Deutschland, dem Königreich der Niederlande und den Ländern Nordrhein-Westfalen und Niedersachsen aus dem Jahr 1991 wurde die Möglichkeit zur Einrichtung grenzüberschreitender Zweckverbände geschaffen. Die erste grenzüberschreitende Kooperationsform, die diese Chance nutzte, war die Euregio Rhein-Waal, die seit Ende 1993 einen öffentlich-rechtlichen Status hat.

Ende der 80er Jahre wurde nach Vorlage eines umfassenden Strukturgutachtens ein erstes Aktionsprogramm für die Euregio Rhein-Waal erarbeitet. Im Unterschied zu anderen Euregios lag hier zunächst ein starker Akzent auf raumplanerischen Aspekten (vgl. MIOSGA 1999: 112 ff.; ILS 1985, 1989). In der Folgezeit wurde die Arbeit stärker auf die Anforderungen der INTERREG-Initiativen der EU ausgerichtet, wobei in dieser Euregio der Geschäftsstelle eine bemerkenswert starke Stellung, möglicherweise auch im Zusammenhang mit dem öffentlich-rechtlichen Charakter der Kooperationsform stehend, zukommt.

Mit den drei vorgestellten Grenzräumen wird ein weites Spektrum verschiedener wirtschaftsgeographischer Lagen und Situationen erfasst. Eine weitere Ausdehnung des Untersuchungsgebietes auf die beiden weiter südlich gelegenen deutsch-niederländischen Grenzräume (euregio rhein-maas-nord, Euregio Maas-Rhein) würde keinen wesentlichen Erkenntnisgewinn mit sich bringen. Hinzu kommt, dass in diesen Räumen schon die Zusammenarbeit mit Belgien (mit seinem anders ausgerichteten Staatsaufbau) eine große Rolle spielt.

In den beiden folgenden Kapiteln werden die bisherigen sozioökonomischen Entwicklungen sowie die aktuelle Situation in den drei Grenzräumen dargestellt. Aufgrund großer Probleme, vergleichbare Daten zu erhalten, geschieht dies für die niederländische und deutsche Seite jeweils getrennt, allerdings nach einer grundsätzlich ähnlichen Struktur und ausgerichtet auf die gleichen Fragestellungen.

Bei der Interpretation der im Folgenden dargestellten Situationen und Entwicklungstendenzen ist zu beachten, dass vor dem Hintergrund zunehmender Internationalisierung und Globalisierung die Stellung der Regionen in einem größeren Zusammenhang wachsende Aufmerksamkeit findet. Das, was am anderen Ende der Welt passiert, ist unter Umständen wichtiger für die sozioökonomische Entwicklung als das, was in der Nachbarregion stattfindet. Während also früher die intraregionale Konkurrenz bzw. die Positionierung gegenüber den Nachbarn für die wirtschaftliche Entwicklung wesentlich waren, ist jetzt die interkommunale und regionale Zusammenarbeit zur gemeinsamen Positionierung auf internationalen Märkten von wachsender Bedeutung.

4.2 Bisherige Entwicklungen auf niederländischer Seite

Die Leitfrage für die nun folgende Darstellung der Entwicklungen in den drei niederländischen Grenzregionen ist, ob und inwieweit Grenzregionen im Laufe der Zeit ihre relative Position im Hinblick auf die jeweiligen nationalen Referenzgrößen haben verbessern können. Das könnte als Auswirkung einer stärkeren Integration der Märkte beiderseits der Grenze und eines Erfolgs beim Abbau von Marktzugangsbarrieren letztlich als positive Auswirkung der Integrationsstrategien der EU verstanden werden. Bei der Würdigung der vorzustellenden Untersuchungsergebnisse ist zu berücksichtigen, dass die Datenlage im Hinblick auf die Beantwortung dieser Leitfrage recht ungünstig ist. Wesentliche Indikatoren der wirtschaftlichen Entwicklung werden für die zu untersuchenden niederländischen Teilräume der Grenzräume nicht systematisch erhoben. Ihre Bezugsräume sind vielmehr das Land insgesamt, die Provinzen, die Zuständigkeitsbereiche der regionalen Handelskammern oder der Zentren für Arbeit und Einkommen (CWI). Aussagekräftige Daten für den niederländischen Teil der Euregios liegen vielfach nur auf Gemeindeebene vor. Diese Werte sind dann für die niederländischen Teile der drei Grenzräume zu aggregieren. Längere Zeitreihen relevanter Daten werden nur vom Centraal Bureau voor Statistiek (CBS) zur Verfügung gestellt. Dabei stehen im Wesentlichen nur Indikatoren für Beschäftigung und Einkommen sowie für die demographische Entwicklung zur Verfügung. Das führt zwangläufig dazu, dass nicht alle Analysen in der wünschenswerten Tiefe und Schärfe vorgenommen werden können.

Beschäftigung

Die Entwicklung der Beschäftigung wird hier zunächst anhand der Entwicklung der abhängig Beschäftigten (also ohne Selbstständige) in Abb. 1 dargestellt.[7] Bemerkenswerterweise weicht im niederländischen Teil der Euregio Rhein-Waal die Entwicklung von der durchschnittlichen Entwicklung positiv ab. Im niederländischen Teilgebiet der EUREGIO entspricht sie dem nationalen Trend, während der niederländische Teil der Ems Dollart-Region negativ davon abweicht. Diese Unterschiede werden vor dem Hintergrund der wirtschaftsgeographischen Situation verständlich. Die Rangfolge der niederländischen Teile der drei Euregios entspricht dabei der Rangfolge ihrer Wirtschaftkraft und dem Ausmaß der funktionalen Verflechtungen mit dem niederländischen Zentralraum. Abgesehen von den durchaus vorhandenen Unterschieden fällt aber vor allem die Übereinstimmung der teilräumigen Entwicklungstendenzen mit jener der durchschnittlichen Entwicklung für die Niederlande insgesamt auf. Das gibt Anlass zu der Annahme, dass die allgemeine nationale Entwicklung für die teilräumliche Dynamik wichtiger ist als spezifische regionale, etwa mit der Grenze in Zusammenhang stehende Faktoren. Das muss aber wiederum nicht bedeuten, dass spezifische, auf die Grenzsituation ausgerichtete Entwicklungsstrategien völlig erfolglos waren, da es durchaus vorstellbar ist, dass die Grenzregionen ohne entsprechende Maßnahmen noch stärker in negativer Weise von der durchschnittlichen nationalen Entwicklung abweichen würden. Weitergehende Schlussfolgerungen bezüglich kausaler Zusammenhänge sind mit den vorliegenden Daten nicht möglich, da die empirisch feststellbaren Entwicklungen mit einer ähnlich strukturierten Region abseits der Grenze, für die keine entsprechenden Strategien umgesetzt wurden, verglichen werden müssten.

---

[7] In Abb. 1 und den folgenden Abbildungen werden Indexwerte dargestellt, wobei der Wert für das Jahr 1988 mit 100 gleichgesetzt wird.

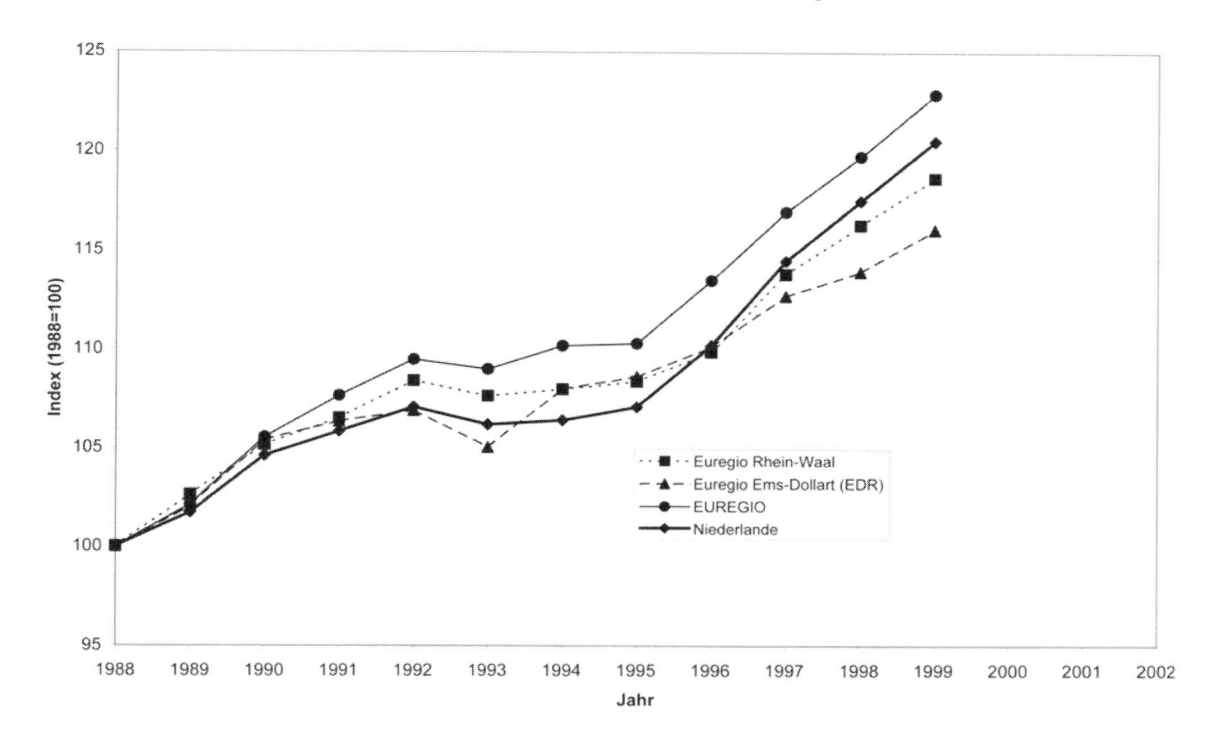

Abb. 2: Abhängig Beschäftigte in % der Gesamtbevölkerung

Die Entwicklung der absoluten Beschäftigungszahlen sagt aber nicht viel über die relative Position der untersuchten Teilräume aus, da sie vor dem Hintergrund der jeweiligen Gesamtbevölkerung zu sehen sind. Ein entsprechender relativer Indikator ist die Beschäftigungsquote. Im Hinblick auf diesen relativen Indikator unterscheiden sich die Positionen der niederländischen Teilgebiete der drei Euregios. Die niederländischen Teile der beiden nördlichen Euregios schneiden dabei besser ab, während die Euregio Rhein-Waal stärker dem nationalen Trend zu folgen scheint.

Betrachtet man zusätzlich die Entwicklung der jeweiligen Bevölkerungszahlen (vgl. Abb. 2), dann ist festzustellen, dass die Bevölkerung im niederländischen Teil der Euregio Rhein-Waal überdurchschnittlich zugenommen hat. Die Bevölkerungszunahme dürfte unter anderem mit der stärkeren Einbindung in die Ökonomie der Randstad zusammenhängen. Das müsste sich einerseits in der Zunahme der Verflechtungen zwischen beiden Regionen abzeichnen, andererseits auch an den interregionalen Wanderungsbilanzen (vgl. Abb. 3) verdeutlichen lassen. In der Tat ist die Wanderungsbilanz des niederländischen Teils der Euregio Rhein-Waal durchgehend und z. T. in erstaunlichem Umfange positiv. Ihr Verlauf stimmt jedoch nicht mit der Darstellung der Bevölkerungsdynamik überein. So nimmt etwa der Wanderungssaldo in Phasen einer Zunahme der Gesamtbevölkerung in bemerkenswerter Weise ab. Darauf wird noch einzugehen sein. Die Abb. 5a – 5c zeigen aber auch, dass es Unterschiede zwischen den Gemeinden im niederländischen Teil des Grenzraumes gibt.

■ Fallstudien für deutsch-niederländische Grenzräume

Abb. 3: Gesamtbevölkerung

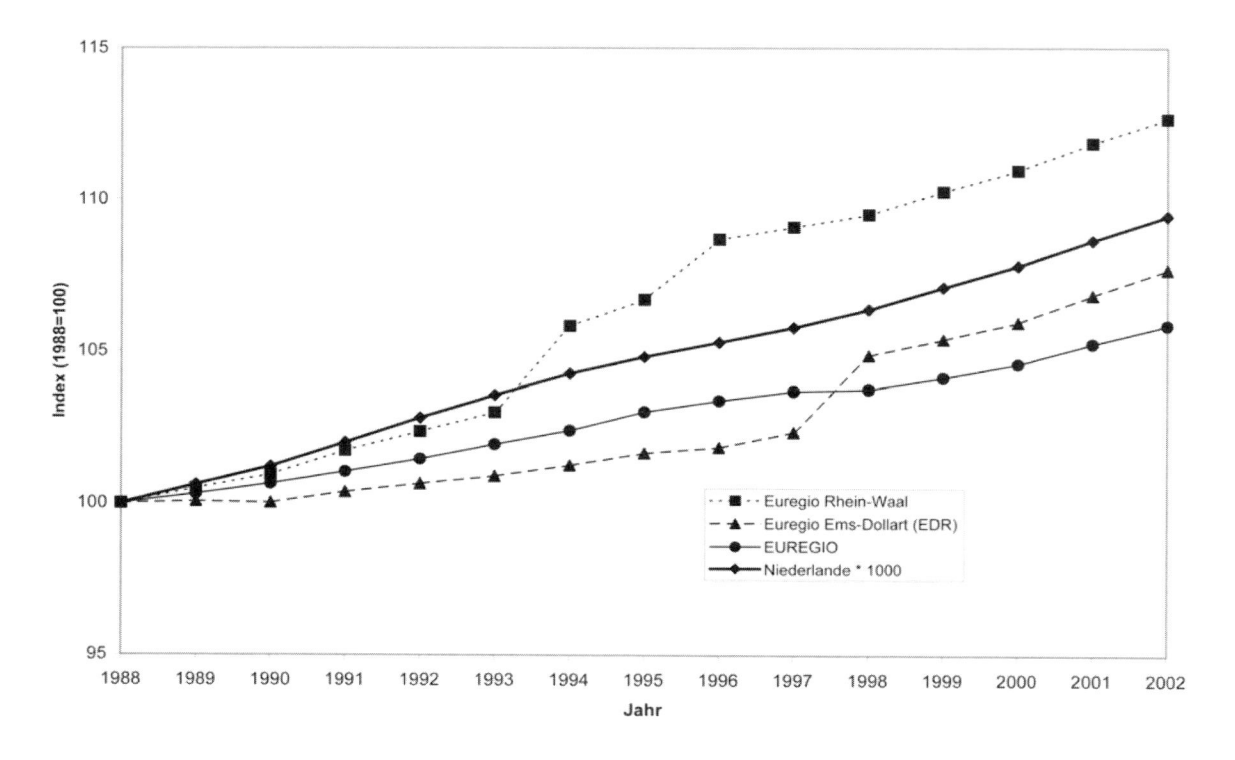

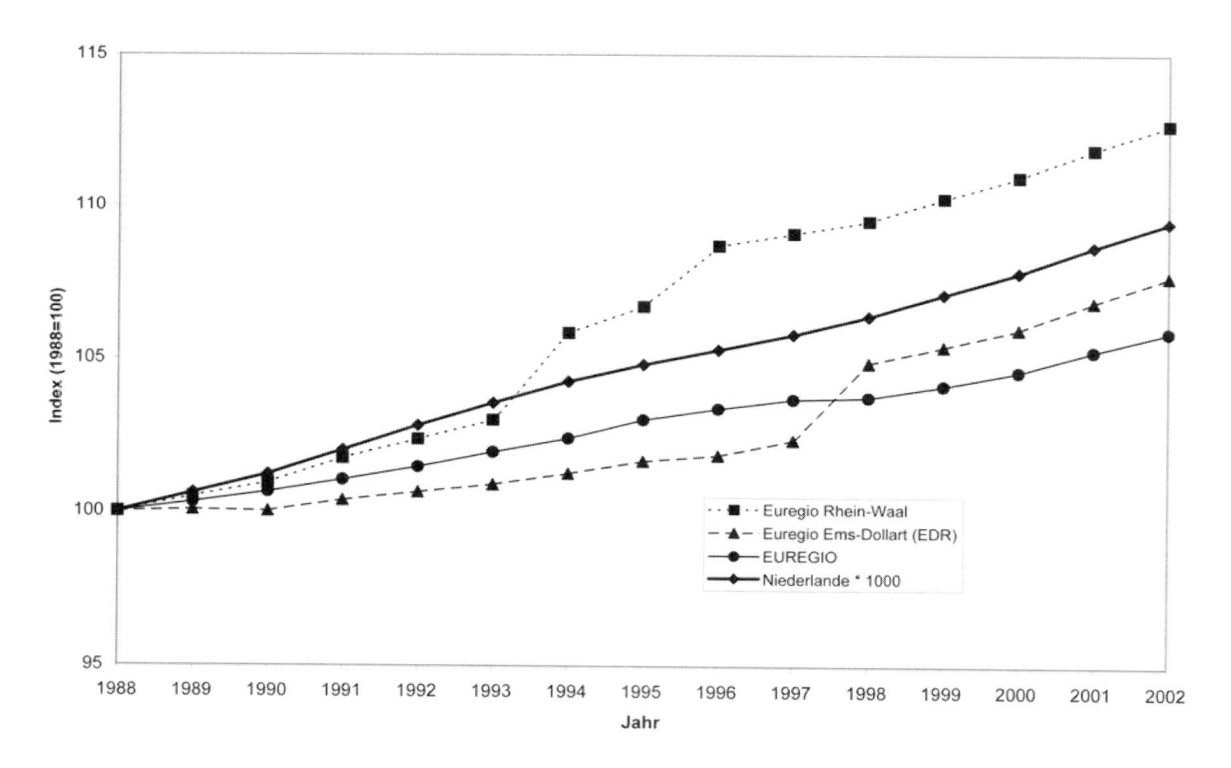

Abb. 4: Migrationsüberschuss

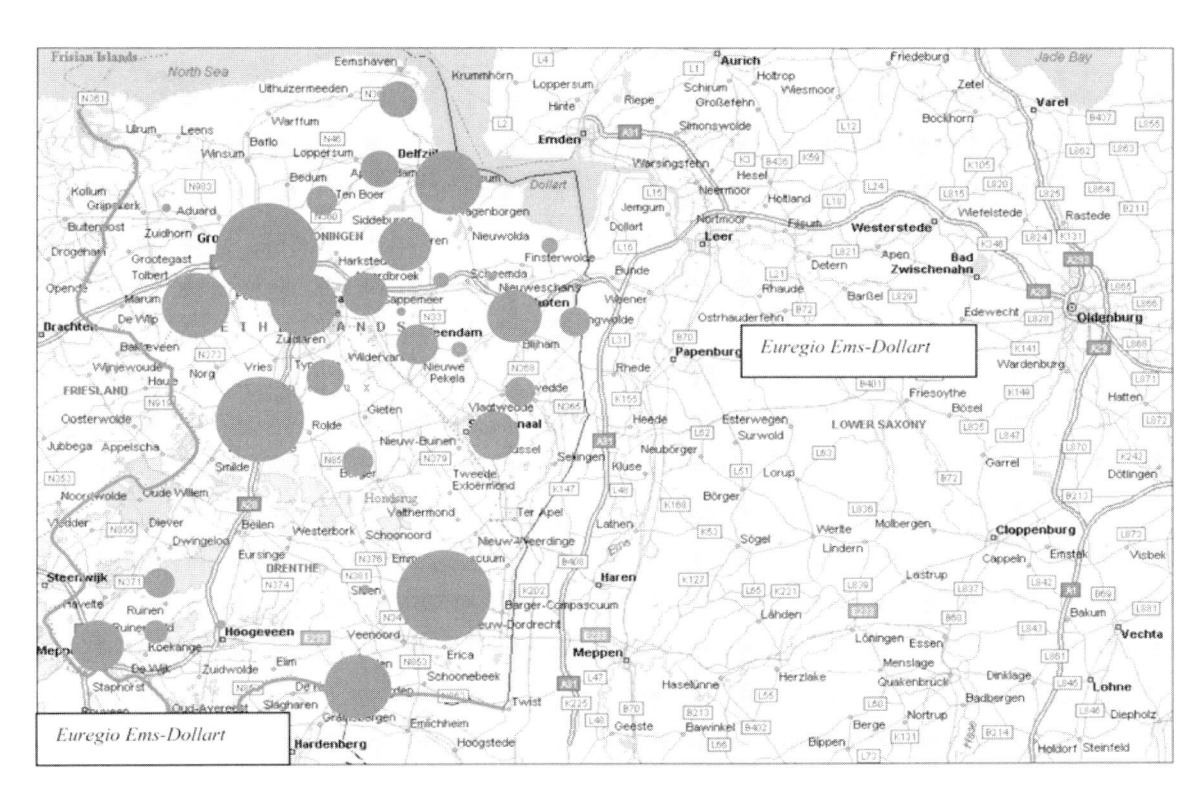

Abb. 5a: Migrationsüberschuss Euregio Ems Dollart (2002)

Abb. 5b: Migrationsüberschuss Euregio Rhein-Waal (2002)

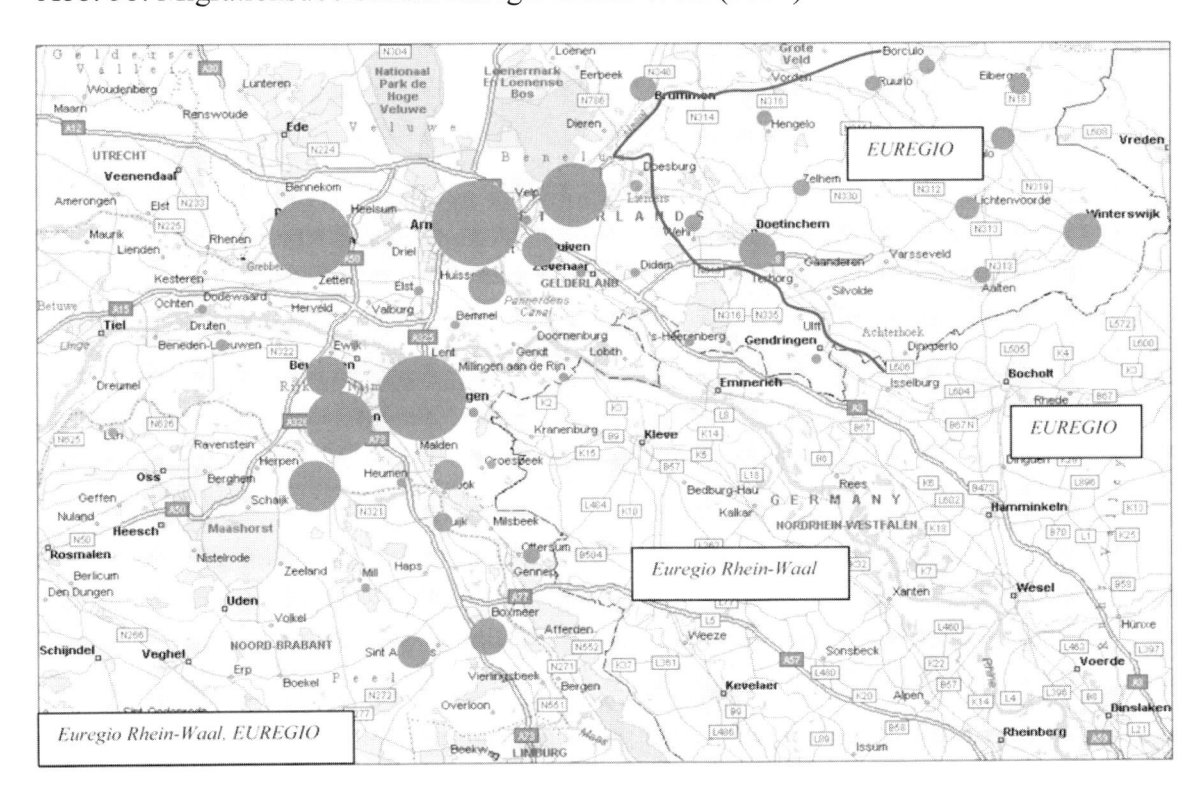

■ Fallstudien für deutsch-niederländische Grenzräume

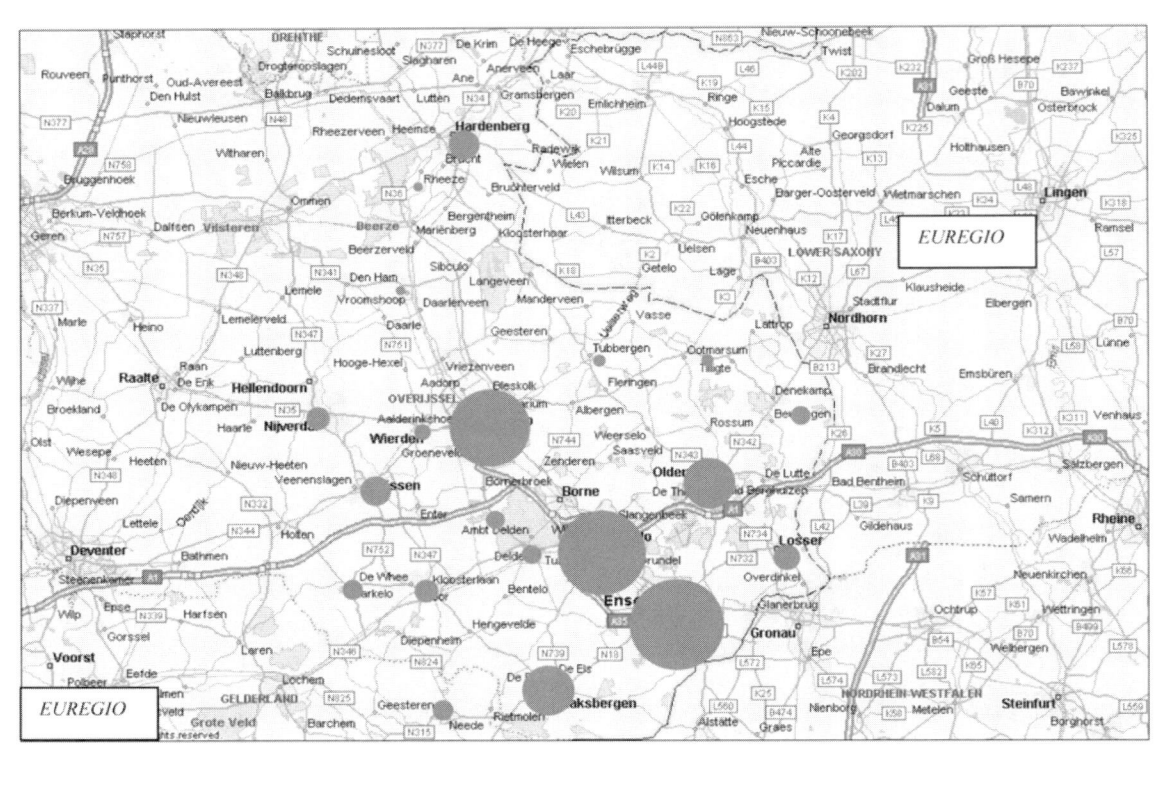

Abb. 5c: Migrationsüberschuss EUREGIO (2002)

Legende: Migrationsüberschuss (2002)

- 1130 Einwohner
- 132 Einwohner
- 6 Einwohner

Die bisherigen Darstellungen haben gezeigt, dass die demographische Entwicklung mit der Veränderung der wichtigsten wirtschaftsbezogenen Indikatoren im Zusammenhang steht. Darüber hinaus kann aus der oben erwähnten Leitfrage auch die Teilfrage abgeleitet werden, ob eine verstärkte Marktintegration und der Abbau der Grenzbarrieren zu einer Zunahme grenzüberschreitender Arbeitsbeziehungen führen. Dabei geht es sowohl um ein grenzüberschreitendes Arbeitspendeln als auch um arbeits- und ausbildungsorientierte grenzüberschreitende Migration. Eine Zunahme der grenzübergreifenden Integration würde dazu führen müssen, dass die Wahl des Wohnstandortes und des Arbeitsortes nicht mehr von der Grenze beeinflusst werden. Für das deutsch-niederländische Grenzgebiet liegen allerdings keine flächendeckenden Pendler-Studien vor. Für die Euregio Rhein-Waal zeigt sich, dass die Arbeitspendler einen fast vernachlässigbaren Anteil an den in der Region Beschäftigten ausmachen. Auch scheinen die Veränderungen weniger mit dem Verlauf des europäischen Integrationsprozesses als vielmehr mit unterschiedlichen konjunkturellen Entwicklungen auf beiden Seiten der Grenze zu tun zu haben. Das spräche aber immerhin dafür, dass, zumindest teilweise, in der Tat ein grenzüberschreitender Markt existieren würde. Interessanterweise sind die grenzüberschreitenden Arbeitspendlerströme in den höher qualifizierten Dienstleistungstätigkeiten deutlich geringer als z. B. im Baugewerbe.

Neben den Pendelbeziehungen dürfte auch die Migration im Hinblick auf das Zusammenwachsen der Arbeitsmärkte in den Grenzregionen von Interesse sein. In diesem Sinne ist zunächst die Bevölkerung deutscher Nationalität in den niederländischen Teilen der untersuchten Grenzräume zu betrachten (vgl. Abb. 6). Dabei fällt auf, dass zu Beginn der untersuchten Zeit in den gesamten Niederlanden die Anzahl der Einwanderer deutlich gewachsen ist, während sie danach als stabil bis langsam zunehmend zu bezeichnen ist. Auch in den niederländischen Teilen der Grenzräume ist über den gesamten Untersuchungszeitraum ein Zuwachs zu erkennen, der aber überraschenderweise oft geringer als für die gesamten Niederlande ausfällt. Im niederländischen Teil der EUREGIO ist die Anzahl von Einwohnern mit deutscher Nationalität am größten, was angesichts der grenznahen urbanen Zentren plausibel ist. Im vergleichsweise dünn besiedelten niederländischen Teil der EDR sind Personen mit deutscher Nationalität am schwächsten vertreten.

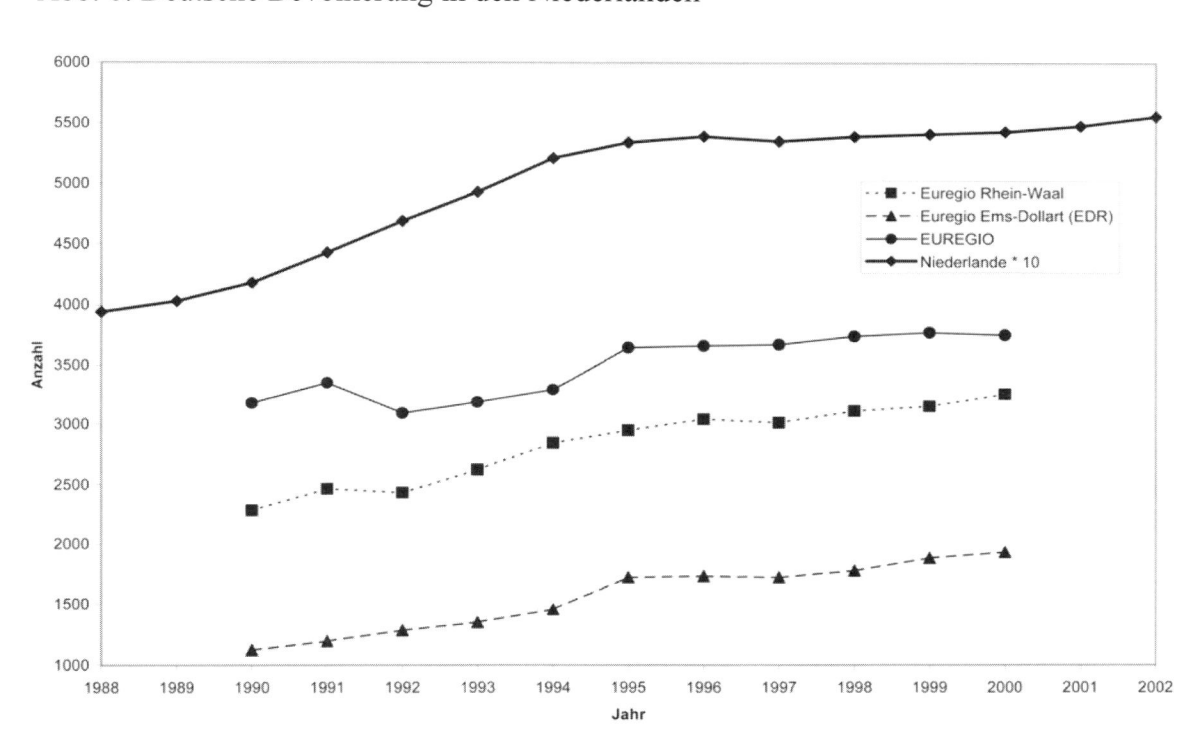

Abb. 6: Deutsche Bevölkerung in den Niederlanden

Die Relation der Zahl der Einwohner mit deutscher Nationalität zur Gesamtbevölkerung wird in den Abb. 7 und 8 dargestellt. Während in den niederländischen Teilregionen der beiden südlichen Grenzräume der Anteil der Bevölkerung mit deutscher Nationalität über dem nationalen Durchschnittswert liegt, bleibt er in der EDR deutlich zurück. Allerdings hat sich im letzten Jahrzehnt gerade in der EDR die Entwicklung des relativen Anteils Deutscher an der Gesamtbevölkerung in deutlich erkennbaren Maße vom nationalen Trend abheben können, wobei vor allem ein deutlicher Sprung zwischen den Jahren 1994 und 1995 hervorzuheben ist. Ein ähnlicher, etwas kleinerer Sprung ist auch im Verlauf der Kurve für den niederländischen Teil der EUREGIO festzustellen. Eine Erklärung dafür könnte die Wirksamkeit des Schengener Abkommens sein, dessen Umsetzung den Grenzverkehr deutlich vereinfacht hat. Nicht zu erklären ist damit aber das Ausbleiben eines ähnlichen Sprunges in der Verlaufskurve für den niederländischen Teil der Euregio Rhein-Waal. Die oben angesprochene Frage nach der Wirksamkeit einer stärkeren Marktintegration ist damit nicht unmittelbar zu beantworten.

■ Fallstudien für deutsch-niederländische Grenzräume

Abb. 7: Deutsche Bevölkerung als Anteil an der Gesamtbevölkerung

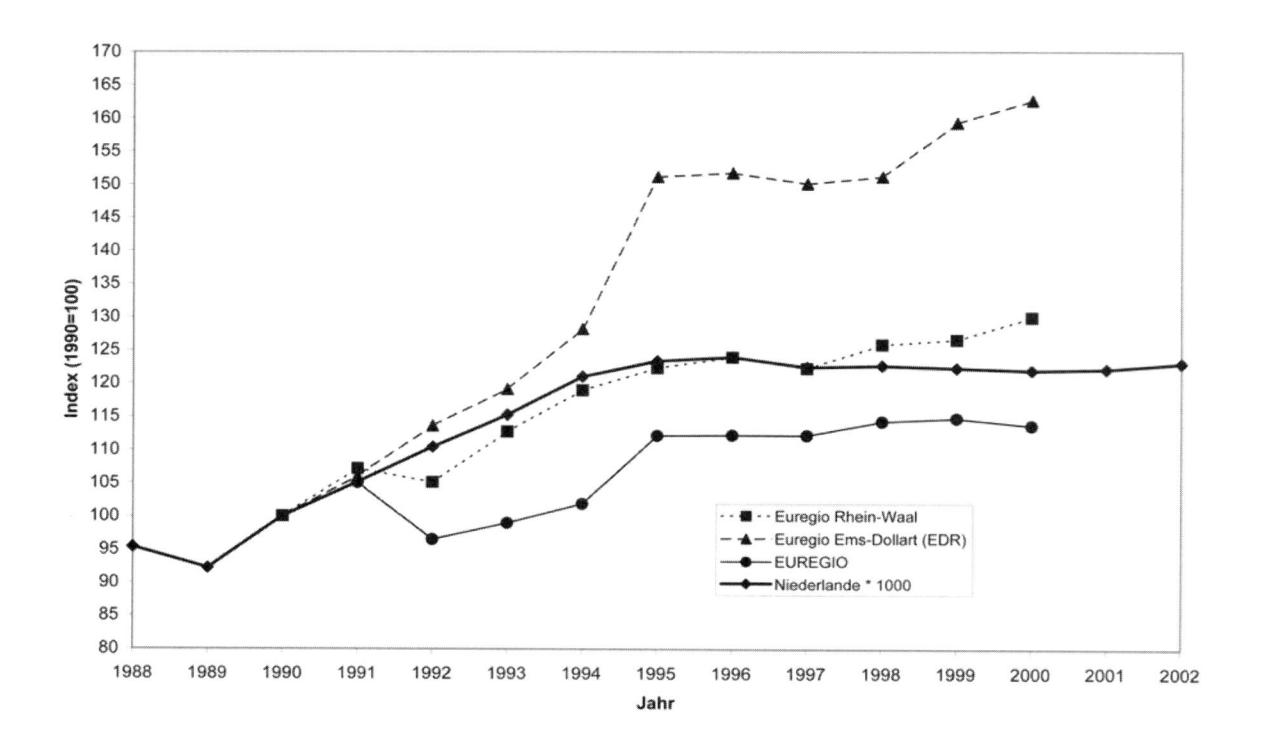

Abb. 8: Deutsche Bevölkerung als Anteil an der Gesamtbevölkerung

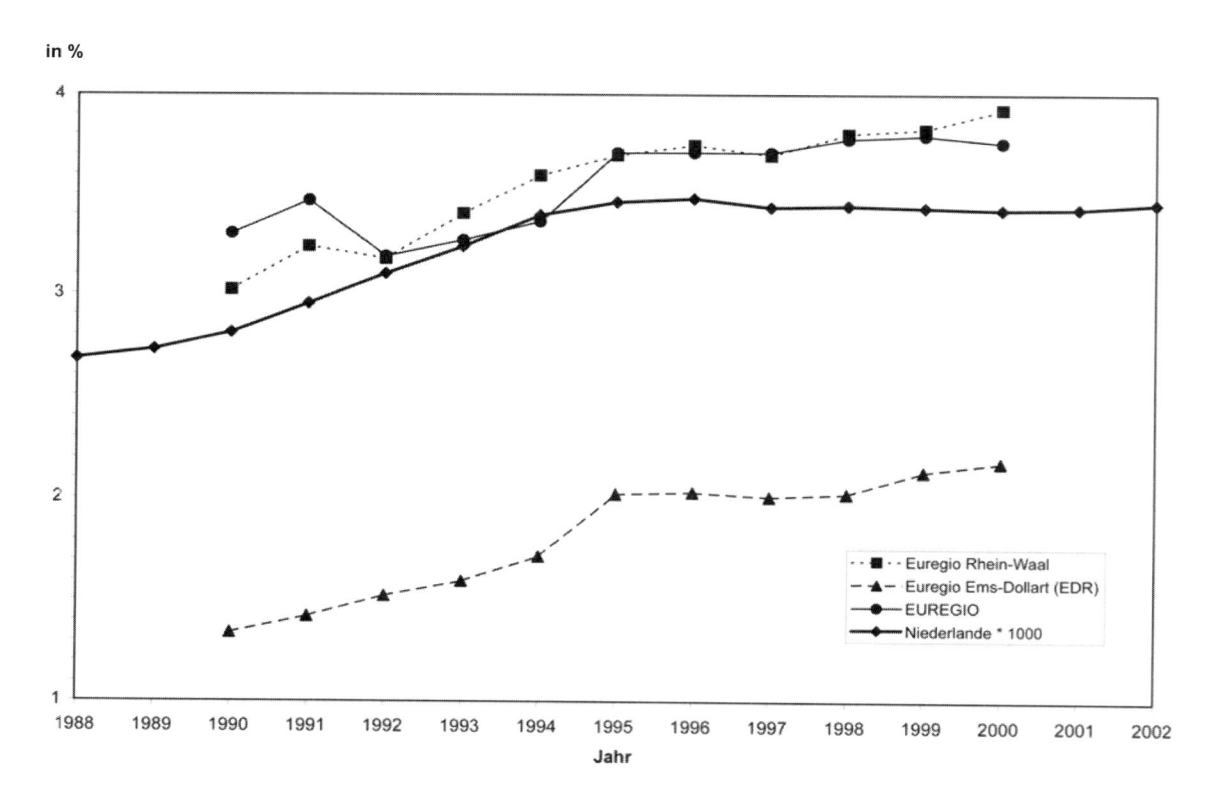

Wenn man allerdings die These verfolgt, dass aufgrund des ökonomischen Wandels in der jüngeren Vergangenheit insgesamt eine Tendenz zur stärkeren Internationalisierung und Globalisierung gegeben ist, dann ist die Zunahme des Anteils ausländischer Nationalitäten an der Bevölkerung der Niederlande insgesamt eine logische Konsequenz. Insoweit die Grenzregionen relativ eng mit dem nationalen Wirtschaftssystem verflochten sind, kann diese Entwicklung auch nicht an ihnen vorbeigehen. Eine Auswirkung spezifischer Integrationsbemühungen in den Grenzräumen würde sich daher vor allem anhand des Anteils der Deutschen an der gesamten ausländischen Bevölkerung in den Teilgebieten der Grenzräume zeigen lassen müssen (vgl. Abb. 9 und 10).

Der Anteil der Deutschen an der gesamten „ausländischen Bevölkerung" ist in den betrachteten Grenzregionen in der Tat erheblich und nimmt noch zu. Zudem liegt er deutlich über den niederländischen Durchschnittswerten, was immerhin auf ein besonderes Charakteristikum der Grenzregionen hinweist. Die relative Gleichentwicklung der Anteile spricht allerdings eher für einen klassischen „Distance Decay"-Effekt: Denn je weiter man sich von der Grenze entfernt, desto kleiner wird der Anteil der Deutschen an der Bevölkerung. Diesen Eindruck bestätigt Abb. 9. Auch hier wird deutlich, dass der Anteil zwar zunimmt, aber nicht in nennenswertem Unterschied zum nationalen Trend.

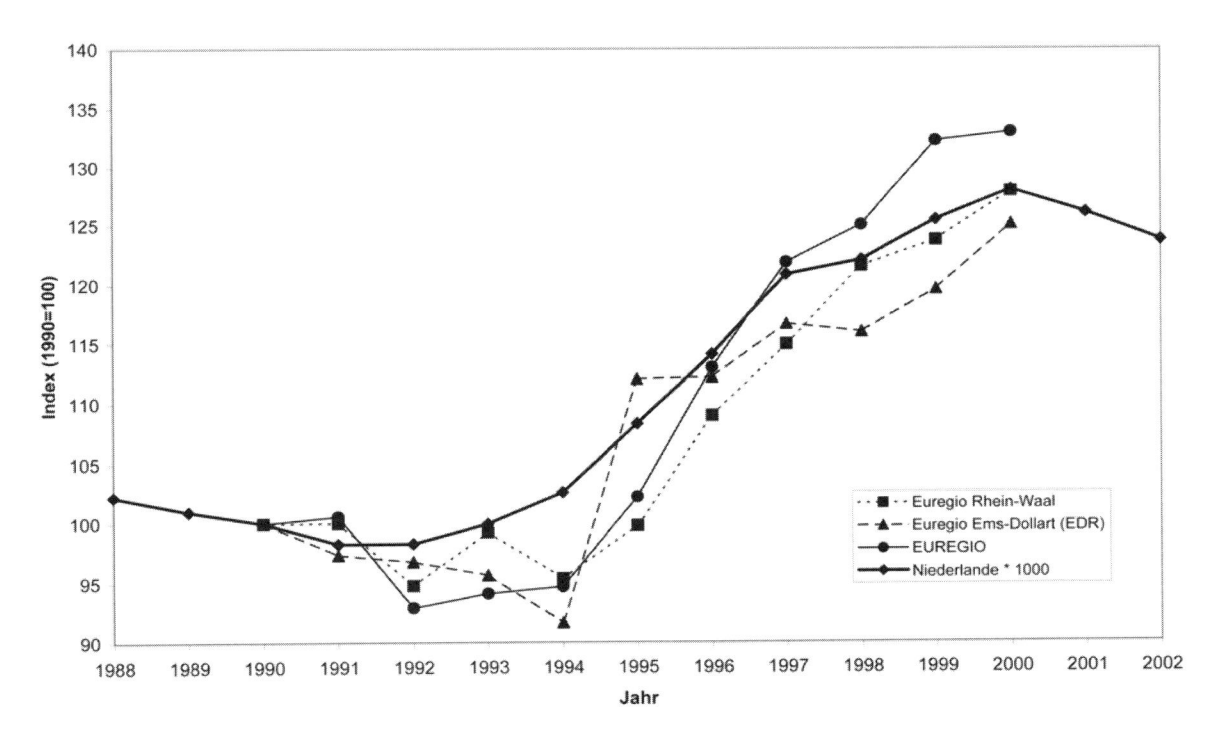

Abb. 9: Deutsche Bevölkerung als Anteil der nicht niederländischen Bevölkerung

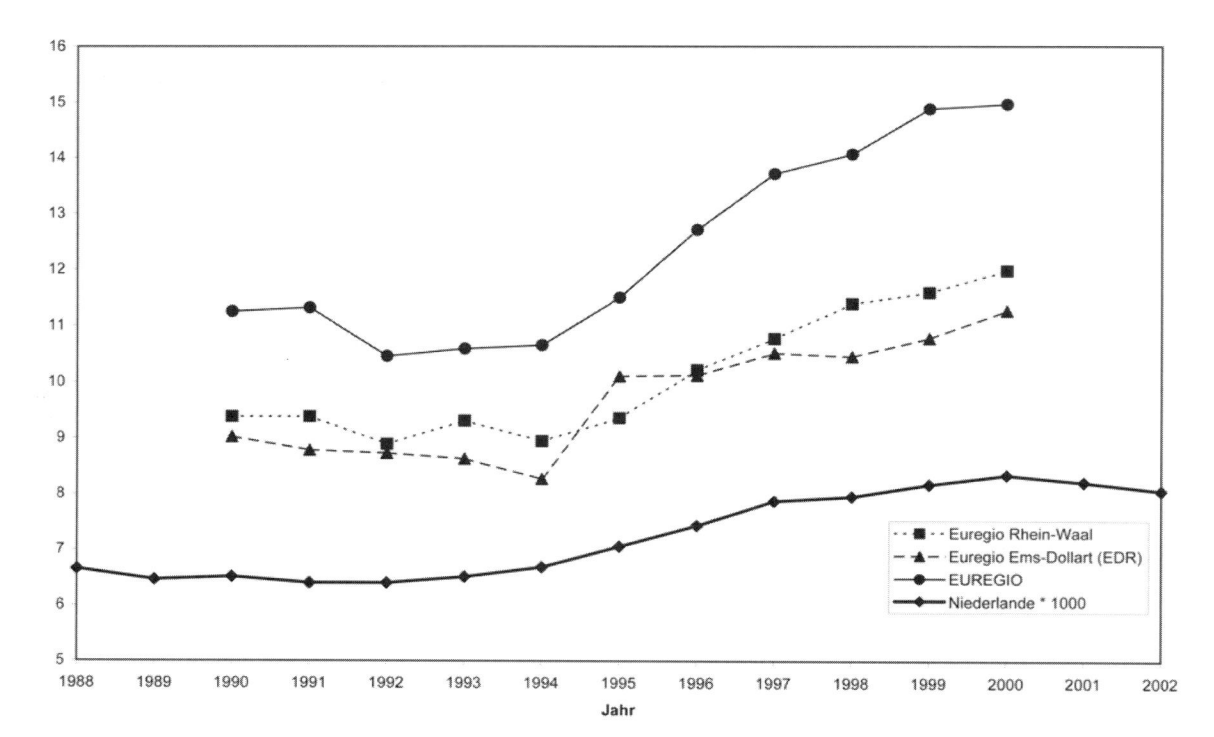

Abb. 10: Deutsche Bevölkerung als Anteil der nicht niederländischen Bevölkerung

Einkommen

Ein weiterer wichtiger ökonomischer Indikator ist das in einer Region erzielte Einkommen (gemessen als durchschnittliches verfügbares Einkommen je Einkommensbezieher – z. B. inkl. Selbständigen – (vgl. Abb. 11). Für Untersuchungen dieses Aspektes steht eine längere Zeitreihe zur Verfügung. Die Darstellung zeigt ein schon bekanntes Bild: die Dynamik in den niederländischen Teilgebieten der Grenzräume folgt ziemlich genau der durchschnittlichen nationalen Dynamik und scheint von daher kaum von spezifischen, mit der Grenzsituation negativ oder positiv (z. B. Förderpolitik) im Zusammenhang stehenden Faktoren beeinflusst zu sein.

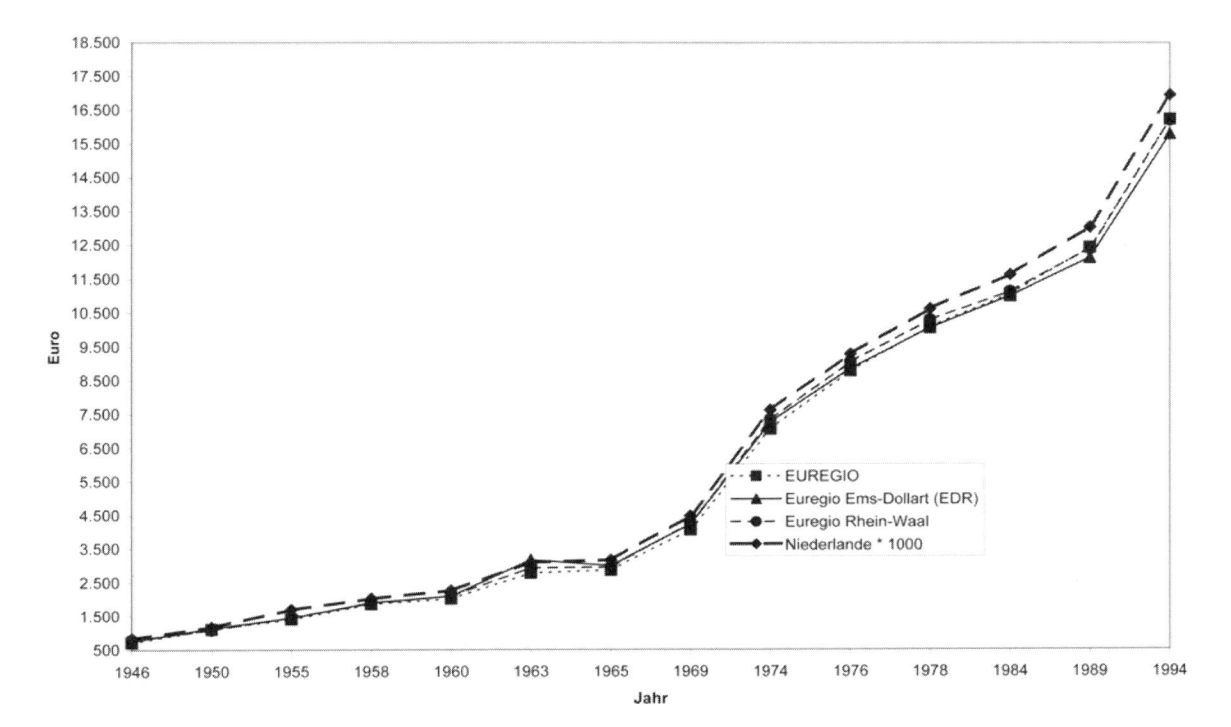

Abb. 11: Durchschnittliches Einkommen je Einkommensbezieher

[Diagramm: Durchschnittliches Einkommen je Einkommensbezieher in Euro von 1946 bis 1994 für EUREGIO, Euregio Ems-Dollart (EDR), Euregio Rhein-Waal und Niederlande * 1000]

Zusammenfassend bleibt festzuhalten, dass aus der Entwicklung der untersuchten Indikatoren ein besonderer Einfluss des Abbaus der „Grenzbarrieren" in den Grenzräumen nicht abzulesen ist. Gerade die Untersuchungsergebnisse für die niederländischen Teile der hier betrachteten Grenzräume legen die Vermutung nahe, dass in regionalökonomischer Hinsicht nicht eine „Harmonisierungsstrategie" als erklärender Faktor, sondern die These der Grenze als „non tradable asset" intensiv zu diskutieren ist. Die Nutzung dieser Situation verlangt selbstverständlich auch ein gewisses Ausmaß an Durchlässigkeit der Grenze, aber keinesfalls ein vollkommenes Verschwinden der Grenze bzw. der Grenzbarrieren.

Ehe diese Überlegungen im Hinblick auf künftige Entwicklungen und Schlussfolgerungen aufgenommen werden sollen (vgl. Kap. 4.4), sind zunächst die Entwicklungen in den deutschen Teilregionen der Grenzräume zu betrachten.

4.3 Bisherige Entwicklungen auf deutscher Seite

Im folgenden Teil sollen für die vier Bereiche Bevölkerung, Beschäftigung, Arbeitslosigkeit und Wachstumsdynamik aktuelle Entwicklungstrends dargestellt und insbesondere im Hinblick auf die Frage untersucht werden, inwieweit sich die Entwicklungen in den deutschen Grenzregionen von den Entwicklungstrends nationaler Referenzräume unterscheiden (vgl. Abb. 12 – 14).

■ Fallstudien für deutsch-niederländische Grenzräume

Abb. 12: Bevölkerungsentwicklung insgesamt

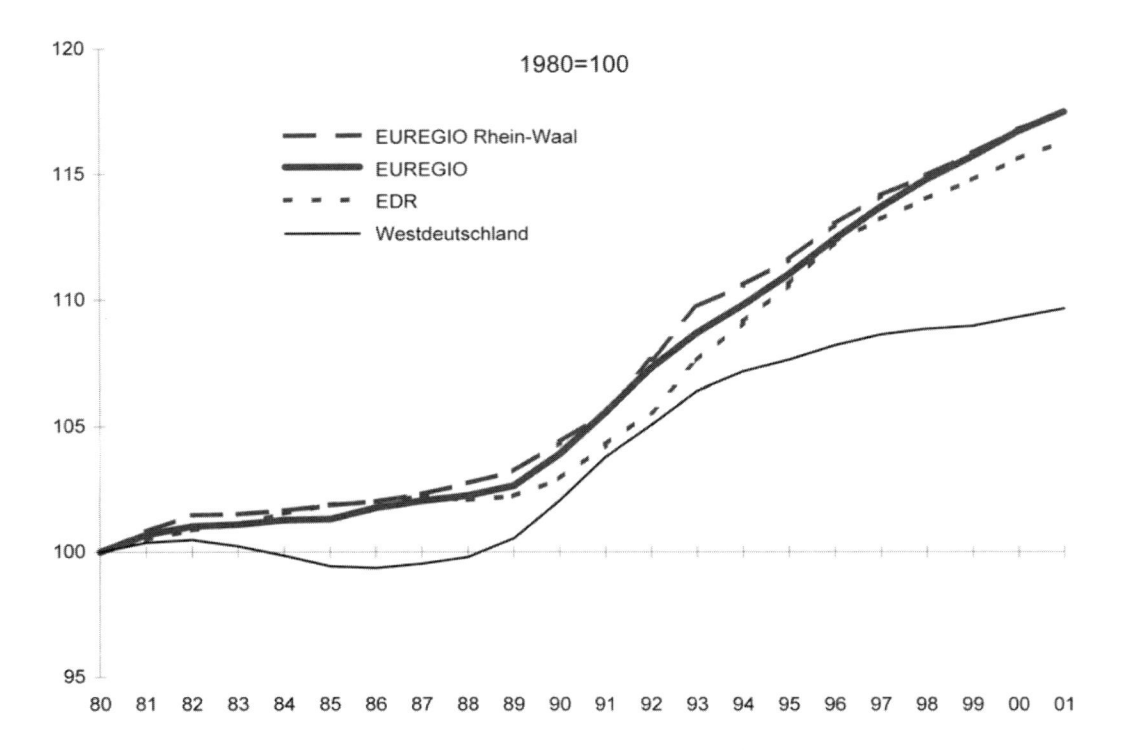

Quelle: NIW Niedersächsisches Institut für Wirtschaftsforschung e.V., Hannover

Abb. 13: Beschäftigungsentwicklung insgesamt

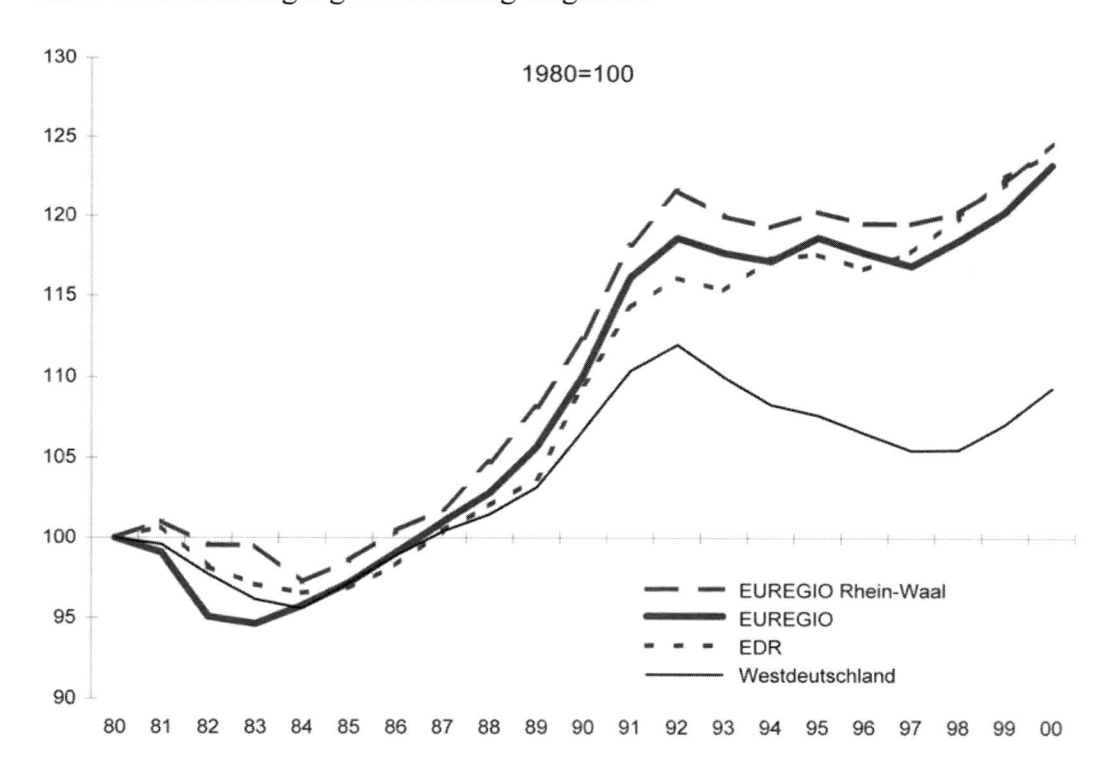

Quelle: NIW Niedersächsisches Institut für Wirtschaftsforschung e.V., Hannover

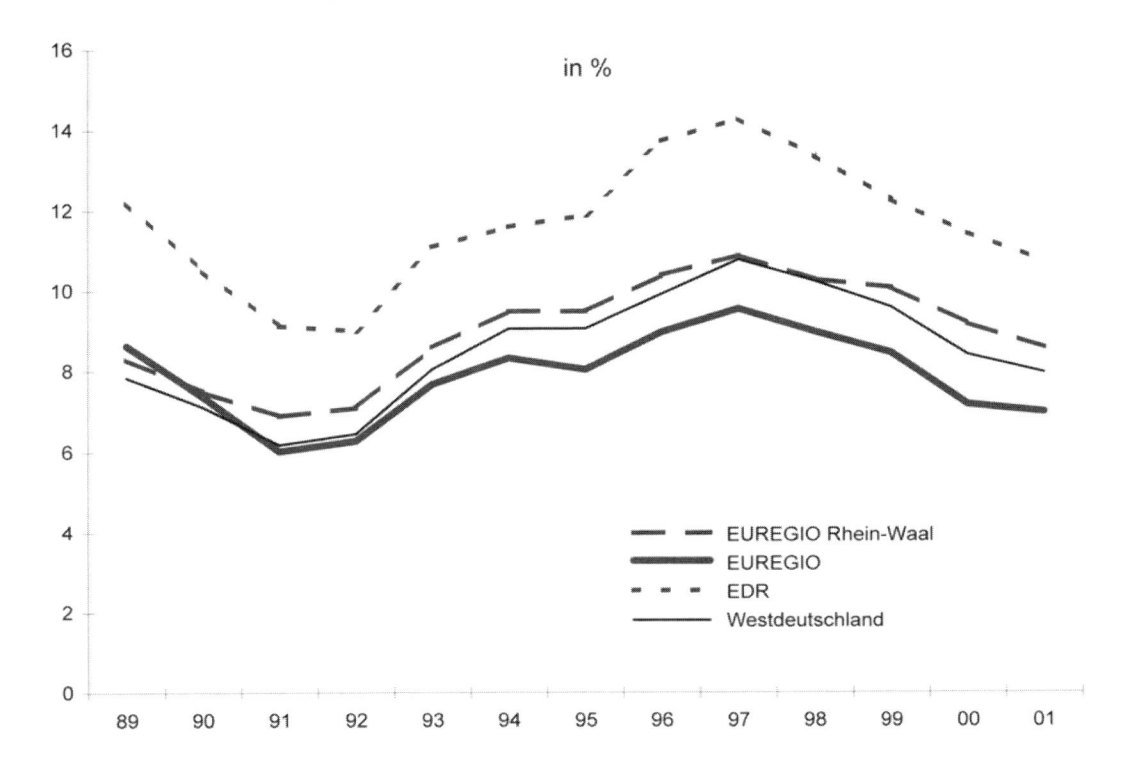

Abb. 14: Arbeitslosenquoten im Jahresdurchschnitt

[Diagramm: Liniendiagramm zeigt Arbeitslosenquoten in % von 1989 bis 2001 für EUREGIO Rhein-Waal, EUREGIO, EDR und Westdeutschland. EDR liegt deutlich über den anderen mit Werten zwischen ca. 9 und 14%, die anderen zwischen 6 und 11%.]

Quelle: NIW Niedersächsisches Institut für Wirtschaftsforschung e.V., Hannover

Bevölkerung

Der deutsche Teil der EDR weist (im Zeitraum 1980-2002) eine sehr positive Bevölkerungsentwicklung auf, die deutlich über den niedersächsischen und den westdeutschen Durchschnittswerten liegt.[8] Die Bevölkerungsentwicklung verläuft auch günstiger als im deutschen Teilraum der EUREGIO, die ebenfalls weit überdurchschnittliche Werte aufzuweisen hat, während der deutsche Anteil der Euregio Rhein-Waal eine ungünstigere Entwicklung als Westdeutschland bzw. das Land NRW im Durchschnitt zu verzeichnen hat (für Details vgl. Abb. 12 – 14 und Tabellen im Anhang).

Verantwortlich für diese günstige Entwicklung im deutschen Teil der EDR sind vor allem die Bevölkerungsentwicklung des Landkreises Emsland in der engeren sowie der Landkreise Ammerland und Cloppenburg in der weiteren Grenzregion. Während sich die anderen Landkreise generell leicht positiv entwickeln, hat als einzige Gebietskörperschaft die kreisfreie Stadt Emden im Zusammenhang mit Stadt-Umland-Wanderungen einen fast durchgängig negativen Trend in der Bevölkerungsentwicklung zu verzeichnen.

Ähnlich sieht die Situation in der EUREGIO aus, wo sich ebenfalls die Landkreise leicht bis stark positiv (Borken, Coesfeld!) entwickeln, während die kreisfreien Städte Osnabrück und Münster – trotz ihrer Bedeutung als Universitätsstädte! – stagnierende bis leicht abnehmende Bevölkerungszahlen zu verzeichnen haben. Die ungünstige Situation der Euregio Rhein-Waal ist vor allem auf die in der weiteren Grenzregion gele-

---

8   Es handelt sich hier auch im bundesweiten Vergleich um einen Schwerpunkt des Bevölkerungswachstums, der vor allem auf die natürliche Bevölkerungsentwicklung, z. T. auf Zuwanderungen zurückzuführen ist. Ähnliche Wachstumsraten sind sonst nur in kleinen Teilen Bayerns und Baden-Württembergs zu verzeichnen.

gene Stadt Duisburg zurückzuführen, die bekanntlich große Strukturprobleme im Zusammenhang mit dem Niedergang des montanindustriellen Sektors und dem Strukturwandel des Ruhrgebietes zu bewältigen hat.

Betrachtet man die Komponenten der Bevölkerungsentwicklung (die natürliche Entwicklung und die Wanderungssalden) etwas näher, so wird rasch deutlich, dass das Bevölkerungswachstum in den Landkreisen Cloppenburg und Emsland vor allem eine Folge der außergewöhnlich positiven, weit über Landes- und Bundesdurchschnittswerten liegenden Geburtenraten ist. Mit Ausnahme der kreisfreien Stadt Emden und des Landkreises Friesland weisen die übrigen Gebietskörperschaften eine leicht positive natürliche Bevölkerungsentwicklung auf, womit sie aber immer noch besser als der Bundesdurchschnitt dastehen. Im deutschen Teil der EDR haben lediglich Emden und Friesland eine fast durchgehend negative natürliche Bevölkerungsentwicklung. Die oben schon erwähnte positive Gesamtentwicklung des Landkreises Ammerland ist hingegen auf ausgesprochen günstige Wanderungssalden (die höchsten im deutschen EDR-Teil) zurückzuführen. Erwähnenswert ist aber auch, dass in der jüngeren Vergangenheit (d. h. seit ca. 1990) auch im Landkreis Cloppenburg eine sehr günstige Wanderungsbilanz festzustellen ist.

Insgesamt ergibt sich ein sehr heterogenes Bild: Die Bevölkerungsentwicklung und ihre Komponenten in den verschiedenen Gebietskörperschaften der deutschen EDR-Region sind keinesfalls monokausal zu erklären. Während in den Teilräumen mit weit überdurchschnittlichen Geburtenraten ein hoher Anteil katholischer Bevölkerung festzustellen ist, dürften die positiven Entwicklungen im Ammerland sowohl auf Fernwanderungen (Ruhestandswanderungen) als auch auf Suburbanisierungsprozesse zurückzuführen sein. Die aktuell günstige Wanderungsbilanz Cloppenburgs ist durch weit überdurchschnittliche Zuzüge deutschstämmiger Bevölkerung aus den ehemaligen GUS-Staaten zu erklären. Ungewöhnlich ist die insgesamt eher ungünstige Bilanz des Landkreises Friesland, der sowohl zum suburbanen Raum des Oberzentrums Wilhelmshaven als auch durch seine küstennahe Lage zu den potenziellen Zielen der Ruhestandswanderungen gehört. Der industrielle Strukturwandel, die Konversion von Militärstandorten, aber auch die (negativen) Ausstrahlungseffekte der Strukturkrise Wilhelmshavens sind als verursachende Faktoren zu benennen.

Demgegenüber vergleichsweise homogener sind die Entwicklungstrends in der EUREGIO: Die Kreise weisen hier durchgehend eine recht positive natürliche Bevölkerungsentwicklung auf, wobei die günstigsten Werte im (katholischen) westlichen Münsterland festzustellen sind. Auch die Wanderungsbilanzen der Kreise des deutschen EUREGIO-Teils sind seit 1980 nahezu durchgängig positiv, wobei lediglich der Landkreis Grafschaft Bentheim in den 80er Jahren aufgrund des Strukturwandels im Bereich der Textil- und Bekleidungsindustrie eine (negative) Ausnahme darstellt. Etwas unerwartet sind demgegenüber die Entwicklungen in den beiden kreisfreien Städten Münster und Osnabrück. Während Osnabrück seit 1980, wie die meisten Großstädte Deutschlands, durchgängig eine negative natürliche Bevölkerungsentwicklung aufzuweisen hat, ist sie in Münster im gleichen Zeitraum durchgehend positiv. Bei den Wanderungsbilanzen verhält es sich genau umgekehrt: Während hier die bedeutende Universitäts- und Dienstleistungsstadt Münster umfangreiche Abwanderungen fast im gesamten Untersuchungszeitraum verkraften muss, gab es in Osnabrück zumindest bis Mitte der 90er Jahre mehr Zu- als Fortzüge.

Vergleichsweise überschaubar und gut nachvollziehbar sind demgegenüber die Entwicklungen in der Euregio Rhein-Waal: Der Kreis Kleve weist für den gesamten Untersuchungszeitraum sowohl eine positive natürliche Bevölkerungsentwicklung als auch eine positive Wanderungsbilanz auf, während in Duisburg ebenfalls für den gesamten

Zeitraum beides (z. T. sehr drastisch) negativ ausfällt. Der Kreis Wesel als Randkreis des Ruhrgebietes hat eine stagnierende natürliche Bevölkerungsbilanz, aber aufgrund der Suburbanisierungsprozesse mehr Zu- als Fortzüge zu verzeichnen.

Angesichts der skizzierten Tendenzen kann es kaum überraschen, dass die Landkreise Emsland, Cloppenburg, Borken, Osnabrück und Coesfeld eine recht „junge" (gemessen an den Anteilswerten bestimmter Altersgruppen) Bevölkerung haben, während in den Städten Emden, Osnabrück und vor allem Duisburg, aber auch im Kreis Friesland eine „Überalterung" festzustellen ist. Während dafür bei den Städten eher die Fortzüge jüngerer Bevölkerungsteile verantwortlich sind, findet im Landkreis Friesland ein Zuzug älterer Menschen aufgrund attraktiver Wohnstandortbedingungen statt. Ansonsten ist als stärkste Abweichung vom westdeutschen Durchschnitt überhaupt die überragende Besetzung der Altersgruppe der 25-30 Jährigen in Münster zu erwähnen, was als klassisches Merkmal einer Universitätsstadt mit hohen Anteilen von Studierenden und „Jungakademikern" gelten kann.

Anteil der Niederländer an der Gesamtbevölkerung

Interessante Differenzierungen ergeben sich beim Anteil der Niederländer an der Gesamtbevölkerung in den verschiedenen deutschen Teilgebieten der Euregios. Generell lässt sich feststellen, dass der Anteil in den meisten Kreisen und kreisfreien Städten (überraschend) gering ist: Er liegt in den etwas weiter von der Grenze entfernten Kreisen und kreisfreien Städten deutlich unter einem halben Prozent! Selbst in vielen direkt an der Grenze gelegenen Kreisen (z. B. Emsland, Leer, Borken) schwankt er zwischen einem halben und einem Prozent, wobei die Entwicklungstendenzen uneinheitlich sind. Nur zwei Kreise ragen mit Anteilswerten der Niederländer an der Gesamtbevölkerung von ca. drei Prozent deutlich heraus: Grafschaft Bentheim in der EUREGIO sowie Kleve in der Euregio Rhein-Waal. Ob dieses ein Ausdruck aktueller sozioökonomischer Verflechtungen oder eher doch historischer Faktoren ist, könnten nur empirische Einzelfallstudien klären. Hervorzuheben ist in jedem Falle, dass die nicht zuletzt durch die INTERREG-Förderung unterstützte Integrationspolitik in dieser Hinsicht kaum Auswirkungen gehabt hat, da die Anteilswerte während der 90er Jahre nicht gestiegen, zum Teil sogar eher gefallen sind.

Beschäftigung

Die Betrachtung der Beschäftigtenentwicklung insgesamt zeigt ein der Bevölkerungsentwicklung durchaus vergleichbares Bild: Die EDR weist hier, insbesondere seit Anfang der 90er Jahre, eine sehr günstige Entwicklung auf, die deutlich über Bundes- und Landesdurchschnittswerten liegt. Dabei entwickelt sich die weitere Grenzregion sogar noch etwas günstiger als die engere. Auch die EUREGIO hat eine insgesamt sehr gute Beschäftigtenentwicklung, die erst seit wenigen Jahren von der EDR leicht übertroffen wird. Sehr ungünstig ist demgegenüber der Entwicklungsverlauf in der Euregio Rhein-Waal, deren unterdurchschnittliche Situation vor allem durch die starke Beschäftigungsabnahme in der weiteren Grenzregion zu erklären ist.

Im Einzelnen ergibt sich folgendes Bild: Im deutschen Teil der EDR haben sich die Zahlen der sozialversicherungspflichtig Beschäftigten in den vergangenen 20 Jahren überwiegend leicht positiv entwickelt, wobei vor allem die Landkreise Cloppenburg, Emsland und Ammerland hervortreten. Hingegen gab es im Landkreis Friesland und insbesondere in der Stadt Emden leichte Beschäftigungsverluste zu verzeichnen. Eine Betrachtung der Durchschnittswerte für den Untersuchungszeitraum seit 1980 überdeckt aber phasenweise recht differenzierte Entwicklungen, auf die hier nicht in allen Einzelheiten eingegangen werden kann. So waren z. B. in der Stadt Emden (Standort des Kraftfahrzeugbaus und des Schiffsbaus) starke (konjunkturbedingte) Schwankungen festzustellen, so z. B. deutliche Beschäftigungsrückgänge von 1992-1995, die von einem starken Wachstum zwischen 1995 und 1998 abgelöst wurden, um wieder in leichte Rückgänge seit Ende der 90er Jahre umzuschlagen. Auch im insgesamt sich positiv entwickelnden Landkreis Ammerland sind z. B. in der jüngsten Vergangenheit Beschäftigungsverluste zu verzeichnen, während andere Landkreise, wie z. B. Aurich, Emsland, Cloppenburg, über den gesamten Untersuchungszeitraum hinweg eine mehr oder minder positive Beschäftigungsdynamik aufweisen.

Eine bemerkenswert homogene positive Beschäftigungsdynamik ist für die EUREGIO festzustellen. Über den gesamten Untersuchungszeitraum hinweg betrachtet weisen alle Gebietskörperschaften positive Veränderungen der sozialversicherungspflichtig Beschäftigten auf. Phasenweise auftretende Rückgänge der Beschäftigungszahlen im produzierenden Gewerbe wurden dabei durch ein stetiges Wachstum im Dienstleistungssektor kompensiert. Insofern gehört der deutsche Teil der EUREGIO zu jenen überwiegend ländlich strukturierten Regionen, die aufgrund einzelner dynamischer Zentren in günstiger Fernverkehrslage und einer diversifizierten Wirtschaftsstruktur im deutschlandweiten Vergleich zu den „Gewinnerregionen" der letzten beiden Jahrzehnte zu rechnen sind.

Ganz anders stellt sich demgegenüber die Beschäftigungsentwicklung in der Euregio Rhein-Waal dar, die vor allem durch die starken Verluste der vom montanindustriellen Strukturwandel betroffenen Stadt Duisburg, aber auch durch die geringe Dynamik des Ballungsrandkreises Wesel zu erklären ist. Die Schärfe der Strukturprobleme einer Stadt wie Duisburg wird nicht zuletzt daran deutlich, dass neben einem starken Rückgang der Beschäftigten im Produzierenden Gewerbe während vieler Jahre auch Rückgänge bzw. zumindest unterdurchschnittliche Entwicklungen im Dienstleistungsbereich zu verzeichnen sind. Der Anteil des ländlich strukturierten Kreises Kleve mit seiner leicht positiven Beschäftigungsdynamik ist zu klein, um das Bild für die Euregio Rhein-Waal grundlegend zu verändern. An diesem Beispiel der Euregio Rhein-Waal wird auch deutlich, dass Durchschnittswerte für die gesamte deutsche Grenzregion keine präzisen Auskünfte über die teilräumlichen Situationen zu geben vermögen. Gerade in derartig polarisierten Situationen kommt es auf differenzierte Analysen an.

Sehr wünschenswert wäre es, über einen längeren Zeitraum in tieferer Gliederung die Beschäftigungsentwicklung in den einzelnen Wirtschaftszweigen verfolgen zu können. Aufgrund einer Umstellung der Statistik ist dieses aber nur für den Zeitraum seit 1998 möglich. Wegen ihrer Bedeutung für die Beurteilung der Zukunftsfähigkeit einer regionalen Wirtschaftsstruktur konzentrieren wir uns im Folgenden vor allem auf die Wirtschaftszweige des Dienstleistungsbereiches. Dabei wird deutlich, dass im engeren Grenzgebiet der EDR ein eher unterdurchschnittliches Wachstum der hochrangigen Dienstleistungen, d. h. insbesondere der überwiegend für Unternehmen erbrachten Dienstleistungen, zu verzeichnen ist. Hingegen weist die EUREGIO, auch in ihren ländlichen Teilen, über den Bundes- und Landesdurchschnittswerten liegende Wachstumszahlen speziell für die höherwertigen Dienstleistungen aus. Hier bestätigt sich erneut, dass sich auch außerhalb der Großstädte Münster und Osnabrück eine offenkundig zukunftsfähige Wirtschaftsstruktur entwickelt. Der Wirtschaftszweig Verkehr und Nachrichtenübermittlung, der im Hinblick auf die Integration von Märkten beiderseits der Grenze eine wichtige Rolle hat, weist im engeren Grenzgebiet von EDR und EUREGIO ein überdurchschnittliches Wachstum auf, nicht aber im Bereich der Euregio Rhein-Waal. Bemerkenswert ist des Weiteren, dass im Gastgewerbe die traditionsreichen Tourismusgebiete, etwa an der ostfriesischen Küste, nur noch ein schwaches Beschäftigungswachstum zu verzeichnen haben, während in den anderen Teilregionen überdurchschnittliche Wachstumsraten erreicht werden, die aber vielfach von einem absolut niedrigen Niveau ausgehen. Bei der Dynamik der stärker haushaltsorientierten Dienste (z. B. Gesundheits- und Sozialwesen) ergibt sich ein engerer Zusammenhang mit dem Wachstum der Bevölkerung, denn hier weisen z. B. Landkreise wie Ammerland, Cloppenburg, Emsland und Coesfeld die höchsten Wachstumswerte aus.

Betrachtet man die aktuelle Struktur des Dienstleistungssektors (im Jahr 2001), so wird deutlich, dass - verglichen mit den Durchschnittswerten für Westdeutschland – ein überdurchschnittlicher Anteil höherwertiger Dienste (überwiegend für Unternehmen erbrachte Dienstleistungen) nur in den Oberzentren Osnabrück und Münster sowie im Landkreis Friesland (Sonderentwicklung auf Grund der Restrukturierungen auf dem ehemaligen Olympia-Werksgelände bei Wilhelmshaven) festzustellen ist. Weite Teile, gerade des engeren Grenzgebietes, haben in diesem Bereich (noch) eine sehr schwache Position. Das könnte die Vermutung nahe legen, dass die oben festgestellten überdurchschnittlichen wirtschaftlichen Entwicklungen überwiegend in qualitativ nicht so hoch stehenden Aktivitäten stattgefunden haben, was bei Aussagen zur Zukunftsfähigkeit der wirtschaftlichen Leistungskraft der Grenzregionen entsprechend berücksichtigt werden muss (vgl. Kap. 4.4).

Eine nähere Betrachtung der Strukturen im Wirtschaftszweig Verkehr und Nachrichtenübermittlung, der insbesondere im Hinblick auf die Integration der Teilräume große Bedeutung haben könnte, zeigt, dass überdurchschnittliche Anteile wenig mit den Beziehungen im ummittelbaren Grenzbereich zu tun haben. Denn die überdurchschnittlichen Werte von Emden und Leer gehen auf ihre klassische Funktion als Hafenstädte, die überdurchschnittlichen Werte von Osnabrück und Duisburg auf deren Funktion als Schwerpunkte der Logistikwirtschaft an „Verkehrsdrehkreuzen" zurück.

Pendelbeziehungen

Für die Beurteilung der Verflechtungen innerhalb des Grenzraumes ist die Intensität des Arbeitspendelns ein wichtiger Faktor. Gerade für dieses Themenfeld sind die allgemein verfügbaren Daten aber besonders unzureichend. Um einen Eindruck zu gewinnen, kann hier nur auf verschiedene Einzelstudien hingewiesen werden.

Eine Studie über die grenzüberschreitende Arbeitsmobilität in der Euregio Rhein-Waal und in der euregio rhein-maas-nord (vgl. BUSSE/FRIETMAN 1998: 59 ff.) kommt zu dem Ergebnis, dass „einer beruflichen Beschäftigung jenseits der Grenze keine wesentlichen, unüberwindlichen Hindernisse im Wege stehen". Deshalb sei es „erstaunlich, dass es sich bei der Pendelbewegung sowohl von den Niederlanden nach Deutschland als auch umgekehrt weniger um einen Pendlerstrom als vielmehr um ein bisher noch relativ schwaches Rinnsal handelt". Dieses bewege sich, bezogen auf die Erwerbsbevölkerung des jeweiligen Teilraumes insgesamt, „eher im Promille- als im Prozentbereich". Diese Ergebnisse werden auch bestätigt in einer Studie von VAN DIJK/ZANEN (1998) über die grenzüberschreitenden Verflechtungen in der EDR.

Eine Fallstudie im Bundesraumordnungsbericht 2000 (ROB 2000: 93) ergibt ein ähnliches, wenn auch etwas differenzierteres Bild. Dort wird festgestellt, „dass wesentlich mehr Niederländer in den deutschen Grenzraum pendeln als Deutsche nach den Niederlanden. Der dichtbesiedelte Grenzraum im Süden weist dabei die bedeutendsten Verflechtungen auf, während im dünn besiedelten Norden die Verflechtungen praktisch unbedeutend sind". Die engsten Verflechtungen bestehen demnach in dem außerhalb unseres Untersuchungsgebietes liegenden Dreiländereck bei Aachen. Wie schwach die Verflechtungen insgesamt sind, zeigt sich darin, dass der Anteil der Auspendler in die Niederlande an den Beschäftigten der deutschen Grenzregionen nirgendwo mehr als 1 % beträgt, während der Anteil der Einpendler aus den Niederlanden im südlichen Teil der EUREGIO und in der Euregio Rhein-Waal immerhin 1 % und mehr beträgt.

Arbeitslosigkeit

Der deutsche Teil der EDR weist nach wie vor Arbeitslosenquoten auf, die deutlich über dem westdeutschen und niedersächsischen Durchschnitt liegen. Bemerkenswert ist allerdings, dass sich im Untersuchungszeitraum (1989-2001) der Abstand zu beiden Durchschnittswerten deutlich verringert hat. Dieses gilt für alle Teilräume der EDR, insbesondere aber für die Landkreise Cloppenburg und Emsland, deren Arbeitslosigkeit nunmehr ungefähr westdeutsche Durchschnittswerte aufweist. Der bislang weithin als strukturschwach und peripher eingestufte deutsche Teil der EDR hat also eine überdurchschnittliche Arbeitsmarktdynamik zu verzeichnen, die trotz der teilräumlich hohen Bevölkerungszuwächse zu einem deutlichen Abbau der Arbeitsmarktdefizite geführt hat.

Noch günstiger stellt sich die Situation im deutschen Teil der EUREGIO, insbesondere in der engeren Grenzregion, dar. Hier ist es gelungen, binnen eines Jahrzehnts eine im bundesweiten Vergleich deutlich überdurchschnittliche Arbeitslosigkeit abzubauen und auf Werte unterhalb des westdeutschen Durchschnitts zu gelangen. Das gilt sogar für die vom industriellen Strukturwandel stark betroffene Grafschaft Bentheim! Nur in der Stadt Osnabrück sind immer noch Arbeitslosenquoten zu verzeichnen, die über dem westdeutschen und niedersächsischen Durchschnitt liegen. Insgesamt bestätigt sich also das Bild einer im Strukturwandel besonders erfolgreichen „Gewinnerregion".

Die höchsten Arbeitslosenquoten der hier betrachteten Teilregionen weist, angesichts der bisherigen Ausführungen kaum noch überraschend, die Euregio Rhein-Waal auf, insbesondere deren erweiterte Grenzregion mit der Stadt Duisburg. Von deren Strukturproblemen wird auch das Gesamtbild wiederum deutlich geprägt, denn der grenznahe, ländlich strukturierte Kreis Kleve bewegt sich ungefähr im Durchschnitt der westdeutschen und deutlich unter dem Durchschnitt der nordrhein-westfälischen Arbeitslosenquoten.

Wachstumsdynamik

Das Bruttoinlandsprodukt zu Marktpreisen hat sich im letzten Jahrzehnt in den Grenzregionen ungefähr ähnlich wie die Durchschnittswerte auf der Ebene des Bundes und der Länder Niedersachsen und NRW entwickelt. Weder ist ein besonderes dynamisches Wachstum noch ein Zurückbleiben der Wachstumswerte hinter den Durchschnittswerten festzustellen. Auffallend ist allerdings, dass sich die Arbeitsproduktivität (Bruttoinlandsprodukt zu Marktpreisen je Erwerbstätigen) in weiten Teilen der Grenzregionen längst noch nicht auf dem Niveau des westdeutschen Durchschnitts bzw. des Durchschnitts der beiden Länder Niedersachsen und NRW befindet (einzige Ausnahme mit überdurchschnittlicher Arbeitsproduktivität ist die Stadt Emden als Standort des Automobilbaus). Bemerkenswert ist, dass auch das Wachstum der Arbeitsproduktivität in den verschiedenen Teilen der Grenzregionen eher etwas schwächer als im westdeutschen Durchschnitt ausfiel. Berücksichtigt man zudem das oben dargestellte überdurchschnittliche Beschäftigungswachstum in diesen Räumen, so kommt man zu dem Ergebnis, dass offenkundig zwar in den deutschen Grenzregionen in den vergangenen ein bis zwei Jahrzehnten bemerkenswerte wirtschaftliche Wachstumsprozesse stattgefunden haben, allerdings in den weniger produktiven Bereichen der Wirtschaft. Diese Feststellung könnte man als eine Zunahme der Arbeitsteilung mit den Zentren interpretieren. Diese Überlegungen gelten übrigens auch für die ansonsten besonders günstige Entwicklungen aufweisenden ländlichen Kreise wie Emsland, Borken, Steinfurt und Coesfeld. Aus diesen Erkenntnissen müssen sich Schlussfolgerungen für die Abschätzung künftiger Entwicklungstrends und regionalpolitische Konsequenzen ergeben (vgl. Kap. 4.4, 4.5).

Grenzüberschreitende Zulieferverflechtungen

Ein weiterer wichtiger Indikator für das Ausmaß der grenzüberschreitenden Verflechtungen sind Absatz- und Zulieferbeziehungen zwischen Betrieben beiderseits der Grenze. Zu diesem Thema gibt es kaum vergleichbare und verlässliche Daten, vielmehr muss auf Fallstudien zurückgegriffen werden. So haben VAN DIJK/ZANEN (1998) die Zuliefer- und Absatzverflechtungen in der EDR untersucht, wobei das Metallverarbeitende Gewerbe im Vordergrund stand. Selbst dieses in der Regel durch intensive, auch überregionale Verflechtungen charakterisierte Gewerbe wies nur sehr geringe grenzüberschreitende Kontakte in der EDR auf. Als zusammenfassendes Ergebnis verschiedener Teilstudien wird daher festgestellt, „dass die grenzüberschreitende ökonomische Zusammenarbeit in der EDR noch in den Anfängen steckt. Für die Zukunft darf jedoch nicht davon ausgegangen werden, dass grenzüberschreitende Zusammenarbeit innerhalb der EDR einen Lösungsansatz für die umfangreichen strukturellen Probleme bietet. Die Bevölkerungs- und WirtschaftsPotenziale sind einfach zu gering und die (Pendel-) Wege zu groß" (a.a.O.: 76).

4.4 Entwicklungstrends und Schlussfolgerungen

Über mögliche künftige Verläufe der Entwicklungen in den Grenzräumen sowie daraus zu ziehende Schlussfolgerungen können in sehr verschiedenen Hinsichten Überlegungen angestellt werden. Wir konzentrieren uns an dieser Stelle auf drei unterschiedliche Perspektiven: Zunächst soll, vor dem Hintergrund der allgemeinen Rahmenbedingungen der Entwicklungstrends der ländlichen Räume im Allgemeinen sowie der spezifischen Situation im deutsch-niederländischen Grenzraum im Speziellen erörtert werden, wie sich die künftigen Entwicklungen hinsichtlich der oben (Kap. 4.2, 4.3) dargestellten Indikatoren in absehbarer Zukunft darstellen könnten. Zum anderen ist zu fragen, wie die grenzübergreifende institutionelle Zusammenarbeit zu bewerten ist und sich in naher Zukunft entwickeln könnte, insbesondere vor dem Hintergrund möglicher Veränderungen der INTERREG-Programme. Zum Dritten ist zu diskutieren, ob – vor dem Hintergrund der bisherigen Erkenntnisse über die Auswirkungen von Integrationsstrategien – eine weitere Intensivierung dieser Politikorientierung oder gar eine Betonung der Differenzen beiderseits der Grenzen (im wohlverstandenen Interesse des gesamten Grenzraumes) angestrebt werden sollte.

Sozioökonomische Entwicklungen

Die wirtschaftliche Situation und Entwicklung der Grenzregionen kann – wie die von anderen Regionen – nur vor dem Hintergrund des internationalen und globalen Kontextes gesehen werden. Ein 1999 veröffentlichter Bericht des niederländischen Wirtschaftsministeriums über regionale Wirtschaftspolitik führt den gegenwärtigen Wandel auf die Entwicklung der Wirtschaft einer dynamischen Netzwerkökonomie zurück (vgl. CASTELLS 1996, DUNNING 1997). Als entscheidende Elemente werden dabei unter anderem angesehen:

- eine schnelle, auf die weltweite Liberalisierung der Marktzugänge gestützte Internationalisierung
- eine zunehmende Dynamik technologischer Innovationen
- die wachsende Bedeutung der sog. Wissensökonomie, wobei Wissen und Technologie als Motoren der Wirtschaft angesehen werden
- verschärfte Konkurrenzbedingungen, d. h. immer kürzere Innovationszyklen und Nutzungsmöglichkeiten von Konkurrenzvorteilen
- Entwicklung einer Netzwerkökonomie, in der die Wettbewerbsfähigkeit von der Fähigkeit bestimmt wird, relevantes Wissen zu erarbeiten, zu teilen und in weltweiten Zusammenhängen anzuwenden
- Tendenzen einer verstärkten Spezialisierung, intensivierten Arbeitsteilung und damit zusammenhängend eine Zunahme der Zahl und Dichte der Interaktionen
- eine enorme Beschleunigung der Entwicklung sowie der damit einhergehenden Vergrößerung von Risiken und Unsicherheiten („die Konkurrenten heute können die Partner von morgen sein" – und umgekehrt).

Die Niederlande mit ihrer traditionell sehr offenen Wirtschaft scheinen diesbezüglich eine relativ gute Ausganglage zu haben. Nicht zuletzt auf der Basis des sog. niederländischen Poldermodelles konnte sich die niederländische Wirtschaft schnell einen guten Platz in der Netzwerkökonomie erobern.[9]

Das ist im Hinblick auf die hier betrachteten Grenzregionen sicher teilweise zu relativieren. Der niederländische Teil der Euregio Rhein-Waal ist bei dem Wandel hin zu einer Netzwerkökonomie bislang am erfolgreichsten gewesen. Nach Norden hin hat, nach unserer Einschätzung, diese Entwicklung bislang erst weniger und später Fuß gefasst. Das wirtschaftliche Kerngebiet dehnt sich bislang nur in Richtung südlicher und östlicher Grenzregion aus (vgl. MINISTERIE VAN ECONOMISCHE ZAKEN 1999: 59).

Inzwischen sind auch die Nachteile des „Poldermodelles" deutlicher geworden. Im Rahmen einer wegen grundsätzlicher Überlegungen und der finanziellen Engpässe zunehmend erfolgenden Kritik am staatlichen Handeln werden auch klassische öffentliche Infrastrukturleistungen in Frage gestellt, die letztlich auch als Grundlagen der Netzwerkökonomie, wie z. B. die Wissensproduktion und der Technologietransfer, von großer Bedeutung sind. Auch setzt sich immer mehr der Eindruck durch, dass das Poldermodell bei der Schaffung von Arbeitsplätzen erfolgreich ist, aber Nachteile im Hinblick

---

[9] Unter dem „Poldermodell" in den Niederlanden wird eine Art New Deal zischen den sozioökonomischen Partnern verstanden, das auf Entstaatlichung, Verringerung der Soziallasten, Lohnmäßigung, Flexibilisierung des Arbeitsmarktes, Schaffung von Arbeitsplätzen usw. ausgerichtet ist.

auf die Entwicklung und die Durchsetzung produktivitätssteigernder Techniken und Organisationsformen hat.[10]

Die Globalisierung und die Internationalisierung der Wirtschaftsbeziehungen führen zu einem verschärften überregionalen und internationalen Wettbewerb der Regionen und Standorte. Regionale Standortbedingungen gewinnen wieder stärker an Gewicht, wobei die Bedeutung einzelner Aspekte je nach Größe, Branche und Betriebstyp ausgesprochen unterschiedlich sein kann. Folgende Aspekte der sog. „harten" Standortbedingungen sind insgesamt von Bedeutung:

- die überregionale Lage sowie das Bevölkerungs- und Wirtschaftspotenzial (u. a. die Lage zu den wichtigsten Bezugs- und Absatzmärkten, der Zentralitätsgrad des Standorts und die Siedlungsstruktur des Umfeldes sowie mögliche Agglomerations- und Lokalisationsvorteile auf Grund der Konzentration verschiedener oder gleichartiger Branchen)
- die Verkehrs- und Kommunikationsinfrastruktur (d. h. die quantitative und qualitative Ausstattung mit Straßen, Eisenbahnen, Wasserstraßen und Häfen, Luftverkehrseinrichtungen, Öffentlichem Personennahverkehr, Telekommunikationseinrichtungen)
- das Angebot an Gewerbeflächen und Gebäuden (Verfügbarkeit bzw. quantitatives und qualitatives Angebot sowie Preise von Gewerbeflächen, Gewerbeimmobilien, Büroflächen, Gewerbeparks u. ä.)
- Arbeitsmarktfaktoren (Verfügbarkeit und Arbeitskosten von Arbeitskräften, u. a. von un- und angelernten Kräften, Facharbeitern und hochqualifizierten Kräften) sowie
- die Qualifizierungsinfrastruktur (Ausstattung mit allgemein- und berufsbildenden Schulen, Fachhochschulen und Hochschulen, Weiterbildungseinrichtungen) und nicht zuletzt
- die Wissenschafts- und Forschungsinfrastruktur (Ausstattung mit bzw. räumliche Nähe zu Hochschulforschungseinrichtungen, außeruniversitären Forschungseinrichtungen, Einrichtungen der Technologieförderung und des Technologietransfers).

Neben den unabdingbaren „harten" Standortfaktoren spielen in stärkerem Maße auch „weiche" unternehmens- und haushaltsbezogene Standortbedingungen eine Rolle, die sich nicht direkt als Kostenfaktoren niederschlagen, aber doch direkt und indirekt für die Entwicklung von Betrieben von Bedeutung sind, u. a. durch die Attraktivität der Regionen und Standorte für (Führungs-)Personal sowie die Qualität des unternehmerischen Umfeldes. Dazu zählen neben den Wohn- und Lebensbedingungen mit dem Einkaufs-, Bildungs-, Freizeit- und Kulturangebot sowie der Umweltqualität einer Region besonders auch das Image, die „Wirtschaftsfreundlichkeit" und letztlich auch die Leistungsfähigkeit der Akteure im Bereich der Wirtschaftsförderung. Diese Standortbedingungen sind nur zum Teil aus den Regionen heraus gestaltbar, vieles ist durch Entscheidungen auf Bundes- und Landesebene sowie die natürliche Ausstattung einer Region und ihr wirtschaftliches Umfeld vorgeprägt. Zentrale, aus der Region heraus gestaltbare Aktionsfelder sind und bleiben aber

- die Bereitstellung der wirtschaftsnahen Infrastruktur vor Ort, insbesondere von
- attraktiven Gewerbeflächen für die Erweiterung, die Umsiedlung und die Ansiedlung von Betrieben sowie

---

[10] Vgl. NUYS 2002, MUYSKEN 2001, HOGENBOOM/VAN FLIET 2000, HAMERS 1999.

- die Ausgestaltung der Wirtschaftsförderungsaktivitäten auf lokaler und regionaler Ebene.

Die unternehmerischen Standortbedingungen im deutsch-niederländischen Grenzraum entsprechen im Großen und Ganzen dem, was man für ländlich geprägte Räume mit Verdichtungsansätzen erwarten würde. Eine Standortqualität in den südlichen Bereichen ist die Nähe zu den starken nordrhein-westfälischen und niederländischen Wirtschaftsräumen, im Norden bereiten jedoch die periphere Lage und ungünstige Erreichbarkeit der großen Wirtschaftsräume Probleme. Es gibt eine vergleichsweise gute verkehrliche Erschließung, Transitachsen verlaufen durch das Grenzgebiet. Die A 31 hat wichtige Erschließungsfunktion in Süd-Nord-Richtung (auch für das benachbarte niederländische Grenzgebiet), allerdings fehlt ein ca. 35 km langes Teilstück zwischen dem südlichen Emsland und dem nordrhein-westfälischen Ochtrup. Die bedeutsame Ost-West-Achse A 30 (Hannover –) Osnabrück – Hengelo – (Amsterdam bzw. – Rotterdam) quert das Grenzgebiet im Raum Rheine/Grafschaft Bentheim und führt dort zu einer besonderen Standortgunst, diese wird sich nach Fertigstellung der A 31 Emden – Ruhrgebiet noch weiter verstärken. Die Euregio Rhein-Waal liegt in einem zentralen Transportkorridor Europas.

Es muss das besondere Interesse der Regionen im deutsch-niederländischen Grenzraum bleiben, ihre bisher ausgesprochen günstigen überregionalen Straßenverkehrsanbindungen leistungsfähig zu halten und die Erreichbarkeit der großen Verkehrsachsen möglichst noch zu verbessern.

Die Anbindung der Wirtschaftsräume im Schienenverkehr ist im Gegensatz zum Straßenverkehr in Teilräumen wenig attraktiv. Zur Attraktivitätssteigerung der Wohnstandortfunktion sowie für die Weiterentwicklung von Tourismus, Freizeitwirtschaft, Gesundheitswesen und Bildungswesen ist die Verbesserung der überregionalen Anbindungen wichtig.

Hinsichtlich einzelner wirtschaftlicher Aktivitäten ist zu sagen, dass sich auch in Zukunft die Zweige gut behaupten und an Beschäftigung gewinnen können, die in ihrer Produktion relativ viel Forschung und Entwicklung sowie (hoch) qualifiziertes Personal einsetzen und entsprechend international wettbewerbsfähige, technologisch hochwertige Produkte anbieten können (Luft- und Raumfahrzeugbau, weite Teile des Maschinenbaus und der Elektroindustrie, hochwertige Chemie). Diese forschungsintensiven Zweige unterliegen im Gegensatz zu weitgehend standardisierten Produktionen eher einem Qualitäts- als einem Preiswettbewerb, in dem Anbieter gegenüber Konkurrenten aus Ländern mit Produktions- und vor allem Lohnkostenvorteilen eindeutig im Nachteil sind. Zu den Verlierern des Strukturwandels dürften auch zukünftig neben den Herstellern einfacher Konsum- und Investitionsgüter vor allem die energie- und rohstoffintensiven Produktionen sowie umweltbelastende Produktionszweige zählen.

Seit Beginn der 90er Jahre hat sich der Prozess der Globalisierung der Wirtschaftsbeziehungen beschleunigt. Weltweite Trends zur Privatisierung und Liberalisierung der Güter- und Finanzmärkte bewirken eine Expansion grenzüberschreitender Aktivitäten in bisher nicht gekanntem Ausmaß. Ermöglicht wird der Prozess allerdings durch die Leistungssteigerungen der Transport- und vor allem der Kommunikationstechnologien. Davon sind nicht nur die ohnehin von Anpassungsproblemen gekennzeichneten Branchen mit einfachen, standardisierten Produkten, sondern auch die Chemische Industrie, die Elektrotechnik, der Maschinenbau und der Fahrzeugbau betroffen. Beschleunigt durch die Integration der osteuropäischen Volkswirtschaften, dürften in Zukunft immer weitere, bislang eher national und regional ausgerichtete Wirtschaftszweige von der Internationalisierung erfasst werden und unter zunehmenden Wettbewerbsdruck geraten.

Die Perspektiven des Verarbeitenden Gewerbes im deutsch-niederländischen Grenzraum dürften in Zukunft nicht mehr ganz so günstig sein wie in der Vergangenheit. Die grundsätzlichen Risiken liegen in der starken Fertigungsorientierung und technologisch nur z. T. anspruchsvollen Produktionen, so dass auch weiterhin ein starker Kosten- und Rationalisierungsdruck herrschen wird. Grundsätzlich handelt es sich z. T. um Produktionen, die von Verlagerungstendenzen nach Osteuropa geprägt sind. Zumindest wäre aber eine stärkere Strategie einer „Arbeitsteilung" mit sog. „Billiglohnstandorten" denkbar, die zwar einerseits Arbeitsplätze kosten würde, die Betriebe aber insgesamt wettbewerbsfähiger machen und ggf. auch neue Märkte erschließen würde. Forschung und Entwicklung vor Ort spielen bislang praktisch nur eine sehr geringe Rolle. Dies ist zwar ein übliches Bild in vielen ländlichen Regionen, der Zwang, durch Produktinnovationen die Wettbewerbsposition zu verteidigen und möglichst auszubauen, bleibt aber unvermindert bestehen. Vor diesem Hintergrund gewinnt die Aufgabe, die regionalen Betriebe bei ihren Innovationsprozessen z. B. durch Technologietransfer bzw. -förderung zu unterstützen, ein besonderes Gewicht.

Das Baugewerbe ist ein starkes Standbein im deutsch-niederländischen Grenzraum. Es hat sich bis in die jüngste Vergangenheit als ausgesprochen entwicklungsstark erwiesen, Umsatz- und Beschäftigtenverluste der letzten Jahre waren noch vergleichsweise moderat. Insgesamt ist die Abhängigkeit von den benachbarten Wirtschaftsräumen aber ausgesprochen hoch. Die Perspektiven der Bauwirtschaft sind angesichts des rückläufigen Bauvolumens in den umliegenden Märkten der Verdichtungsräume zukünftig aber eher schwächer, und es dürfte weiterhin mit rückläufiger Beschäftigung zu rechnen sein. Rückgänge im Geschosswohnungsbau, rückläufige Investitionen der kommunalen Haushalte im Tief- und Hochbau sowie geringere gewerbliche Bauinvestitionen sind gleichermaßen für die allgemeinen Probleme des Baugewerbes verantwortlich. Stabilisiert wird die Entwicklung allerdings durch die vergleichsweise dynamische Bevölkerungsentwicklung. Wachsende Aufgabenfelder wie Modernisierungs- und Sanierungsarbeiten beinhalten Entwicklungspotenziale, die durch spezifische Kompetenzen und Qualifikationen genutzt werden können.

In Zukunft werden neue Arbeitsplätze fast ausschließlich im Dienstleistungssektor entstehen. Der Dienstleistungssektor insgesamt ist einem rasanten Strukturwandel ausgesetzt, der von Verschiebungen zwischen den einzelnen Bereichen, aber auch Veränderungen innerhalb der einzelnen Zweige geprägt ist. Es entstehen z. T. völlig neue Dienstleistungsangebote und -betriebe.

Weit an der Spitze der Beschäftigtenentwicklung werden auch weiterhin die unternehmensorientierten Dienste stehen, d. h. Informations- und Kommunikationsdienste, Wirtschaftsberatung, Technische Beratung und Planung, Werbung und Marketing u. ä., wobei die ohnehin stark steigende Nachfrage nach diesen Dienstleistungen durch Auslagerungstendenzen solcher Funktionen aus den Produktionsunternehmen in eigenständige Unternehmen (Outsourcing) überlagert wird. Diese Dienstleistungen sind bislang in besonderer Weise an großstädtische Standorte und ihr engeres räumliches Umfeld gebunden. Sie bieten aber auch durchaus Entwicklungspotenziale für ländliche Regionen mit guter Erreichbarkeit in der Nähe von sich dynamisch entwickelnden Wirtschaftsräumen. Die Perspektiven des Grenzraumes sind vor diesem Hintergrund vergleichsweise günstig, vor allem auf Grund der Lagevorteile zu den großen Zentren. Dies setzt aber eine aktive Akquisitionsstrategie im Rahmen des Standortmarketing voraus.

Im Verkehrsbereich wird es weitere Anteilsgewinne der Straße gegenüber der Schiene geben, obwohl die ordnungspolitischen Weichenstellungen z. T. noch offen sind. Der deutsch-niederländische Grenzraum hat auf Grund der sehr guten Erreichbarkeit herausragend günstige Standortbedingungen für den Verkehrs- und Logistikbereich. Dies wird sich mit dem Ausbau des Autobahnnetzes weiter verbessern.

Im Tourismussektor wird sich der Wettbewerb der Regionen und Standorte weiter verschärfen. Verlierer werden die kleinen Betriebe und die eher traditionellen Angebotsformen des Gast- und Beherbergungsgewerbes sein. Potenziale liegen auch im Inland in großbetrieblichen Angebotsformen bzw. innovativen und qualitativ hochwertigen Angeboten, die unterschiedliche Funktionen wie Erholung und Naturerlebnis, Gesundheit, Bildung und Kultur miteinander verknüpfen. Bereits seit Jahren sind auf den Nordseeinseln Grenzen des quantitativen Wachstums der Gäste- und Übernachtungszahlen erreicht. Die Schwerpunkte haben sich in der Vergangenheit stärker auf den Küstenraum und vor allen Dingen auch ins Binnenland verlagert. Gerade die attraktiven Fehn- und Moorlandschaften mit ihrer interessanten Kulturlandschaft und ihren Sport- und Freizeitpotenzialen haben in der Vergangenheit sehr stark in den Segmenten des Familienurlaubs und des Aktivurlaubs (Wander-, Rad-, Bootstourismus) hinzugewonnen. Weitere Marktpotenziale dürften sich allerdings auch hier angesichts der wachsenden Konkurrenz der inländischen Destinationen nur durch innovative Angebotsformen sowie ein gezielteres Marketing erschließen.

Die Entwicklung von Einzelhandel und übrigen haushaltsorientierten Dienstleistungen ist in starkem Maße von der (regionalen) Entwicklung der Bevölkerung bzw. der Kaufkraft abhängig. Innerhalb des Handels werden sich die starken Trends zu großflächigen Angeboten mit umfassenden Güter- und Dienstleistungsangeboten (in den meisten Fällen auf Kosten der innerstädtischen Standorte) fortsetzen, andererseits sind auch Entwicklungen hin zu hochwertigen spezialisierten Angeboten (überwiegend in den Zentren) zu erwarten. Auf Grund der starken Bevölkerungsentwicklung und der damit verbundenen Stärkung der einzelhandelsrelevanten Kaufkraft haben sich in den vergangenen Jahren erhebliche Impulse auf die Entwicklung der Beschäftigung im Einzelhandel ergeben. Die Städte haben darüber hinaus erhebliche Anstrengungen zur Attraktivitätssteigerung der Innenstadtstandorte unternommen, z. T. auch durch Etablierung von Citymarketing u. ä., so dass die Perspektiven insgesamt vergleichsweise günstig sind.

Ein zentrales Charakteristikum des wirtschaftlichen Strukturwandels ist seine zunehmende Innovations- und Qualifikationsorientierung. Entscheidende Größen im internationalen wie im regionalen Wettbewerb sind das Hervorbringen von innovativen Produkten und Dienstleistungen sowie der Einsatz modernster Technologien. Damit eng verbunden ist die Beschäftigung von qualifizierten und zunehmend auch hoch qualifizierten Arbeitskräften im Produktentwicklungs-, Produktions- und Vermarktungsprozess. Dies gilt nicht nur für den industriellen Sektor. Auch innerhalb des Dienstleistungssektors wachsen diejenigen Bereiche stärker, die Produktinnovationen realisieren und in höherem Maße qualifiziertes Personal einsetzen. Eine zentrale Rolle spielen dabei die neuen Informations- und Kommunikationstechnologien. Die Qualifikation des regionalen Arbeitskräfteangebots spielt eine zunehmende Rolle in der Bewertung von Standorten. Damit rücken die Ausbildungsleistungen der Unternehmen sowie das Angebot und die Qualität von außerbetrieblichen Ausbildungs- und Weiterbildungseinrichtungen in den Vordergrund. Eine Weichenstellung für das regionale Arbeitskräfteangebot wird bereits in der schulischen Ausbildung gelegt.

Von großer Bedeutung für die Anpassung der Qualifikationen im Zuge des wirtschaftlichen Strukturwandels ist ein vielfältiger Ausbildungsstellenmarkt für die nachkommenden Generationen sowie die Bereitstellung zukunftsorientierter Qualifikationen. Darüber hinaus ist eine bedarfsorientierte Ausrichtung der regionalen und eine Verbesserung der Einbindung in überregionale Weiterbildungsangebote anzustreben.

Im Hinblick auf den Innovations- und Technologietransfer werden den Kooperationen und Netzwerken von Anbietern (Einrichtungen und Institutionen der Wissenschaft und Forschung) auf der einen und den betrieblichen Nachfragern auf der anderen Seite entscheidende Impulse für die regionale Entwicklung zugeschrieben. Folgende Felder sind hierbei verstärkt zu bearbeiten:

- Stärkung der Transfereinrichtungen und -initiativen, vor allem mit den Fachhochschulstandorten und Hochschulen des Umfeldes
- Bildung von Kompetenznetzwerken bzw. Förderung der Beteiligung von Betrieben an bestehenden Netzwerken sowie
- generell die Ausweitung der betrieblichen Innovationsförderung.

In dem sich abzeichnenden demographischen Wandel sind die Ausgangsbedingungen des deutsch-niederländischen Grenzraums vergleichsweise günstig. Geringe Überalterung und in Teilräumen stark überdurchschnittliche Zahlen von Kindern und Jugendlichen sowie auch von Personen in der Berufseinstiegs- und -etablierungsphase sind auf eine hohe Bevölkerungsdynamik zurückzuführen. Die seit langem in Teilräumen ausgesprochen starke natürliche Bevölkerungsentwicklung wird auch in den kommenden Jahren zu vergleichsweise stark besetzten nachwachsenden Altersjahrgängen führen. Ein eher durch „junge" nachwachsende Kräfte geprägtes Arbeitskräftepotenzial dürfte sich in Zukunft noch stärker als besonderer Standortvorteil herausschälen. Dies gilt vor allem dann, wenn die Anstrengungen zur schulischen und beruflichen Qualifizierung möglicherweise noch verstärkt werden können. Die Grenzräume sind aber seit langem auch von Zuwanderungen aus den umliegenden Verdichtungsräumen und sonstigen Wirtschaftsräumen geprägt. Diese Wanderungen wurden zeitweise stark überlagert durch Zuwanderungswellen aus dem Ausland (in den deutschen Grenzregionen u. a. durch deutschstämmige Bevölkerung aus den ehemaligen GUS-Staaten sowie aus den neuen Bundesländern). Diese starken Zuwanderungen haben den Städten und Gemeinden in der Vergangenheit z. T. Investitionen und auch hohe Integrationsanstrengungen abverlangt.

Die Zuwanderungen aus den umliegenden Verdichtungsräumen zielen auf den ländlichen Raum und werden vor allem von niedrigen Bodenpreisen gesteuert. Im Zuge der sich allgemein abschwächenden Bevölkerungsdynamik wird aber zunehmend deutlich werden, dass die Standorte im Wettbewerb mit anderen (preisgünstigen) Angeboten stehen. Der qualitative Wettbewerb der Wohnstandorte wird vor diesem Hintergrund eher zunehmen.

Institutionelle Aspekte

Grenzüberschreitende Zusammenarbeit im deutsch-niederländischen Grenzraum findet seit vielen Jahrzehnten in zum Teil auch fest institutionalisierter Form statt. Beispielhaft sei hier vor allem auf den Bereich der Raumordnung hingewiesen, wo seit langem die Deutsch-Niederländische Raumordnungskommission mit ihren Unterkommissionen die Gebietskörperschaften und Raumplanungsdienststellen beiderseits der Grenze zusammenführt. Des Weiteren ist die grenzüberschreitende Organisationsform der Euregios im deutsch-niederländischen Grenzraum „erfunden" worden (vgl. Kap. 4.1) und wird mit unterschiedlicher Dauer und in unterschiedlicher Intensität entlang der gesamten Grenze seit langem intensiv praktiziert. Zweifellos hat diese Form der Zusammenarbeit in Euregios durch die INTERREG-Programme der EG seit Ende der 80er Jahre einen beträchtlichen „Schub" und Bedeutungszuwachs erhalten. Nicht zuletzt auf Grund der regelmäßigen Überprüfung der EU-Strukturfondspolitik und der damit verbundenen inhaltlichen Modifikationen stellt sich die Frage, welche Auswirkungen die INTERREG-Initiativen für die Institutionen der grenzüberschreitenden Zusammenarbeit haben und welche künftigen Entwicklungen denkbar sind.

Selbstverständlich sind die Auswirkungen und Zukunftsaussichten der Euregios nicht nur in dieser Hinsicht von Interesse. Vielmehr geht es zum Ersten um die ökonomischen Auswirkungen dieser Gemeinschaftsinitiative, d. h. ihre Wirkungen auf die wirtschaftliche Dynamik, die Arbeitsmärkte, die grenzüberschreitenden Verflechtungen usw. in den Grenzräumen. Wirkungen und mögliche künftige Entwicklungstrends in dieser Hinsicht werden an anderer Stelle dieser Studie intensiv diskutiert. Zum Zweiten hat die grenzüberschreitende Zusammenarbeit in Form der Euregios eine sozial-kulturelle Dimension, die in den ersten Jahren der Zusammenarbeit sogar eindeutig im Mittelpunkt stand und auch heute für die Alltagspraxis des grenzüberschreitenden Zusammenlebens große Bedeutung hat. In dieser Hinsicht haben sich die Euregios große Verdienste erworben. Dieser Aspekt soll an dieser Stelle aber nicht vertiefend diskutiert werden. Zum dritten können die Wirkungen und künftigen Entwicklungstrends der Euregios auch in organisatorischer und institutioneller Hinsicht betrachtet werden.

Gerade aus dieser letztgenannten Perspektive sind zwei sehr unterschiedliche Einschätzungen verbreitet: zum einen werden die Euregios vielfach als eine Organisation gesehen, deren Existenzberechtigung wesentlich mit der Gemeinschaftsinitiative INTERREG in Zusammenhang zu sehen ist. Sie werden dann, leicht abfällig, als „Fördermittelverteilungsmaschine" gesehen, die einem relativ begrenzten Kreis maßgeblicher regionaler Akteure zur Umverteilung von Fördermitteln der EU in „ihrem" Raum dient. Aus dieser Sicht werden die Euregios insbesondere im deutsch-niederländischen Grenzraum spätestens dann wieder an Bedeutung verlieren, wenn – etwa nach 2006 – die Schwerpunkte der Mittelvergabe aus der Gemeinschaftsinitiative in andere Grenzräume Europas (z. B. an den Grenzen zu bzw. zwischen den Ländern, die 2004 beitreten werden) verlagert werden.

Zum anderen können die Euregios aber auch in gleich zweifacher Hinsicht als innovative Organisationsformen betrachtet werden: einerseits als „Labore des Zusammenwachsens in Europa", andererseits als „Vorreiter" neuer Formen regionalisierter Strukturpolitik. Denn in wohl einzigartiger Weise werden in den Euregios Akteure aus unterschiedlichen territorialen und funktionalen Handlungsbereichen zusammengeführt. Da es dafür kaum Vorbilder gibt, sind ständig Organisations- und Prozessinnovationen erforderlich, die ein Zusammenwirken zum allseitigen Vorteil ermöglichen.[11] Dabei sind die beteiligten Akteure zu kooperativem Verhalten geradezu gezwungen, da es nur allgemeine, eher schwach ausgeprägte Rahmenvorgaben „von oben" (EU) und nicht einmal eine gemeinsame Rechtsordnung für den gesamten Aktionsraum gibt. Euregios sind aus dieser Perspektive Beispiele für einen „multi-level and multi-dimension approach", der den produktiven und ergebnisorientierten Umgang mit Differenzen institutionalisiert. In diesem Sinne handelt es sich um eine Organisationsform, die dezentral und selbst organisiert politische Ziele umsetzt und damit eine Möglichkeit darstellt, wie in einem heterogenen Europa regional angepasste Politik gestaltet werden kann. Neben dieser europapolitischen Dimension handelt es sich auch um eine Ausdrucksform der regionalisierten Strukturpolitik, die den Anforderungen aus aktuellen steuerungstheoretischen Diskussionen („dezentrale Kontextsteuerung") und bisherigen Erfahrungen mit förderpolitischen Ansätzen gut entspricht: „Die neuen Governance-Mechanismen, die sich durch die Umsetzung der INTERREG-Initiative herausbilden, sind gerade auf

---

[11] Vgl. zum Folgenden MIOSGA 1999, Kap. 5; GUIANI 2003.

Grund ihrer mehrstufigen Beschaffenheit durch eine variable Funktionalität gekennzeichnet, die sich in den unterschiedlichen Netzwerk-Strukturen in verschiedenen Teilarenen der Mehrebenenverflechtung niederschlägt und die zu unterschiedlichen SteuerungsPotenzialen führt. In allen Arenen ... ist das Verhältnis der Akteure untereinander durch die weitgehende Abwesenheit hierarchischer Abhängigkeitsverhältnisse gekennzeichnet ..., so dass sich das Handeln im Netzwerk als Koordinationsmechanismus durchsetzt" (MIOSGA 1999: 162).

Selbstverständlich sind auch bei aller Wertschätzung dieser innovativen Organisationsform verschiedene offene Fragen und Probleme festzuhalten: So entstehen z. B. in der Alltagspraxis immer wieder Probleme durch die Zugehörigkeit zu unterschiedlichen Rechtsgebieten und das Fehlen einer übergreifenden europäischen Rechtsordnung. Darüber hinaus stellt sich grundsätzlich die Frage nach der politischen Legitimation der Euregios, die allerdings im Einzelfall unterschiedlich zu beantworten ist. Während manche als „neo-korporatistisch" zu bezeichnen sind, da sie durch die Spitzenvertreter von Gebietskörperschaften und Verbandsorganisationen gebildet werden, gibt es in Einzelfällen (grenzüberschreitende) Regionalversammlungen, deren Zusammensetzung durch die Ergebnisse der jeweiligen Kommunalwahlen bestimmt wird. Darin kann die „Keimzelle" zu einem „Regionalparlament" gesehen werden, das dann der grenzüberschreitenden Zusammenarbeit eine unmittelbare parlamentarische Legitimation geben würde. Des Weiteren wird kritisch eingewandt, dass die zweifelsohne notwendigen Geschäftsstellen der Euregios im Sinne von regionalen Managementagenturen bisweilen die Tendenz hätten, den Charakter einer zusätzlichen „Behörde" anzunehmen, die dann zwangsläufig in Interessenskonflikte und Kompetenzkonkurrenz zu vorhandenen gebietskörperschaftlichen Strukturen gerät. Als letzter, aber nicht unwichtigster Gesichtspunkt sei erwähnt, dass auch die öffentliche Wahrnehmung der Euregios in vielen Fällen durchaus unterentwickelt ist. Ohne ein starkes politisches und öffentliches Interesse an ihnen und ihrem Wirken werden Fortschritte in der Institutionalisierung aber kaum möglich sein. So verdienen die Euregios u. E. sowohl als „europapolitische Experimentierstuben" und als Ausdrucksformen einer modernen Form der Strukturpolitik eine größere Beachtung, als ihnen bisher zuteil geworden ist. Zugleich ist aber auch darauf hinzuweisen, dass strukturpolitisch und planerisch relevante grenzüberschreitende Kooperationen im Interesse der Grenzräume keineswegs nur in den Euregios stattfinden. Mindestens ebenso wichtig ist die für den niederländisch-nordrhein-westfälischen Grenzraum bedeutsame und immer enger werdende Zusammenarbeit zwischen der nordrhein-westfälischen Landesregierung und der niederländischen Regierung bzw. zwischen den deutschen Bezirksregierungen und den niederländischen Provinzen.

Harmonisierung oder Kultivierung der Differenz?

Ein hier noch einmal hervorzuhebender Aspekt der Netzwerkökonomie ist die zunehmende Schwierigkeit, eindeutig zwischen Produktion und Konsum, Konkurrenz und Kooperation, Funktion und Form, Standortvor- und Standortnachteilen unterscheiden zu können. Diese (postmoderne) Entwicklung wird auch als kulturelle Wende bezeichnet. Damit ist gemeint, dass es nicht mehr allein um die „harten Fakten" geht, sondern dass sich Form, Ausstrahlung, Präsentation usw. von Produkten, Aktivitäten und Standorten als mindestens ebenso wichtig erweisen wie ihre funktionale Bedeutung. Interpretationen und Einstellungen relevanter Akteure und Zielgruppen werden zu wichtigen Faktoren des wirtschaftlichen Geschehens. Auf diese Weise können auch Standortbedingungen neu interpretiert werden. Das gilt etwa auch im Hinblick auf die Positionierung der Grenzräume. Nahe der Grenze zu sein, muss nicht nur ein Nachteil sein, sondern kann auch noch weitgehend ungenutzte Gestaltungspotenziale eröffnen. Dies ist ein, bisher noch wenig beachteter, Aspekt der vielfältigen Infragestellung früherer Gewissheiten.

In diesem Sinne können für Grenzregionen – neben den bisherigen Strategien des Abbaus von Grenzbarrieren und einer stärkeren Integration der Märkte – auch neue Ansätze in das Blickfeld geraten, so etwa die Vorstellung einer „Kultivierung der Grenze" als ein „non-tradable" Standortvorteil (vgl. STORPER 1997). Damit ist die Nutzung der Vorteile der grenzbedingten Differenzierungen gemeint. Überspitzt formuliert, geht es um eine stärkere Beachtung der Grenze als Schnittstelle zwischen unterschiedlichen kulturellen Formen.

Die Ergebnisse unserer empirischen Untersuchungen konnten nicht bestätigen, dass die Integrations- und Harmonisierungspolitik deutliche positive Auswirkungen auf die Wirtschaft der Grenzregionen gehabt hätte. Das kann man einerseits als unzulängliches Wirken des bisherigen Instrumentariums sehen, es kann andererseits aber auch Anlass zu der Grundsatzfrage sein, ob die alleinige Ausrichtung auf Harmonisierung und Integration ökonomische Dynamik im Grenzraum erzeugen kann. Bekanntlich können wirtschaftliche Entwicklungschancen auch gerade in der Differenzierung von Produkten und Märkten bestehen. Von dieser Perspektive her ergibt sich eine andere Sicht auf die Grenzräume und das, was im Interesse ihrer wirtschaftlichen Dynamik zu tun sein könnte.

Die Politik für Grenzräume ist bisher sehr stark von dem „Integrationsmotiv" geprägt. Damit ist gemeint, dass das „grenzbezogene Handeln" der Akteure aller Ebenen sehr stark darauf ausgerichtet ist, grenzüberschreitende Aktivitäten behindernde „Barrieren" zu beseitigen. „Integrationspolitik" ist dabei durchaus von einer „Harmonisierungspolitik" zu unterscheiden. Letztere würde alle nationalen Regulierungsdifferenzierungen beseitigen wollen, was die EU bislang allerdings erkennbar nicht tut. Dennoch wird die Integrationsstrategie in Alltagspraxis und allgemeinem Sprachgebrauch oft (fälschlicherweise) mit einer „Angleichungspolitik" verwechselt. In jedem Falle kommt dabei aber zu kurz, dass der Abbau institutioneller Handelsbarrieren nicht schon den Abbau der „mentalen Grenze" in den Wahrnehmungs- und Denkmustern der Bevölkerung, der Wirtschaft und der politischen Akteure in den Grenzräumen bedeutet. Damit droht aber die Chance verloren zu gehen, die beiderseits der Grenze bestehenden Unterschiede produktiv als Standortdifferenzierungen zu nutzen. Aus dieser Perspektive ergäben sich aus den grenzbedingten Differenzierungen sogar Potenziale im Sinne regionaler Entwicklungsstrategien.

Auch wenn man diese „andere" Perspektive einnimmt, darf dabei nicht übersehen werden, dass wirtschaftliche Aktivitäten gute Rahmenbedingungen, u. a. in infrastruktureller Hinsicht, erfordern. In den Teilräumen des deutsch-niederländischen Grenzraumes scheinen diese Bedingungen aber weithin gegeben zu sein, zumindest sind die Voraussetzungen dafür da, sie zu schaffen. Auf keinen Fall handelt es sich um „abgekoppelte" Peripherien mit extremen Ausdrucksformen der Unterentwicklung. Für eine gelungene Integration in die nationalen Ökonomien spricht die auffällige Parallelität der Entwicklungen vieler Indikatoren zwischen den Grenzregionen und den jeweiligen nationalen Referenzräumen. Insoweit muss darauf geachtet werden, dass sich die Ausstattung, z. B. mit Infrastrukturen, insbesondere vor dem Hintergrund knapper werdender öffentlicher Mittel nicht wieder verschlechtert. Auf der anderen Seite kann es aber gerade angesichts der verschärften interregionalen Konkurrenz nicht das alleinige strukturpolitische Ziel sein, nur danach zu streben, „was andere auch haben". Daraus ergibt sich keine Differenzierung bzw. kein Spezialisierungsvorteil.

Gerade aus einer Perspektive, die Differenzierungen auch als Chance zur Entwicklung begreift, kann die Grenze anders gedeutet werden, als dies bisher weithin europa- und förderpolitisch üblich ist: nicht als möglichst niederzulegende Barriere, sondern auch als Chance. Das Potenzial eines Grenzraumes besteht auch darin, eine „Schnittstelle" zwischen unterschiedlichen Wirtschafts- und Kulturräumen zu sein. Gerade so, wie eine produktive Kraft der Urbanität auch in den Möglichkeiten zur Differenzierung und Individualisierung gesehen wird, können Grenzräume als Räume gesehen werden, die „sowohl dieses als auch jenes", also Möglichkeiten der Wahl und der Differenzierung enthalten. Potenziale der Grenzräume sind gerade der schnelle Zugang zu unterschiedlichen Kulturen und Wirtschaftsformen, vor allem aber die Möglichkeiten zur Begegnung und Interaktion. Insoweit bestände die „andere" Perspektive darin, auch die „Standortvorteile" von Grenzen zu sehen.

Ziel entsprechender Entwicklungsstrategien wäre dann nicht nur der möglichst hindernisfreie Grenzübergang – so wichtig er auch sein mag –, sondern die Herausarbeitung von Nutzen und der Kombination ganz unterschiedlicher Möglichkeiten und Bezüge. Entwicklung entstünde dann vor allen Dingen aus dem „Sowohl-als-auch". Praktische Beispiele für eine derartige Sichtweise wären z. B. die Förderung von Qualifikationen, die das gleichzeitige Ausüben bestimmter wirtschaftlicher Aktivitäten in beiden nationalen Wirtschaften und Kulturen erlauben. Dabei geht es nicht nur um das Erlernen der jeweils anderen Sprache oder die Kenntnis der jeweilig anderen Institutionen, sondern – überspitzt formuliert – um die Herausbildung einer „transnationalen" Persönlichkeit, die sich nicht vollständig im anderen Kulturraum integriert, sondern zu einem kreativen Umgang mit den Differenzierungen beiderseits der Grenze, mit dem „Sowohl-als-auch", fähig ist. So sehen z. B. Firmen im Grenzraum, die sowohl Mitarbeiter deutscher als auch niederländischer Herkunft beschäftigen, die daraus entstandene gemischte Unternehmenskultur durchaus als produktiv an.

Ein weiteres anschauliches Beispiel ist ein 1997 in Kerkrade/Herzogenrath unmittelbar auf der Grenze eröffnetes Mehrzweckdienstleistungsgebäude, das „eurode business center", das von grenzbezogenen Dienstleistungsbetrieben genutzt wird. Ziel ist dabei, die grenzbedingten Unterschiede auf geschickte Weise auszunutzen. Dieser Ansatz könnte für eine Vielzahl von wirtschaftlichen Aktivitäten sinnvoll sein. Zu denken ist dabei etwa an Anwälte, Notariate, Finanzdienstleister u. a. Dienstleistungsaktivitäten, die im Grenzraum ansässig und in beiden Rechts- und Wirtschaftssystemen zugelassen und aktiv sind. Auch im Bereich des Einzelhandels (Angebot von Konsumgütern aus beiden Staaten in einem Laden), des Tourismus, der Bauwirtschaft usw. sind produktive Nutzungen der an der Grenze zu Tage tretenden Differenzen vorstellbar.[12]

Als dritter Bereich mit interessanten Beispielen sei der Wohnungsbau erwähnt. Sowohl in Kerkrade/Herzogenrath als auch in Grenzgemeinden wie Bellingwedde/Rhede und Millingen/Kranenburg gibt es Beispiele von interessanten, aus den besonderen Bedingungen der Grenznähe zu erklärenden Siedlungsvorhaben. Dabei wird zum einen sehr flexibel mit den beiderseits der Grenze doch unterschiedlichen Baunormen und -standards umgegangen, zum anderen werden aber gerade auch die Möglichkeiten grenzüberschreitender Aktivitäten und der Ausnutzung grenzbedingter Differenzierungen als Marketingargumente genutzt.[13] In diesem Sinne wird das „holländische Quartier" in Kranenburg mit dem Spruch „Wohnen in Deutschland mit den Niederlanden als Hintergarten" vermarktet (vgl. POLKE-MAJEWSKI 2003).

---

[12] Mündliche Mitteilung des Eurode-Zweckverbandes. Für andere Betriebe ist das „eurode business center" jedoch auch nur ein Standort wie jeder andere; vgl. für eine kritische Darstellung auch PINZLER 2003.

[13] Das Europadorf bei Bellingwedde/Rhede hat kürzlich den Innovationspreis des niederländischen Ministeriums für Wohnungsbau und Raumordnung erhalten.

Diesen Beispielen ist gemeinsam, dass es nicht um die „Beseitigung" der Grenze, sondern um die Nutzung der Attraktivität der Grenze bzw. der grenzbedingten Differenzierungen geht. Wie bereits im vorhergehenden Teilkapitel über die institutionellen Aspekte angedeutet, erfordert diese Perspektive auch eine andere Interpretation der Rolle der entsprechenden Institutionen. Sie müssten in diesem Zusammenhang mehr als eine „Subventionsverteilungsmaschine" sein, sondern eine viel aktivere Rolle als Initiator und Moderator der aus den grenzraumspezifischen Bedingungen entstehenden wirtschaftlichen Chancen einnehmen.

Selbstverständlich würde das eine veränderte Orientierung der regionalen Entwicklungsstrategien und des entsprechenden Marketings erfordern. Zum Ausdruck müsste gebracht werden, dass in der Region ein produktiver Umgang mit den Differenzen, der allen Seiten Nutzen bringt, angestrebt wird – wenn man so will: eine produktive Form der „Systemkonkurrenz". In dieser Sichtweise kommt es also nicht nur auf „Integration" und Harmonisierung der Bedingungen beiderseits der Grenze an, sondern auf die Kultivierung symbolischer Differenzen. Die kulturelle Dimension, die jede Regionalentwicklung auch hat, würde hier eine besondere Bedeutung erhalten.[14]

4.5 Fazit

Hier sollen noch einmal in sehr knapper Form zusammenfassend einige Erkenntnisse und Überlegungen im Anschluss an diese Untersuchung deutsch-niederländischer Grenzräume im Hinblick auf deren künftige sozioökonomische Entwicklung vorgestellt werden:

- Die zunehmende Internationalisierung des Wettbewerbs der Standorte und Regionen führt dazu, dass ehemals in einer Region miteinander konkurrierende Standorte sich in zunehmendem Maße als Kooperationspartner im internationalen Standortwettbewerb verstehen müssen. Das führt zu einer Gleichzeitigkeit von Konkurrenz und Kooperation, mit der umzugehen die handelnden Akteure vielfach noch lernen müssen.

- Neben den konventionellen und weiterhin wichtigen „harten" Standortfaktoren (wie z. B. Verkehrslage und -erschließung, infrastrukturelle Ausstattung usw.) spielen in zunehmendem Maße „weiche" Standortfaktoren (Wirtschaftsfreundlichkeit, Flexibilität, Lebensqualität, Kultur, Image und „Mentalität" usw.) eine wichtige Rolle.

- Das Verarbeitende Gewerbe in den Grenzräumen wird sich, wie andernorts auch, vor allem auf innovative und produktivitätssteigernde Technologien konzentrieren müssen. Das Baugewerbe wird sich auf Grund rückläufiger Investitionen bei allerdings gleichzeitig vielfach günstiger demographischer Entwicklung in den Grenzräumen bestenfalls konsolidieren können. Im Hinblick auf die zukunftsträchtigen unternehmensorientierten Dienstleistungen müssen die Grenzräume vor allem ihre positiven „weichen" Standortfaktoren weiterentwickeln und vermarkten. Die Logistikwirtschaft wird, bei weiterem Ausbau der Verkehrsanbindungen, in den von Ag-

---

[14] Ein gutes Beispiel für eine regionale Entwicklungsstrategie, die sehr stark auf die Umdeutung regionaler Strukturen und Potenziale setzte, war die Internationale Bauausstellung EmscherPark im Ruhrgebiet. Sie brach wohl erstmals in der Geschichte der Strukturpolitik für das Ruhrgebiet mit dem Bestreben, die „gleichen" Infrastrukturen und Rahmenbedingungen anzustreben, die in anderen Stadtregionen auch vorhanden sind. Vielmehr gelang es ihr, gerade die Brachen und nicht mehr genutzten Industrieanlagen als „Zeugen des industriekulturellen Erbes" und „Möglichkeitsräume" herauszustellen. Zumindest an einigen Standorten hat das zu unerwarteten, auch ökonomisch messbaren Erfolgen im Bereich der Freizeitwirtschaft, des Tourismus, der Kulturwirtschaft usw. geführt (vgl. DANIELZYK/WOOD 2003; ILS 2003).

glomerationsnachteilen weitgehend verschonten („staufreien") Grenzräumen gute Bedingungen vorfinden. Des Weiteren werden das sich immer mehr netzwerkartig organisierende Bildungswesen sowie Forschung und Entwicklung in manchen Teilen der niederländisch-deutschen Grenzräume weitere Entwicklungsmöglichkeiten haben. Die vielfach hohe Wohnqualität wird dabei gerade bei der Anwerbung hoch qualifizierter Arbeitskräfte eine wichtige Rolle spielen.

- Die Euregios haben durchaus Potenziale, sich zu spezifischen transnationalen, demokratisch legitimierten Organisationsformen zu entwickeln und dabei auch eine schlagkräftige Instanz für eine aktive regionale Strukturpolitik zu sein, die nicht zuletzt die aus der Nähe zur Grenze entstehenden Potenziale entwickeln könnte. Allerdings wird dies z. T. eine Neuorientierung und veränderte Handlungsweisen der beteiligten Akteure erfordern.

- Die empirischen Untersuchungen konnten nicht eindeutig zurechenbare Erfolge der europäischen Integrationspolitik, die auf einen Abbau der Grenzhindernisse ausgerichtet ist, in den unmittelbaren Grenzräumen nachweisen, obgleich sehr viele Aktivitäten in dieser Richtung unternommen wurden. Von daher ist intensiver zu diskutieren, ob nicht stärker die innovative Nutzung und Entwicklung der aus den verbliebenen grenzbedingten Differenzierungen hervorgehenden Potenziale empfehlenswert wäre. Die Politik für die Grenzräume würde auf diese Weise in eine neue Phase eintreten.

KONRAD LAMMERS

5. Die Entwicklung in deutsch-dänischen und deutsch-niederländischen Grenzregionen vor dem Hintergrund ökonomischer Theorien

Fragestellungen

Im Kapitel 2 dieses Bandes wurde danach gefragt, ob die ökonomische Theorie Hypothesen zur Entwicklung von Grenzregionen im Zuge von Integrationsprozessen bereithält. Das Ergebnis der Betrachtungen war, dass es zwar keine explizite Theorie für die Entwicklung von Grenzregionen gibt, dass aber aus der traditionellen Standorttheorie sowie der Neuen Ökonomischen Geographie diesbezügliche Hypothesen abgeleitet werden können. Aus beiden Theorieansätzen kann gefolgert werden, dass sich die Standortattraktivität von Grenzregionen nach einem Abbau von Hemmnissen für grenzüberschreitenden Handel und für die internationale Mobilität von Firmen und Arbeitskräften erhöht, weil sich für vorhandene und potenzielle Produzenten das relevante Marktgebiet vergrößert. Dies betrifft die Absatz- und die Beschaffungsmärkte, und das Marktgebiet kann sowohl für lokale als auch für überregionale Güter größer werden.

Zwar benennen beide Theorien die Kausalzusammenhänge, die für Grenzregionen eine Verbesserung der Standortgunst als Folge des Abbaus von Grenzhemmnissen plausibel erscheinen lassen. Die Neue Ökonomische Geographie hat aber auch deutlich werden lassen – und hierin liegt ein Erkenntnisfortschritt gegenüber der traditionellen Standorttheorie –, dass es nicht in jedem Falle zu dieser Verbesserung der Standortgunst kommen muss. Nach dieser Theorie sind Veränderungen in der Standortattraktivität von Regionen (nicht nur von Grenzregionen) im Zuge von Integrationsprozessen von einer Vielzahl von Faktoren und ihrem interdependenten Zusammenwirken abhängig: dem Grad der Mobilität von Firmen und Arbeitskräften, dem Umfang der Grenzhemmnisse, der vorhandenen räumlichen Verdichtung von Firmen und Arbeitskräften, den Potenzialen an grenzüberschreitenden Vorwärts- und Rückwärtsbeziehungen, der Bedeutung der Märkte diesseits und jenseits der Grenze. Je nach Größe dieser Einflussfaktoren in der Ausgangssituation und dem Ausmaß von Integrationsschritten – verstanden als Abbau von Grenzhemmnissen – erfahren die Regionen einen positiven Entwicklungsimpuls oder sind negativ betroffen.

Notwendigkeit empirischer Untersuchungen

Weil uns die Theorie letztlich keine eindeutige Prognose im Hinblick darauf liefert, ob sich Grenzregionen nach einem Abbau von Grenzhemmnissen besser entwickeln oder nicht, kann nur die Empirie weitergehende Erkenntnisse liefern. Es ist deshalb sinnvoll, dieser Frage anhand von Fallstudien für Grenzregionen weiter nachzugehen, wie es in dieser Untersuchung geschehen ist.[1] Im Folgenden soll versucht werden, die einzelnen Fallstudien zusammenfassend daraufhin zu betrachten, ob sich diese Grenzregionen im Zuge fortschreitender Integration im Vergleich zu Referenzregionen, die nicht Grenzre-

---

[1] Eine andere mögliche empirische Vorgehensweise bestünde darin, Querschnitts- bzw. kombinierte Querschnitts-/Zeitreihenanalysen über eine größere Anzahl von Grenz- und Referenzregionen durchzuführen.

gionen sind, ökonomisch günstiger oder weniger günstig entwickelt haben. Nach Maßgabe der Neuen Ökonomischen Geographie würden sich Integrationsgewinne von Regionen darin niederschlagen, dass es zu einer stärkeren Konzentration wirtschaftlicher Aktivitäten in diesen Regionen (auf Kosten anderer) kommt. Die wirtschaftliche Aktivität einer Region lässt sich anhand von Indikatoren für die regionale Wirtschaftsleistung (Bruttoinlandsprodukt) oder für den Einsatz von Produktionsfaktoren (Kapitaleinsatz, Arbeitskräfte) messen. Für den deutsch-dänischen Grenzraum konnte die unterschiedliche Entwicklung im Vergleich zu anderen Regionen sowohl aufgrund der Wirtschaftsleistung als auch mit Hilfe der Beschäftigtenentwicklung analysiert werden. Die Entwicklung im deutsch-niederländischen Grenzraum ließ sich nur mit Hilfe von Daten für die Zahl der Beschäftigten grenzüberschreitend vergleichen.

Entwicklungstendenzen in den untersuchten Grenzräumen

Die Entwicklung der deutschen und dänischen Grenzregionen zeigt hinsichtlich der Zahl der Beschäftigten und der Wirtschaftsleistung ein differenziertes Bild. Verglichen mit der jeweiligen nationalen Entwicklung sind die deutschen Grenzregionen seit Ende der 80er Jahre tendenziell zurückgeblieben – mit Ausnahme der Region Ostholstein-Lübeck in der ersten Hälfte der 90er Jahre bei der Beschäftigtenentwicklung, was auf die deutsche Wiedervereinigung zurückzuführen ist. Insbesondere seit Mitte der 90er Jahre war die Entwicklungsdynamik auf der deutschen Seite deutlich geringer als in Westdeutschland. Auch alle drei dänischen Grenzregionen haben sich seitdem ungünstiger als der dänische Durchschnitt entwickelt; bis Mitte der 90er Jahre war allerdings die Entwicklung in Fyns Amt und Sønderjylland besser als im Landesdurchschnitt.

Im deutsch-niederländischen Grenzgebiet verlief die Entwicklung seit Ende der 80er Jahre ebenfalls differenziert, aber im Vergleich mit den jeweiligen nationalen Entwicklungen insgesamt relativ dynamischer. Hier ist der Befund also anders als im deutsch-dänischen Grenzgebiet. Ungünstiger als im jeweiligen Gesamtraum verlief die Beschäftigtenentwicklung nur im niederländischen Teil der Ems Dollart Region sowie im deutschen Teil der Euregio Rhein-Waal. Ansonsten war die Entwicklung überall besser als im Gesamtraum, insbesondere im deutschen Teil der EUREGIO und im niederländischen Teil der Euregio Rhein-Waal.

Von den untersuchten Grenzregionen haben sich somit einige günstiger und andere ungünstiger – jeweils auch nur phasenweise – entwickelt als im jeweiligen Gesamtraum, wobei die Dynamik im deutsch-niederländischen Grenzraum stärker war als im deutsch-dänischen Grenzgebiet. Insbesondere seit Mitte der 90er Jahre des letzten Jahrhunderts scheint die Entwicklung im deutsch-dänischen Grenzraum relativ zurückgeblieben zu sein. Auch mit Hilfe der Fallbeispiele ist somit keine eindeutige Antwort auf die Frage möglich, ob sich Grenzregionen infolge von Integrationsprozessen verglichen mit den übrigen Landesteilen besser oder schlechter entwickeln. Allerdings weisen die Grenzregionen, die in diesen Fallbeispielen betrachtet werden, sehr starke strukturelle Unterschiede auf, die bei diesen differenzierten Ergebnissen mit betrachtet werden müssen. Außerdem ist zu diskutieren, ob die bisherigen Integrationsschritte tatsächlich zu einem substanziellen Abbau von Grenzhemmnissen geführt haben. Schließlich ist nach dem zeitlichem Zusammenhang zwischen dem erfolgten Abbau von Grenzhemmnissen und der daraus möglicherweise resultierenden ökonomischen Entwicklung in Grenzregionen zu fragen.

■ Die Entwicklung in Grenzregionen vor dem Hintergrund ökonomischer Theorien

Zeitlicher Zusammenhang

Der Abbau von Grenzhemmnissen hat an der deutsch-niederländischen Grenze mit Gründung der damaligen EWG Ende der 50er Jahre begonnen, an der deutsch-dänischen Grenze mit dem Beitritt Dänemarks zur Europäischen Wirtschaftsgemeinschaft 1973. Der Abbau von Hemmnissen fand also schon weit vor dem Zeitraum statt, der hier der Analyse zugrunde lag. Insofern ist zu erwarten, dass die möglichen positiven Effekte einer Grenzöffnung auch schon bereits vor dem hier gewählten Beobachtungszeitraum eingesetzt haben. Eine frühere Untersuchung zeigt z.B. für Sønderjylland eine sehr positive Entwicklung gegenüber dem dänischen Durchschnitt in den 70er Jahren, die durchaus mit der Grenzöffnung zusammenhängen könnte (BODE et al. 1991). Auch wenn mit der Initiative zur Vollendung des Binnenmarktes in den 90er Jahren ein weiterer Abbau von Grenzhemmnissen stattgefunden hat, haben wesentliche Impulse möglicherweise schon vor dem Zeitraum stattgefunden, der hier in dieser Untersuchung betrachtet wurde.

Nach wie vor beträchtliche Grenzhemmnisse

Was die Bedeutung der bisherigen Integrationsmaßnahmen (Gründung bzw. Beitritt zur damaligen EWG, Binnenmarktinitiative, Europäische Währungsunion) betrifft, so gibt es plausible Hypothesen und empirische Evidenz dafür, dass diese nicht zu einem vollständigen Abbau von Grenzhemmnissen geführt haben. Nach wie vor gibt es erhebliche Unterschiede in den institutionellen Rahmenbedingungen zwischen den europäischen Nationalstaaten, wie z.B. in den Steuer- und Sozialversicherungssystemen sowie in der Regulierung des Arbeitsmarktes. Hinzu kommen unterschiedliche Sprachen und kulturelle Differenzierungen; Letztere können sich in unterschiedlichen regionalen Präferenzen beiderseits einer Grenze niederschlagen. Trotz des Abbaus wichtiger Hemmfaktoren für grenzüberschreitenden Handel und Freizügigkeit der Produktionsfaktoren bestehen wohl weiterhin erhebliche Grenzhemmnisse (NITSCH 2002; HEAD/MAYER 2000). Anders ist nicht zu erklären, dass die Verflechtung innerhalb der Mitgliedsländer der EU immer noch weitaus größer ist als die über nationale Grenzen hinweg. Auch die weitgehende Einbettung der Grenzregionen in die nationalen Konjunkturverläufe wäre ansonsten nicht plausibel. Wenn aber nach wie vor erhebliche Grenzhemmnisse bestehen, so kann auch nicht erwartet werden, dass aus den bislang erfolgten Integrationsschritten allzu starke Entwicklungsimpulse für die Grenzregionen erfolgt sind.

Begrenzte Impulse auf Grund geographischer Faktoren

Zwei der drei deutsch-dänischen Grenzräume haben keine feste Landgrenze, sondern sind durch die Ostsee voneinander getrennt. In diesen beiden Grenzräumen kann man von vornherein keine nennenswerten positiven Integrationseffekte erwarten, jedenfalls nicht solche, die durch Ausdehnung der lokalen Märkte entstehen, weil diese auf Grund der geographischen Restriktionen nicht realisierbar sind. Das Potenzial zur Ausdehnung lokaler Märkte nach einer Grenzöffnung ist auch in der deutsch-niederländischen Ems Dollart Region begrenzt, weil die Bevölkerungsdichte dort gering ist und keine größeren Städte in Grenznähe liegen. Bezieht man die geographischen Gegebenheiten in die Betrachtung ein, so können in einigen Grenzregionen deshalb auch keine oder nur geringe Impulse aus einer Grenzöffnung erwartet werden.

Stärkere Impulse durch Nachbarschaft zu dichter besiedelten Räumen

Ganz anders sieht hingegen die Situation in den anderen beiden deutsch-niederländischen Grenzräumen aus. Die EUREGIO und insbesondere die Euregio Rhein-Waal liegen zwischen dicht besiedelten Räumen in den Niederlanden und in Nordrhein-Westfalen; auf niederländischer Seite gibt es zudem noch in Grenznähe die Städte Arnhem, Nijmwegen und Enschede. Hier ist also zum einen Potenzial für grenzüberschreitende lokale Märkte zu erschließen, zum anderen liegen die Grenzregionen günstig, um die großen überregionalen Märkte – in Deutschland das Rhein-Ruhr-Gebiet und in den Niederlanden Randstadt – zu bedienen. Deshalb kann in diesen Regionen eine günstige Entwicklung durch Grenzöffnung erwartet werden; eine solche zeigt sich dann auch in den Fallbeispielen für diese Regionen. Nur der deutsche Teil der Euregio Rhein-Waal bleibt trotz günstiger großräumiger Lage und beträchtlichem Potenzial für eine Ausdehnung lokaler Märkte hinter der nationalen Entwicklung zurück. Dies kann aber mit den Strukturproblemen des Ruhrgebietes erklärt werden; so gehört Duisburg, eine Stadt mit besonderen Anpassungsproblemen, zum deutschen Teil dieser Region.

Positive Integrationseffekte teilweise nur auf einer Seite der Grenze

Während die beiden südlichen deutsch-niederländischen Grenzräume auf beiden Seiten der Grenze durch den Abbau von Grenzhemmnissen eine Verbesserung ihrer Lagegunst erfahren haben dürften, trifft dies auf den deutsch-dänischen Grenzraum Schleswig/Sønderjylland nur für den dänischen Teil zu. Für dänische Produzenten hat sich durch den Abbau von Grenzhemmnissen der große west- und mitteleuropäische Markt geöffnet, für deutsche Produzenten nur der vergleichsweise kleine dänische Markt. Dies mag erklären, weshalb sich der dänische Teil sehr viel besser entwickelt hat als der dänische Durchschnitt, insbesondere in den 70er Jahren, während im deutschen Teil kein besonderer Entwicklungsimpuls zu beobachten war.

Berücksichtigt man die spezifischen Gegebenheiten in den einzelnen Grenzregionen, so spricht das beobachtete Entwicklungsmuster in den betrachteten Grenzräumen der Tendenz nach dafür, dass mit der Grenzöffnung positive Entwicklungsimpulse verbunden waren, jedenfalls dort, wo sie erwartet werden konnten.

Geringe grenzübergreifende Verflechtungen und Abhängigkeiten – auch bei positiven Entwicklungstendenzen

Wenn auch manches dafür spricht, dass der Abbau von Grenzhemmnissen positive Entwicklungsimpulse in einigen Regionen ausgelöst hat, so sind allerdings die grenzüberschreitenden Verflechtungen und Abhängigkeiten gering geblieben. Dies gilt auch für die Regionen, für die man positive Entwicklungsimpulse aufgrund der Integration vermuten kann. Die grenzüberschreitenden Verflechtungen haben in keinem der untersuchten Fallbeispiele ein Ausmaß erreicht, welches eine Einbindung der Grenzräume in die jeweiligen nationalen Wirtschaftsräume hätte ablösen können. Nach wie vor ist in allen Grenzregionen eine starke Abhängigkeit der regionalen von der jeweiligen nationalen Entwicklung beobachtbar. Dies zeigen die parallelen Konjunkturverläufe zwischen Grenzregionen und zwischen ihren jeweiligen nationalen Referenzregionen. Darauf deutet aber auch hin, dass es in keinem der untersuchten Fallbeispiele eine eigenständige parallele Entwicklung der Regionen auf beiden Seiten der Grenze gab, die sich signifikant von den Entwicklungen in den nationalen Wirtschaftsräumen unterschieden hat. Damit wird einmal mehr deutlich, dass auch nach vielen zweifellos bedeutsamen Integrationsschritten noch erhebliche Grenzhemmnisse durch institutionelle und andere Unterschiede zwischen den Mitgliedstaaten der EU bestehen. Es ist nicht absehbar, dass diese schnell überwunden werden.

LUDWIG THORMÄHLEN

6. Grenzübergreifende Zusammenarbeit in europäischen Grenzräumen – eine bewertende Zusammenfassung

Ausgangspunkt für die vorliegende Untersuchung war die Frage, wie sich europäische Grenzräume an den EU-Binnengrenzen im Zuge der europäischen Integration bislang entwickelt haben. Dabei standen Fragen nach den ökonomischen Integrationseffekten in Grenzräumen im Vordergrund. Sie wurden vor dem Hintergrund der in Kapitel 2 dargestellten theoretischen Betrachtungen – auf der Grundlage von statistischen Daten über einen längeren Zeitraum – im Rahmen von Fallstudien untersucht (vgl. Kapitel 3 und 4). Die entsprechenden Ergebnisse wurden in Kapitel 5 zusammenfassend bewertet.

In den Fallstudien werden darüber hinaus – gestützt auf Hintergrundgespräche mit regionalen Akteuren und Experten – verschiedene Fragen der grenzübergreifenden Zusammenarbeit angesprochen, die über den engeren Untersuchungsrahmen hinausgehen. Dazu gehören – entsprechend den verschiedenen beruflichen Schwerpunkten der Verfasser – unterschiedliche Überlegungen für die Grenzräume zu folgenden Fragen:

Veränderung der Rahmenbedingungen für die Entwicklung der Grenzräume, Potenziale für ökonomische Aktivitäten, Entwicklungsperspektiven und strukturpolitische Strategien, Motivationen für grenzübergreifende Kooperationen, Entstehung und Weiterentwicklung von institutionellen Kooperationen und Organisationsformen.

Im Folgenden sollen die Untersuchungsergebnisse zur Frage der grenzübergreifenden Zusammenarbeit im Hinblick auf aktuelle fachliche und politische Diskussionen akzentuiert dargestellt werden. Dabei wird der Versuch unternommen, die Vielzahl unterschiedlicher, nicht immer systematisch und vollständig ermittelbarer Befunde vorsichtig bewertend und zum Teil eher im Sinne von Thesen zusammenzufassen, konzentriert auf folgende Punkte:

- Unterschiedliche Entwicklungstendenzen diesseits und jenseits einer nationalen Grenze
- Grenzhindernisse mit längerfristiger Wirkung
- Verflechtungen über nationale Grenzen hinweg
- Aktuelle Situation und spezifische Aufgaben der grenzübergreifenden Zusammenarbeit
- Weichenstellungen durch regionale Entwicklungsstrategien
- EU-Rahmenbedingungen für die grenzübergreifende Zusammenarbeit

Unter dem Begriff *„grenzübergreifende Zusammenarbeit"* werden im Folgenden die Aktivitäten aller Akteure aus Politik und Verwaltung sowie von gesellschaftlichen Gruppierungen zusammengefasst, die durch ihre Initiativen mit Bezug auf europäische Grenzräume für grenzübergreifende Kontakte, Kooperationen und Entwicklungen sorgen. Dabei spielen naturgemäß die institutionelle Zusammenarbeit auf verschiedenen Ebenen sowie die Kooperation der regionalen Akteure eine besondere Rolle.

■ Bewertende Zusammenfassung

Unterschiedliche Entwicklungstendenzen diesseits und jenseits einer nationalen Grenze

Die Fallstudien haben für alle untersuchten Grenzräume ein gleich lautendes Ergebnis: Die Entwicklungen in benachbarten Grenzregionen diesseits und jenseits der Grenze orientieren sich im Wesentlichen an denen in den jeweiligen nationalen Referenzräumen. Gemeinsame bzw. parallele Entwicklungstendenzen in benachbarten Grenzregionen sind kaum zu entdecken.

Während ein stark wachsender Handel und erhebliche Zunahmen im Reiseverkehr zwischen den EU-Mitgliedsländern erhebliche Fortschritte bei der europäischen Integration verdeutlichen, bleibt die Kohäsion der Mitgliedsländer unmittelbar an den Grenzen demgegenüber noch weit zurück.

Grenzhindernisse stehen der grenzübergreifenden Zusammenarbeit entgegen

Ursächlich dafür, dass wir es vor allem in den Grenzräumen noch nicht mit einem „Europa ohne Grenzen" zu tun haben, sind eine ganze Reihe von Hemmnissen bzw. Grenzhindernissen, die nach Feststellungen der Fallstudien grenzübergreifende Kooperationen und Verflechtungen erschweren (vgl. Tab. 1).

Auf die Zusammenarbeit von Grenzregionen wirken sich vor allem nationale Vorgaben in Form institutioneller Regelsysteme, Rahmenbedingungen und Organisationsstrukturen insbesondere in den Bereichen Verwaltung, Steuer- und Sozialsysteme, Wirtschaftsrecht, Arbeits- und Wohnungsmarkt sowie Qualifikation aus. Sie sind Ursache für die Parallelität der Entwicklungen in den Grenzregionen und den entsprechenden nationalen Referenzräumen sowie zum Teil auch für unterschiedliche Entwicklungsverläufe in und für geringe grenzübergreifende Verflechtungen zwischen benachbarten Grenzregionen. Die Unterschiede zwischen den EU-Mitgliedstaaten bauen sich nur langsam ab. Sie spielen innerhalb der Grenzräume eine ambivalente Rolle: Sie sind großenteils Hemmnis für grenzübergreifende Kooperationen und Verflechtungen. Gleichzeitig lassen sich aber einige Verflechtungen wie zum Beispiel der Grenzhandel erst durch diese Unterschiede erklären. Interaktionen zur Überwindung von Grenzhindernissen erfordern einen relativ hohen Aufwand und versprechen in der Regel eher einen länger- als einen kurzfristigen Erfolg, der die Entwicklung besser fördern könnte.

Geringe grenzübergreifende Verflechtungen auch nach langjähriger Zusammenarbeit

Die Grenzhindernisse spiegeln sich auch in dem in den Fallstudien festgestellten geringen Grad der ökonomischen Verflechtungen wider (vgl. Tab. 2).

Das Bild der geringen Verflechtungen ist jedoch im Hinblick auf mögliche, aber unzutreffende Schlussfolgerungen zu relativieren. Zunächst einmal ist festzustellen, dass es neben den Grenzbarrieren auch andere Faktoren wie geringe Bevölkerungsdichten und Marktpotenziale oder auch mentale Hemmnisse gibt, die für begrenzte ökonomische grenzüberschreitende Interaktionen ursächlich sein können. Hinzu kommt der Mangel an kleinräumigen grenzübergreifenden Daten (vgl. Kap. 3 und Kap. 4) bzw. das Fehlen eines Regional-Monitorings, das nur einen begrenzten Eindruck von den ökonomischen Verflechtungen zwischen den Grenzregionen vermittelt und dazu führt, dass Fortschritte bei der europäischen Integration nur unzureichend messbar bzw. darstellbar sind.

Auf Grund der in den untersuchten Grenzräumen bestehenden wirtschaftsgeographischen Verhältnisse und der vorgefundenen Wirtschaftstrukturen gibt es teilweise nur wenige Anknüpfungspunkte für regionalwirtschaftliche Verflechtungen. Dies ist beispielsweise anders am Oberrhein oder im Raum Aachen, wo die geographischen und wirtschaftsstrukturellen Bedingungen ein besonderes Interesse am „Grenzpendeln" wecken und auch dafür sorgen, dass daraus ein relevantes Eigeninteresse an administrativer grenzüberschreitender Zusammenarbeit entsteht.

Tab. 1: Grenzübergreifende Zusammenarbeit
- längerfristig wirkende Grenzhindernisse (Hemmnisse)

Hemmnisse	Beispiele
Personengebundene und kulturelle Hemmnisse	Sprache, fehlende Erfahrungen miteinander, teilweise auch persönliche - häufig historisch begründete - Vorbehalte
Nationale Regelungssysteme	Rechts-, Steuer-, Verwaltungs- und Sozialsysteme, Gesundheitsvorsorge, berufliche Qualifikation
Starke Einbindung vor allem in nationale Netzwerke	Einbettung der Grenzregionen in regionale Entwicklungsschwerpunkte und Arbeitsteilungen des jeweiligen Staates ohne Berücksichtigung von grenzübergreifend nutzbaren Potenzialen
Unterschiedliche Verwaltungsstrukturen	Unterschiedliche Größe, Finanz- und Verwaltungskraft sowie Entscheidungskompetenz der Kommunen, unterschiedliche Organisation der Wirtschaftsförderung und der Kammern
Begrenzte ökonomische Verflechtungspotenziale	Maritime Grenzen und andere natürliche Barrieren, fehlende Partner auf der Gegenseite (z. B. keine "passenden" Wirtschaftspartner oder keine Städte in gleicher Größenordnung)
Diskrepanz zwischen (Verwaltungs-) Aufwand und kurzfristigem Ertrag	Hoher Aufwand für Kommunikation bzw. Interaktionen, Abgleichung und Überwindung der nationalen Regelungssysteme sowie für die Umsetzung komplizierter EU-Förderrichtlinien

Selbst im deutsch-niederländischen Grenzraum EUREGIO, in dem die Textilindustrie früher tausende von Arbeitsuchenden jeweils aus dem Nachbarland anzog, ist die Zahl der Grenzpendler heute sehr gering, weil die betreffende Branche dort nicht mehr existiert. Im Übrigen bieten heute vor allem Metropolregionen einen diversifizierten und räumlich wachsenden Arbeitsmarkt. Sie üben eine starke Anziehungskraft insbesondere auf jüngere, hoch qualifizierte Menschen aus und sind daher auch für Arbeitsuchende aus dem Nachbarland eher ein Ziel als die unmittelbar benachbarte Grenzregion.

Bewertende Zusammenfassung

Tab. 2: Grenzübergreifende Verflechtungen

- Erhebliche Zunahme beim Reise- und Wirtschaftsverkehr sowie – entsprechend den unterschiedlichen Steuersätzen und Preisen in benachbarten Grenzregionen – auch beim Grenzhandel
- Noch in begrenztem Rahmen: Nutzung von Unterschieden auf den Wohnungsmärkten beiderseits der Grenze
- Kein Ausgleich zwischen den Arbeitsmärkten über die Grenze hinweg – nur geringe Pendlerströme
- Geringe Pendelverflechtungen, selbst im engeren Stadt-Umlandbereich großer – unmittelbar an der Grenze gelegener – Städte
- Soweit bekannt: wenige Kooperationen zwischen Unternehmen in benachbarten Grenzregionen

Das Bild geringer grenzübergreifender Pendelverflechtungen lässt sich schließlich auch durch einen ähnlichen Entwicklungsstand beiderseits der Grenze erklären. Es handelt sich um ein typisches Bild von EU-Grenzräumen, in denen es – im Gegensatz zu neuen EU-Grenzräumen im Zuge der EU-Erweiterung – kein nennenswertes Wohlstandsgefälle gibt und in denen nicht zuletzt auch die soziale Absicherung jeweils im eigenen Staat die Menschen von dem vermeintlichen Wagnis eines beruflichen Schrittes in das Nachbarland abhält. Hinsichtlich der Arbeitssuche im Nachbarland sind heute kaum Grenzhemmnisse (s. Tab. 1) wie zum Beispiel Unterschiede im Steuersystem als herausragende Barriere anzusehen, sondern eher mentale Befindlichkeiten (vgl. Kap. 3).

Schließlich deutet aber die erhebliche Zunahme beim Warenaustausch und beim Reiseverkehr zwischen den EU-Ländern darauf hin, dass durch die europäische Integration ein Prozess in Gang gesetzt worden ist, der zu erheblichen wirtschaftlichen und sozialen Fortschritten und zur erleichterten grenzüberschreitenden Nutzung von Ressourcen führt. Dabei handelt es sich um einen Prozess, der nicht zuletzt auch durch vielfältige Initiativen unterschiedlicher regionaler Akteure in den Grenzräumen gefördert wird. Sie tragen durch Wahrnehmung breit angelegter Ziele und Aufgaben zu einer Verbesserung der gegenseitigen Information, zur Verständigung von Menschen und Institutionen, Wirtschaft und Politik und damit zur Förderung der Kohäsion zwischen den Mitgliedstaaten bei.

Grenzübergreifende Zusammenarbeit: Prozess zur Förderung der Kohäsion in Europa erfolgreich eingeleitet

Nach den Erkenntnissen aus den Fallstudien kann zunächst einmal festgestellt werden: In allen untersuchten Grenzräumen sind bereits seit vielen Jahrzehnten – wenn auch hinsichtlich der Ausrichtung und Intensität recht unterschiedliche – Prozesse zur Zusammenarbeit über die Grenze hinweg vor allem von Politik und Verwaltung, aber auch von zahlreichen anderen Akteuren, eingeleitet und vertieft worden. Selbst unter schwierigen Verhältnissen im Einzelfall hat der Prozess trotz mancher Rückschläge bis heute überall zu Fortschritten geführt. Diese dokumentieren sich zumindest darin, dass sich die regionalen Akteure jeweils mit den Nachbarn und den nachbarschaftlichen Strukturen vertraut gemacht haben. Das hat in der Folge zu einer mit der Zeit immer engeren Kooperation in unterschiedlichen Organisationsformen sowie zu einer mehr oder weniger umfassenden Zusammenarbeit geführt.

In diesem Zusammenhang sei auf das nachhaltige Engagement und die Erfolge der schleswig-holsteinischen Landesregierung im Hinblick auf die deutsch-dänische Verständigung sowie bei der Vorbereitung und aktiven Begleitung des Prozesses zur EU-Erweiterung im Ostseeraum hingewiesen – als Beispiel für die ebenso notwendige wie wirksame Einleitung und Unterstützung von Maßnahmen zur Förderung der Zusammenarbeit in Europa durch nationale Regierungen, Kammern und Verbände, auf die die regionalen Akteure, Kommunen ebenso wie private Initiatoren dringend angewiesen sind.

Bei einem Vergleich der Entwicklung in den deutsch-dänischen und den deutsch-niederländischen Grenzräumen werden Unterschiede deutlich, die insbesondere auch auf die räumliche Lage und Größe zurückzuführen sind (vgl. Kap. 1, Tab. 1).

Tab. 3: Grenzübergreifende Zusammenarbeit
- Grenzraumspezifische Ziele und Aufgaben

- Kennen, verstehen und schätzen lernen der Eigenarten des Nachbarn, Interesse am Nachbarn wecken, Vertrauen entwickeln

- Aktive Begegnung über die Grenze hinweg von Bürgern und Institutionen, von politischen und gesellschaftlichen Gruppierungen

- Erweiterung der Kenntnisse über die jeweiligen staatlichen und gesellschaftlichen Strukturen sowie über die Entscheidungsprozesse

- Überwindung von längerfristig wirksamen Grenzhindernissen (vgl. Tab. 1)

- Verbindung und Verbesserung der grenzübergreifenden Infrastrukturen

- Öffnung des Arbeitsmarktes, Verfolgung gemeinsamer Strategien zur Verbesserung und gegenseitigen Anerkennung der Qualifikationen für den Arbeitsmarkt

- Kooperationen in den Bereichen Bildung, Forschung und Lehre, Tourismus, Natur- und Umweltschutz, im Transportwesen, zwischen Unternehmern etc.

- Gemeinsame Aktivitäten auf Drittmärkten / in neuen EU-Beitrittsländern, gemeinsames Standortmarketing

- Abklärung gemeinsamer Interessen, Chancen und Probleme im Rahmen eines fortlaufenden Prozesses

- Entwicklung und Umsetzung von gemeinsamen Entwicklungsstrategien, Programmen und Projekten

- Schaffung der für die grenzübergreifende Zusammenarbeit erforderlichen effektiven Managementstrukturen

■ **Bewertende Zusammenfassung**

Die Triebfedern für die Zusammenarbeit scheinen in größeren Grenzräumen und/oder in dichter besiedelten Räumen in der Nähe von Metropolregionen bzw. Agglomerationen erheblich größer zu sein als in dünner besiedelten peripheren ländlichen Räumen.

Eine Zusammenarbeit erscheint dort im Übrigen attraktiver, weil auch Interessen aus dem eigenen nationalen Hinterland über die Grenze hinweg auf die Wirtschafts- und Entwicklungszentren des Nachbarstaates gerichtet sind. Dieses wird teilweise durch wichtige europäische Transportkorridore bestärkt, die durch diese Grenzregionen hindurch verlaufen (vgl. Kap. 1, Karte 3).

Dementsprechend sind bei den deutsch-niederländischen Grenzräumen festzustellen:

- engere Kooperationsformen bis hin zur Gründung von grenzübergreifenden Zweckverbänden
- eine größere Intensität und Breite der Zusammenarbeit
- die sehr frühzeitige Erarbeitung von gemeinsamen regionalen Entwicklungskonzepten sowie
- der Einsatz deutsch-niederländischer Raumordnungskommissionen, die gleichermaßen die fachliche Bedeutung und das staatliche Interesse an den Kooperationen dokumentieren

In dünner besiedelten deutsch-dänischen Grenzräumen und insbesondere in den durch maritime Grenzen getrennten Räumen verläuft die Zusammenarbeit mit einer sehr viel geringeren Intensität und zum Teil in relativ lockeren Organisationsstrukturen, teilweise auch – bedingt durch die stärkere Bedeutung lokaler Einzelinteressen – in einer breiteren, jedoch nur mäßig koordinierten Vielfalt. Die Suche nach gemeinsamen Interessen ist hier aus nachvollziehbaren Gründen auch schwieriger. Bei den beiden Grenzräumen mit maritimen Grenzen stehen konkrete gemeinsame Entwicklungsziele für Einzelbereiche im Vordergrund.

Aus der Tatsache, dass die Potenziale für die Zusammenarbeit in den Grenzräumen und auch die Formen erhebliche Unterschiede aufweisen, lässt sich aber nicht zwangsläufig ein Unterschied im Hinblick auf die Notwendigkeit von grenzübergreifenden Kooperationen ableiten. Entsprechend den Untersuchungsergebnissen ist nämlich festzustellen, dass es in allen Grenzräumen – wenn auch mit unterschiedlicher Gewichtung – einige grenzraumspezifische Kernziele und -aufgaben gibt, die sich aus den in den Kapiteln 3 und 4 dargestellten Motiven und Schwerpunkten der grenzübergreifenden Zusammenarbeit ableiten lassen (vgl. Tab. 3).

Es zeigt sich jedoch, dass der Erfolg der grenzübergreifenden Zusammenarbeit ganz entscheidend von der Organisationskraft zur Gewährleistung von stetigen Interaktionen und von längerfristigen Prozessen zur Umsetzung grenzübergreifender Entwicklungsstrategien abhängt. Hilfreich ist es darüber hinaus auch, der Vielzahl von unterschiedlichen regionalen Akteuren den entschiedenen politischen Willen zur Kooperation aufzuzeigen und mit ihnen gemeinsam die konkreten Möglichkeiten für Erfolg versprechende Entwicklungen zu erkunden, die sie dann durch Eigeninitiativen selbst gestalten und nutzen können.

Weichenstellungen durch längerfristige regionale Entwicklungsstrategien

Den Untersuchungsergebnissen zufolge stellt sich der Rahmen für die grenzübergreifende Zusammenarbeit wie folgt dar: Angesichts der fortbestehenden Bedeutung der Nationalstaaten können Grenzräume ihre Rolle als Integrationsräume nur begrenzt ausfüllen. Auch in Zukunft treffen in den Grenzräumen unterschiedliche institutionelle Rahmenbedingungen aufeinander, die die oben genannten Grenzhindernisse (vgl. Tab. 1) begründen. Grenzräume sind daher eher als Schnittstellen zwischen Staaten aufzufassen, in denen sich die regionale Integration vor allem von den Erfordernissen und Rahmenbedingungen aus regionaler, nationaler und internationaler Politik und Verwaltung ableitet. Die grenzübergreifende Zusammenarbeit dient weniger der Aufhebung von Grenzhindernissen als vielmehr der Verbesserung grenzübergreifender Strukturen im Sinne einer regionalen Brückenbildung zwischen unterschiedlichen Kulturen und Systemen.

Eine Überprüfung von Entwicklungsstrategien in den Grenzräumen ist allein schon deshalb erforderlich, weil sich die Rahmenbedingungen zum Teil erheblich verändern. Die wirtschaftlichen Perspektiven für die Grenzräume werden außer durch den absehbaren demographischen Wandel ganz wesentlich durch langfristige Entwicklungstendenzen beeinflusst, die zum Teil weltweit gültig und nicht auf Grenzregionen beschränkt sind. Das führt zu immer neuen Anforderungen zum Beispiel durch:

Fortschreitende Globalisierung und immer schnellere technische Innovationen, Veränderungen in der Altersstruktur der Bevölkerung, Tertiärisierung, starke Veränderungen der Arbeitswelt, neue Trends mit Verschiebung der Nachfragestruktur im Tourismus von der örtlichen auf die regionale Ebene sowie Veränderung der wirtschaftsgeographischen Koordinaten in Mitteleuropa (vgl. ausführliche Darlegung der Veränderungen in Kap. 3.3 sowie Hinweis auf veränderte Standortanforderungen in Kap. 4).

In den untersuchten Grenzräumen gibt es vor allem bezüglich des demographischen Wandels gravierende Unterschiede und zum Teil auch erhebliche Veränderungen, die Auswirkungen auf den Arbeitsmarkt sowie auf die Anforderungen an kommunale Infrastrukturen haben. In Teilen vor allem der deutsch-niederländischen Grenzräume sind es künftig verringerte Bevölkerungszunahmen (vgl. Ausführungen zu sozioökonomischen Entwicklungstrends und daraus zu ziehende Schlussfolgerungen, Kap. 4). In Teilen der deutsch-dänischen Grenzräume sind es Bevölkerungsabnahmen, die Veränderung der Altersstruktur durch Zunahme der Zahl der älteren und Abnahme der Zahl der jüngeren Menschen sowie der Mangel insbesondere an qualifizierten Arbeitskräften, die ein Überdenken von Entwicklungszielen erfordern (vgl. Kap. 3).

Im Übrigen geht es um die Frage, wie sich die Grenzräume positionieren – im Spannungsfeld der europäischen Metropolregionen und Agglomerationsräume sowie auf dem sich durch die EU-Osterweiterung verändernden europäischen Markt oder auch ganz allgemein: im Hinblick auf die weiter zunehmende Internationalisierung des Wettbewerbs von Standorten und Regionen und die daraus resultierende Notwendigkeit, benachbarte Grenzregionen künftig nicht nur als miteinander konkurrierende Räume anzusehen, sondern daneben den Grenzraum insgesamt noch stärker als Kooperationsraum zu nutzen. Diesbezüglich setzen sich insbesondere die Verfasser des Kapitels 4 mit der Möglichkeit auseinander, die Grenze zielbewusster als Schnittstelle zwischen unterschiedlichen kulturellen Formen anzusehen und sie im Sinne eines „non-tradable" Standortvorteils zu kultivieren.

Dieses ist gleichbedeutend mit einer stärkeren Umorientierung in den Grenzräumen: von „Europäischer Marktintegration" im Sinne einer Harmonisierung/Nivellierung hin

■ Bewertende Zusammenfassung

zur gemeinsam abgestimmten Regionalentwicklung, die eine Kultivierung der Grenze und die Nutzung der Vielfalt zum Ziel hat; vom „Abbau der Grenze" hin zur Vermarktung der Vorteile der Grenzsituation. Internationalität, Individualität und gleichzeitig auch kulturelle Vielseitigkeit, das sind grenzraumspezifische Standortvorteile, die künftig vielleicht noch stärker genutzt werden können. Das allerdings erfordert eine Kooperation im Sinne von ständigen Organisations- und Prozessinnovationen auch im Sinne von Governance, bei denen Regionalmanager beiderseits der Grenze noch mehr gemeinsam die Rolle von unternehmerisch tätigen Initiatoren, Moderatoren und Koordinatoren wahrnehmen. Für den Erfolg entsprechender Strategien unerlässlich ist jedoch in jedem Falle ein starkes politisches und öffentliches Interesse – auf beiden Seiten der Grenze.

Dabei ist zu bedenken: Eine auf die Zukunft gerichtete Zusammenarbeit über die Grenzen hinweg kann es nur geben, wenn die Menschen das Gefühl behalten, dadurch nicht gleichzeitig ihre persönliche, kulturelle und regionale Identität zu verlieren. Die regionale Vielfalt wird von vielen Akteuren als eine einzigartige Besonderheit angesehen, die es zu erhalten gilt.

Schließlich muss aber auch angemerkt werden, dass grenzübergreifende Zusammenarbeit nur dort in größerem Maße Erfolg haben kann, wo es gelingt, Grenzräume als Drehscheiben zwischen Mitgliedstaaten zu etablieren und die grenzraumspezifischen Vorteile in ökonomischer, logistischer und kultureller Hinsicht sowie in Form von Sprachkompetenz und Kenntnis der Nachbarstrukturen auszuspielen. Andererseits stehen eher kommunale Einzelfallkooperationen oder die gemeinsame Wahrnehmung einzelner grenzüberschreitender Herausforderungen im Vordergrund, zum Beispiel im Hinblick auf Umwelt- und Gewässerschutz, die grenzübergreifende Nutzung kommunaler und regionaler Infrastrukturen und/oder die gemeinsame Entwicklung und Umsetzung touristischer Entwicklungskonzepte.

Die Frage nach der den besten Erfolg versprechenden Strategie wird sich spätestens wieder im Zuge der bevorstehenden Programmdiskussionen für die Zeit nach 2006 stellen.

Verschiedene in den deutsch-dänischen und deutsch-niederländischen Grenzräumen bisher verfolgte oder auch andere aus der Sicht der Verfasser denkbare Strategieansätze werden in den Fallstudien angesprochen und in Tab. 4 zusammengefasst. Hinsichtlich der Hauptzielrichtung lassen sie sich unterteilen in:

- Umfassende grenzraumspezifische Strategieansätze
- Strategieansätze zur Nutzung einzelner besonderer Potenziale
- Strategieansätze zur Lösung grenzübergreifender Probleme.

Die Ansätze sind – auch durch Projektideen – beliebig erweiterbar. Sie laden ein zu einer etwas grundsätzlicheren Diskussion über die Weichenstellungen für die künftige grenzraumspezifische Entwicklung. Dabei geht es weniger darum, immer neue Schlagworte zu erfinden; im Vordergrund stehen vielmehr inhaltliche Konkretisierungen in ständiger Anpassung an sich verändernde Rahmenbedingungen sowie Umsetzungsstrategien.

Tab. 4: Zusammenarbeit in europäischen Grenzräumen
- Ansätze für regionsspezifische Entwicklungsstrategien

- **Kultivierung der Grenze als „non-tradable" Standortvorteil** (grundsätzliche Überlegungen, vgl. Kap. 4.5). Ziel: Nutzung der spezifischen Vorteile von Grenzräumen als Schnittstelle zwischen differenzierten Wirtschafts- und Kulturräumen in ökonomischer, logistischer und kultureller Hinsicht sowie in Form von Sprachkompetenz und spezieller Kenntnis der Nachbarstrukturen
- **Der Grenzraum: Tor zu Europa, Drehscheibe für den Ostseehandel oder Landbrücke nach Skandinavien** (vgl. Kap. 3.2 und 4)
- **Entwicklung des Kooperationsraumes „West Baltic Region"** (vgl. Kap. 3.4)
- **Der Grenzraum als Brücke für die Verbindung Südschwedens und Dänemarks mit den europäischen Wirtschaftszentren**, u. a. Erarbeitung gemeinsamer Strategien gegenüber einer zentralen Verkehrspolitik (feste Fehmarn Belt-Querung) und zur Entwicklung gemeinsamer Positionen gegenüber den angrenzenden Metropolen Kopenhagen/Malmö und Hamburg (vgl. Kap. 3.3)
- **Aufstellung eines Zukunftsbildes für die interregionale Zusammenarbeit** zur Begründung von Kooperationsfeldern als Schnittmenge gemeinsamer Interessen sowie zur längerfristigen Orientierung für Wirtschaft und Politik, Verbände und Sozialpartner, Vereine und Bürger (vgl. Kap. 3.2 und 4)
- **Ausbau des integrierten Regionalmanagements für den gesamten Grenzraum** – nicht nur zur Nutzung der INTERREG-Förderung, sondern – vor allem auch zur stetigen, aufmunternden Unterstützung von längerfristig ausgerichteten Interaktionen über die Grenze hinweg im Hinblick auf: Chancennutzung und Problemlösungen
- **Der Grenzraum, ein Erholungs- und Kreativitätszentrum zwischen Metropolregionen** (z. B. zwischen Metropolregionen Kopenhagen/Malmö und Hamburg, vgl. 3.3)
- **Nutzung nicht ausgeschöpfter Kapazitäten auf einer Seite der Grenze** bei Kapazitätsengpässen auf der anderen Seite der Grenze, Beispiel: Gesundheitswesen (Kliniken, Ärzte, Tele-Medizin, vgl. Kap. 3.2 und 3.4)
- **„Wechselseitige Brückenköpfe"** (Grenzübergreifende Kooperation im Hinblick auf gemeinsame Interessenlagen, vgl.: Grundsätzliche Überlegungen für einen Grenzraum, Kap. 3.3)
- **Gemeinsame und kooperative Marktevaluierung und -erschließung in Beitritts- oder Drittländern** (vgl. Kap. 3.3)
- **Gemeinsame Wertschöpfung mit großen internationalen Verkehrsprojekten** (Gastronomie, Tourismus, Logistik, Gewerbeansiedlung etc., vgl. Kap. 3.3)
- **Ausbau noch ungenutzter Kooperationspotenziale in Forschung und Lehre** (vgl. Kap. 3.4)
- **Einrichtung grenznaher Kompetenzzentren, in denen private und/oder öffentliche nationale Beratungsstellen zusammenarbeiten,** Beispiel „europe buisiness center", ein Zentrum für im Grenzraum zugelassene Anwälte, Notare, Finanzdienstleister etc. (vgl. Kap. 4.5)
- **Suche nach gemeinsamen technologischen Clustern** bzw. grenzübergreifende Clusterbildungen in anderen Bereichen (z. B. Initiativen von Industrie- und Handelskammern sowie Erwerbscentern, vgl. Kap. 3.4)
- **Grenzübergreifende Tourismusvermarktung** unter Berücksichtigung der unterschiedlichen regionskundlichen Aspekte
- **Schaffung eines gemeinsamen Arbeitsmarktes / Durchführung grenzübergreifender Qualifizierungsmaßnahmen** (Kap. 3.2)
- **Gemeinsame Strategien für den Natur- und Gewässerschutz** (z. B. im Bereich der südlichen Ostsee, vgl. Kap. 3.4)
- **Strategien zur Beseitigung rechtlicher Hürden für die grenzübergreifende Zusammenarbeit** (bis hin zum grenzüberschreitenden Einsatz der Polizei)

■ Bewertende Zusammenfassung

Frage nach den Zielsetzungen und Rahmenbedingungen der EU für die Zeit nach 2006

Im Rahmen der Fallbeispiele werden einige Feststellungen getroffen und Fragen nach der Weiterentwicklung angesprochen, bei denen nicht zuletzt auch die Zielsetzungen und Rahmenbedingungen der EU für die Zeit nach 2006 eine erhebliche Rolle spielen.

Zunächst ist festzustellen: Die INTERREG-Förderung für Grenzregionen hat in den untersuchten Grenzräumen ganz erheblich dazu beigetragen, den Prozess der grenzübergreifenden Zusammenarbeit zu verstetigen, in vielen Bereichen zu beschleunigen und teilweise überhaupt erst in Gang zu setzen. Die davon ausgehenden Anstöße waren vor allem auch in den Regionen hilfreich, in denen es besondere geographische Hindernisse oder auch mentale Vorbehalte auf Grund nachwirkender geschichtlicher Ereignisse gibt. Die EU-Förderung hat nicht zuletzt dazu geführt, dass zum Teil vorbildliche organisatorische Voraussetzungen geschaffen oder verstärkt werden konnten, die für die Stetigkeit eines längerfristig angelegten Prozesses unerlässlich sind.

Nach den Erkenntnissen aus den Fallstudien sind auf Grund der gegebenen Rahmenbedingungen keineswegs alle bestehenden Kooperationen als gefestigt anzusehen. Hinsichtlich der weiteren Entwicklung ist daher die Frage außerordentlich bedeutsam, zu welchen Ergebnissen die Überprüfung der bisherigen Ziele, Kriterien und Regeln der EU-Förderung, insbesondere der INTERREG-Gemeinschaftsinitiative (Teil A), im Hinblick auf die EU-Erweiterung und die Neuausrichtung der Strukturfonds für die Zeit nach 2006 führen wird und wie die konkreten Rahmenbedingungen der EU für die grenzübergreifende Zusammenarbeit dann aussehen werden.

Gemäß der europäischen Beschäftigungsstrategie (EU Lissabonstrategie) soll die EU bis zum Jahre 2010 zu dem weltweit dynamischsten, wettbewerbsfähigsten, nachhaltig wissensbasierten Wirtschaftsraum werden. Danach sollen die Mittel vorrangig dort eingesetzt werden, wo sie die höchsten Wachstumserträge für den gesamten Wirtschaftsraum erbringen. Damit wird zweifellos ein Hinweis auf die Bedeutung von Innovationen in Wissenschaft und Technik und damit von Investitionen in Wachstumsregionen, den Hauptstandorten von entsprechenden Einrichtungen, gegeben.

Eine wichtige Voraussetzung für die erfolgreiche europäische Integration im umfassenden Sinne eines wettbewerbsfähigen Gesamtraumes ist der territoriale Zusammenhalt, das heißt: die Schaffung eines Raumes ohne Binnengrenzen durch Stärkung des wirtschaftlichen und sozialen Zusammenhaltes (vgl. § 2 des Amsterdamer Vertrages). Hierzu und zur Erhaltung der Vielfalt in Europa kann eine grenzübergreifende und interregionale Zusammenarbeit, die auf das gegenseitige Verständnis und die Nutzung der verschiedenen Kulturen ausgerichtet ist, als regionale, nationale und europäische Aufgabe einen einzigartigen Beitrag leisten. Dies setzt jedoch entsprechende Rahmenbedingungen der EU wie insbesondere auch die weitere Ausgestaltung von INTERREG A als ein grenzraumspezifisches Instrument voraus, und zwar zum Ausgleich für die Überwindung der sowohl in den neuen als auch weiterhin in den alten Grenzräumen noch längerfristig bestehenden Grenzhemmnisse sowie zur Förderung zukunftsgerichteter Entwicklungsprozesse an den EU-Binnengrenzen.

LITERATUR

ASSOCIATION OF EUROPEAN BORDER REGIONS (AEBR) (Hrsg.) (2001): Transeuropean Co-operation between Territorial Authorities. New challenges and future steps necessary to improve co-operation.

BRAKMAN, S.; GARRETSEN, H.; MARREWIJK, V. C. (2001): An Introduction to Geographical Economics. Cambridge.

BODE, E.; HOFFMEYER, M.; HOLLER, L.; KRIEGER-BODEN, C.; LAASER, C. F.; LAMMERS, K.; (1991): Struktur und Entwicklungsmöglichkeiten der Wirtschaft in der deutsch-dänischen Grenzregion. Band 1: Zur wirtschaftlichen Entwicklung in der deutsch-dänischen Grenzregion; Band 2: Zur Entwicklung des Fremdenverkehrs in der deutsch-dänischen Grenzregion. Institut für Weltwirtschaft (Hrsg.). Kiel.

BODE, E.; HOFFMEYER, M; KRIEGER-BODEN, C.; LAASER, C.F.; LAMMERS, K. (1991): Struktur und Entwicklungsmöglichkeiten der Wirtschaft in der deutsch-dänischem Grenzregion. Institut für Weltwirtschaft (Hrsg.). Kiel.

BONG, M.; KÜHL, J.; SCHACK, M; DALL SCHMIDT, T. (2003): Lokalt og regionalt selvstyre. En sammenligning af Sønderjyllands Amt og delstaten Slesvig-Holsten / Kommunale und regionale Selbstverwaltung. Sønderjyllands Amt und Schleswig-Holstein im Vergleich. Institut for grænseregionsforskning/Region Sønderjylland-Schleswig (Hrsg.). Aabenraa.

BRÖCKER, J. (1990): Räumliche Wirkungen der europäischen Integration - ein Survey. In: Jahrbuch für Regionalwissenschaft, Vol. 11, 43-63.

BRÖCKER, J.; RICHTER, F. (2001): Economic Integration and Transport Infrastructure in the Baltic Sea Area. In: BRÖCKER, J.; HERRMANN, H. (Hrsg.): Spatial Change and Interregional Flows in the Integration Europe – Essays in Honour of Karin Peschel. Physica, Heidelberg, New York, 49-59.

BUNDESAMT FÜR BAUWESEN UND RAUMORDNUNG - BBR - (Hrsg.) (2002): Aktuelle Daten zur Entwicklung der Städte, Kreise und Gemeinden. Bonn.

BUSSE, G.; FRIETMANN, J. (1998): Grenzüberschreitende Arbeitsmobilität in der euregio-rhein-maas-nord. In: P. D. GIJSEL/H. J. WENZEL (Hrsg.): Mobilität und Kooperation auf grenzüberschreitenden Arbeitsmärkten: Deutschland-Niederlande. Osnabrück, 37-62.

BYGVRÅ, S.; WESTLUND, H. (2001): Øresundbro – øget interaktion? (Die Øresundbrücke – verstärkte Interaktion?). Institut for Graenseregionsforskning (Hrsg.). Aabenraa.

BYGVRÅ, S. (2002): Grænsehandel foråret 2001 (Grenzhandel im Frühjahr 2001). Institut for Graenseregionsforskning (Hrsg.), Notat Nr. 77. Aabenraa.

CASTELLS, M. (1996): The Rise of the Network Society. Economy, Society and Culture. Oxford.

CNOTKA, M. et al. (1994): Sozio-ökonomische Analyse von Storstrøms Amt und des Kreises Ostholstein. AKF Report, Amternes og Kommunernes Forskningsinstitut, Kopenhagen und Institut für Regionalforschung, Universität Kiel, AKF Forlaget. Kopenhagen.

COMMISSION OF THE EUROPEAN COMMUNITIES (2001): On the Impact of Enlargement on Regions Bordering Candidate Countries. Brussels.

DALL SCHMIDT, T. (2002): Trade at Borders. Consequences of Imperfections and Asymmetries at the Danish-German Border. Aabenraa.

DANIELZYK, R.; WOOD, G. (2003): Die Region im raumbezogenen Diskurs. Das Beispiel „Ruhrgebiet". Manuskript. Oldenburg.

DIJK, J.; V. ZANEN, T. J. (1998): Grenzüberschreitende Zusammenarbeit und der Arbeitsmarkt in der Ems-Dollart-Region. In: P. D. GIJSEL/H. J. WENZEL (Hrsg.): Mobilität und Kooperation auf grenzüberschreitenden Arbeitsmärkten: Deutschland-Niederlande. Osnabrück, 63-72.

DOHSE, D.; HERRMANN, H.; RUPP, K. (1992): Berufspendler- und Unternehmensverflechtungen in Schleswig-Holstein. Gutachten im Auftrag der Staatskanzlei des Landes Schleswig-Holstein. Publikation der Staatskanzlei – Denkfabrik. Kiel.

DUNNING, J. (1997): Technology and the Changing Boundaries of Firms and Goverment. Some Notes. Paper presented at the OECD 'International Seminar on the changing nature of the firm'. Stockholm.

ELIZONDO, P.L.; KRUGMAN, P. (1996): Trade Policy and Third World Metropolis. In: Journal of Development Economics, Vol. 49, 137-150.

Literatur

EURES (2003) (Hrsg.): Untersuchung möglicher Mobilitätshemmnisse. Ergebnisse der Steuerberater-Befragung. Flensburg.

FUJITA, M.; KRUGMAN, P.; VENABLES, A.J. (1999): The Spatial Economy: Cities, Regions, and International Trade. The MIT Press. Cambridge, Massachusetts.

GIERSCH, H. (1949/50): Economic Union between Nations and the Location of Industries. In: The Review of Economic Studies, Vol. 17, 87-97.

GIERSCH, H. (1988): Der EG-Binnenmarkt als Chance und Risiko. Institut für Weltwirtschaft (Hrsg.), Kieler Diskussionsbeiträge, Nr. 147.

GRÖZINGER, G.; SCHACK, M. (2001): Die sozio-demografische Entwicklung der Region Sønderjylland/Schleswig. PROGA (Hrsg.). Flensburg.

GUO, R. (1996): Border-Regional Economics. Heidelberg.

HAMERS, P. (1999): Economen bekritiseren poldermodel. In: Tijdschrift over arbeid, Vol. 2, No. 3, 10-13.

HANSEN, N. (1977): Border Regions: A Critique of Spatial Theory and a European Case Study. In: Annals of Regional Science, Vol. 11, 1-14.

HANSEN, C. L.; HINZ, H.: Die sozio-ökonomische Situation in der deutsch-dänischen Grenzregion 1988-2000. Institut for grænseregionsforskning (Hrsg.). Aabenraa.

HANSEN, C. L.; SCHACK, M. (1997): Grenzpendeln zwischen dem Landesteil Schleswig und Sønderjylland. Institut for Graenseregionsforskning (Hrsg.). Aabenraa.

HANSEN, C.; HANSEN, M.; HERRMANN, H.; HIRSCHFELD, M. (2000): Region K.E.R.N. – Fyns Amt: Stärken, Schwächen, Perspektiven und Kooperationspotentiale. In: K. PESCHEL (Hrsg.): Beiträge aus dem Institut für Regionalforschung der Universität Kiel, Nr. 31. Kiel.

HANSEN, C.; HANSEN, M.; HERRMANN, H.; HIRSCHFELD, M. (2000): Region Ostholstein-Lübeck/Storstrøms Amt: Stärken, Schwächen, Perspektiven und Kooperationspotentiale. In: K. PESCHEL (Hrsg.): Beiträge aus dem Institut für Regionalforschung der Universität Kiel, Nr. 33. Kiel.

HANSON, G. H. (1996): Integration and the location of activities - Economic integration, intraindustry trade, and frontier regions. In: European Economic Review, Vol. 40, 941-949.

HANSON, G. H. (1998): Regional adjustment to trade liberalisation. In: Regional Science and Urban Economics, Vol. 28, 419-444.

HAWEL, B.W.; RADTKE, G.P.; PFEIFFER, C.; ENGELSTOFT, S.; VON ROHR, G. (1999): Midtvejsevaluering af de Operationelle Programmer under INTERREG II A / Zwischenevaluierung der Operationellen Programme im Rahmen von INTERREG II A. Band II.3. Stadt & Land GmbH (Hrsg.). Kiel.

HEAD, K.; MAYER, T. (2000): Non-Europe: The Magnitude and Causes of Market Fragmentation in the EU. In: Weltwirtschaftliches Archiv 136 (2), 284-314.

HEAD, K.; MAYER, T. (2001): Illusory Border Effects: How International Geography Affects External Trade Volumes. University of Paris. Paris.

HEIGL, F. (1978): Ansätze einer Theorie der Grenze. Schriftenreihe der Österreichischen Gesellschaft für Raumforschung und Raumplanung, Band 26.

HERRMANN, H.; HIRSCHFELD, M.; RIEKERS, M. (2001): Berufspendlerverflechtung in Schleswig-Holstein. In: J. BRÖCKER (Hrsg.): Beiträge aus dem Institut für Regionalforschung der Universität Kiel. Nr. 35. Kiel.

HOGENBOOM, R.; VAN VLIET, M. (2000): Uitgepolderd? Over het welvaartscheppende vermogen van Nederland anno 2000. Ministerie van Economische Zaken, Directie Algemene Economische Politiek. Den Haag.

HOUTUM VAN, H. (1999) What is the Influence of Borders on Economic Internationalisation? In: Understanding European Cross-Border Labour Markets. DE GIJSEL, P., JANSEN, M.; WENZEL; H.-J.; WOLTERING, M. (eds.), 107-141.

HOUTUM VAN, H. (2000): An overview of European geographical research on borders and border regions. In: Journal of Borderlands Studies, Vol. 16, 57-83.

HOVER, E. M. (1963): The Location of Economic Activity, 2nd edition, McGraw-Hill.

INSTITUT FÜR LANDES- UND STADTENTWICKLUNGSFORSCHUNG DES LANDES NRW - ILS - (Hrsg.) (1985): Staatsgrenzen überschreitende Beziehungen und Planungen im Gebiet der Region Rhein-Waal. Dortmund.

INSTITUT FÜR LANDES- UND STADTENTWICKLUNGSFORSCHUNG DES LANDES NRW - ILS - (Hrsg.) (1989): Staatsgrenzen überschreitende Beziehungen und Planungen im Gebiet der Region Rhein-Waal. Dortmund.

INSTITUT FÜR LANDES- UND STADTENTWICKLUNGSFORSCHUNG UND BAUWESEN DES LANDES NRW - ILS - (Hrsg.) (2003): Das Ruhrgebiet – ein besonderer Teil der Metropolregion Rhein-Ruhr. Bericht für den ILS-Beirat. Dortmund.

JENSEN-BUTLER, C.; MADSEN, B. (2000): An Eclectic Methodology for Assessment of the Regional Economic Effects of the Femern Belt Link between Scandinavia and Germany. Regional Studies, Vol. 33.8, 751-768.

JUNG, H.-U. (2002a): Regionalbericht 2002. Aktuelle wirtschaftliche Entwicklung in den Regionen Niedersachsens sowie den angrenzenden Hansestädten. Hannover.

JUNG, H.-U. (2002b): Industrie und Dienstleistungen. In: Der Landkreis Emsland. Geographie, Geschichte, Gegenwart. Eine Kreisbeschreibung. Meppen, 627-658.

KOHLE, M. (2000): Grenzüberschreitende Zusammenarbeit im deutsch-niederländischen Gebiet: EUREGIO. In: Neues Archiv für Niedersachsen, Heft 1/2000, 79-102.

KOPP, A. (1999): The New Geographical Economics and the German Founders of Regional Economics. Kiel Working Paper No. 941.

KRUGMAN, P. (1991a): Geography and Trade.

KRUGMAN, P. (1991b): Increasing Returns and Economic Geography. In: Journal of Political Economy, Vol. 99, No. 3, 483-499.

KRUGMAN, P.; HANSON, G. (1993): Mexico-U.S. Free Trade and the Location of Production. In: The Mexico-US Free Trade. GARBER, P. M. (ed.), 163-186.

LÖSCH, A. (1944): Die räumliche Ordnung der Wirtschaft. 2. Auflage.

MARTIN, P.; OTTAVIANO, G.M. (1999): Growing Locations: Industry location in a model of endogenous growth. In: European Economic Review, Vol. 43, 281-302.

MELTZER HANSEN, X.; DALL SCHMIDT, T. (2000): Perspektivanalysen for GrænseRegion Syd. Institut for grænseregionsforskning (Hrsg.). Aabenraa.

MINISTERIE VAN ECONOMISCHE ZAKEN (ed.) (1999): Nota Ruimtelijk Economisch Beleid. Den Haag.

MIOSGA, M. (1999): Europäische Regionalpolitik in Grenzregionen. Die Umsetzung der INTERREG-Initiative am Beispiel des Nordrhein-Westfälisch-Niederländischen Grenzraumes. Passau.

MUYSKEN, J. (2001): Een gat in de dijk van het poldermodel. In: Economisch Statistische Berichten, Vol. 86, No. 4301, 269-271.

NEEF, E.; JANSSEN, S. (2002): Grenzenlose Zusammenarbeit: Ems-Dollart-Region – Neue Hanse Interregio – Euregio „Watteninseln". In: Neues Archiv für Niederachsen, Heft 1/2000, 67-78.

NIEBUHR, A.; STILLER, S. (2002): Integration Effects in Border Regions - A Survey of Economic Theory and Empirical Studies. HWWA Discussion Paper Nr. 179.

NIEBUHR, A.; PESCHEL, K.; RADTKE, G. P. (1999): Zukunftsszenarien Schleswig-Holstein im Jahr 2010. In: K. PESCHEL (Hrsg.): Beiträge aus dem Institut für Regionalforschung der Universität Kiel, Nr. 28. Kiel.

NIEDERSÄCHSISCHES INSTITUT FÜR WIRTSCHAFTSFORSCHUNG - NIW - (1987): Wirtschaft und Arbeitsmarktstrukturen, Standortbedingungen und aktuelle Entwicklungsbedingungen im deutschen Teilgebiet der Ems-Dollart-Region. Gutachten zur Vorbereitung des grenzüberschreitenden Aktionsprogramms Ems-Dollart-Region. Hannover.

NIEDERSÄCHSISCHE STAATSKANZLEI (2002): Regionale Kooperationen in Niedersachsen. Hannover.

NITSCH, V. (2000): National borders and international trade: evidence from the European Union. Canadian Journal of Economics 22(4), 1091-1105.

NITSCH, V. (2002): Border Effects and Border Regions: Lessons from the German Unification. HWWA Discussion Paper No. 203. Hamburg.

Literatur

NUYS, O. (2002): Poldermodell in midlifecrisis. In: Facta, Vol. 10, No. 3, 16-20.

OHLIN, B. (1967): Interregional and International Trade. 3rd edition, Harvard University Press, Cambridge, Massachusetts.

PINZLER, P. (2003): Schranken auf dem gemeinsamen Markt. In: Die Zeit Nr. 30 vom 17. Juli, 20.

POLKE-MAJEWSKI, K. (2003): Grenze! Welche Grenze? In: Die Zeit Nr. 30 vom 17. Juli, 20.

RAUCH, J. E. (1991): Comparative Advantage, Geographic Advantage and the volume of trade. In: The Economic Journal, Vol. 101, 1230-1244.

RAUM UND ENERGIE (1997): Institut für Planung, Kommunikation und Prozessmanagement GmbH (Hrsg.): Technologieregion K.E.R.N. – Entwicklungsgrundlagen und Entwicklungsziele. Regionalstudie erstellt im Auftrag der Technologie-Region K.E.R.N. e.V. zusammen mit der Ministerpräsidentin des Landes Schleswig-Holstein – Landesplanungsbehörde, Wedel.

ROB (2000): Raumordnungsbericht 2000 (hrsg. v. Bundesamt für Bauwesen und Raumordnung). Bonn.

SCHACK, M. (2000a): Cross-border Commuting and Integration. In: L. HEDEGAARD; B. LINDSTRÖM et al. (Hrsg.): The NEBI-Yearbook 2000. Northern European and Baltic Integration. London/New York: Springer, 99-114.

SCHACK, M. (2000b): On the Multicontextual Character of Border Regions. In: H. VAN HOUTUM; M. VAN DER VELDE (Hrsg.): Borders, Regions, and People. European Research in Regional Science, Vol. 10. London: Pion, 202-219.

SCHACK, M. (2001): Regional Identity in Border Regions: The Difference Borders Make. In: Journal of Borderlands Studies, Vol. 16 (2), 99-114.

SMIT, J. G. (1998): Soziokulturelle und Industrielle Regionalstrukturen im Grenzgebiet zwischen den Niederlanden und Deutschland. In: P. D. GIJSEL; H. J. WENZEL (Hrsg.): Mobilität und Kooperation auf grenzüberschreitenden Arbeitsmärkten: Deutschland-Niederlande. Osnabrück, 101-116.

STENERT, T. H. (2000): Deutsch-Niederländische Planungsbeziehungen am Beispiel des Grenzübergreifenden raumordnerischen Entwicklungskonzeptes (GREK). In: Neues Archiv für Niederachsen, Heft 1/2000, 47-60.

STILLER, S. (2000): Raumdifferenzierende Effekte - Aussagen der Neuen Ökonomischen Geographie. In: WiSt 29, Heft 10, 514-517.

STORPER, M. (1997): The Regional World: territorial development in a global economy. London.

STUDENT, T. (2000): Regionale Kooperation zwischen Integration und Konkurrenz. Zusammenarbeit an der deutsch-niederländischen Grenze im Rahmen der Ems-Dollart-Region und der Neuen Hanse Interregio. Baden-Baden.

YNDIGEGN, C. (2003): Unges valg af videregående uddannelse. Institut for grænseregionsforskning (Hrsg.). Aabenraa.

ANHANG

Ergänzende empirische Befunde zu den deutsch-dänischen Grenzräumen

Vorbemerkungen

Der statistische Anhang zu den Fallstudien der drei deutsch-dänischen Grenzräume gibt einen Überblick über ausgewählte wirtschaftliche Grunddaten der sechs Grenzregionen sowie der jeweiligen Referenzräume Dänemark und Westdeutschland bzw. Schleswig-Holstein. Im Mittelpunkt stehen die Merkmale Bevölkerung, Bruttoinlandsprodukt, Erwerbstätigkeit und Arbeitslosigkeit, die hinsichtlich ihrer Entwicklung in den 80er und 90er Jahren dargestellt werden. Zusätzlich wird die langfristige Beschäftigungsentwicklung über die letzten 30 Jahre in den drei deutschen Grenzregionen im Vergleich zum Bundesgebiet West dargestellt.

Übersicht über die Tabellen und Abbildungen

Tabelle A1	Wirtschaftliche Grunddaten für die deutsch-dänischen Grenzräume
Abbildung A1	Wirtschafts- und Beschäftigungsdynamik 1992-2000 in den deutsch-dänischen Grenzräumen
Tabelle A2	Weitere wirtschaftliche Grunddaten für die deutsch-dänischen Grenzregionen, (a) Bruttoinlandsprodukt, Einwohner, Erwerbstätige, (b) Kennziffern der wirtschaftlichen Leistungsfähigkeit und der Wirtschaftsdynamik
Abbildung A2	Langfristige Beschäftigungsdynamik der letzten 30 Jahre in den Grenzregionen Schleswig-Holsteins
Abbildung A3	Beschäftigungsentwicklung der Grenzregionen Schleswig-Holsteins im Vergleich zur Entwicklung im Bundesgebiet West
Tabelle A3	Langfristige Beschäftigungsdynamik der letzten 30 Jahre in den Grenzregionen Schleswig-Holsteins – auf einen Blick
Abbildung A4	Beschäftigungsentwicklung in den dänischen und deutschen Grenzregionen 1983-2000
Abbildung A5	Beschäftigungstrends in den dänischen und deutschen Grenzregionen 1983-2000
Abbildung A6	Arbeitslosigkeit in den dänischen und deutschen Grenzregionen 1984-2001

Anhang

Tab. A1: Wirtschaftliche Grunddaten für die deutsch-dänischen Grenzräume

	Region Schleswig	Sønder-jylland	KERN Region	Fyns Amt	Lübeck/ Ostholstein	Storstrøms Amt	Schleswig-Holstein	Dänemark	West-deutschland
Fläche (km²)	4.176	3.938	3.458	3.485	1.606	3.398	15.763	43.096	248.449
Bevölkerung (BEV) (BEV 2000 in Tsd.)	445,5	253,5	714,6	472,0	415,2	259,1	2.782,3	5.330,0	64.907,5
BEV-Dichte BEV / km²	107	64	207	135	259	76	177	124	261
BEV-Entwicklung 1992-2000	+5,1%	+1,1%	+1,7%	+1,5%	+1,5%	+0,8%	+4,5%	+2,9%	+3,5%
BIP pro Kopf 2000 in Tsd. €	21,3	27,3	23,8	25,1	21,9	21,0	22,3	30,0	26,6
BIP je Beschäftigten 2000 in Tsd. €	45,5	51,2	50,1	41,7	46,0	47,3	50,3	51,6	55,3
BIP-Entwicklung real, 1992-2000	+8,8%	+16,7%	+7,1%	+21,5%	+1,9%	+20,8%	+7,5%	+25,4%	+10,3%
Beschäftigungs-entwicklung Erwerbstätige, 1992-2000	-0,9%	+1,9%	-0,7%	+2,8%	-1,0%	+0,7%	+1,7%	+5,1%	+3,1%
Beschäftigungs-struktur Industrieanteil 2000	18,8%	30,2%	19,7%	25,2%	20,0%	24,9%	22,7%	23,6%	29,6%
Arbeitslosigkeit AL-Quote im JD 2001	8,6%	5,0%	9,2%	6,2%	10,6%	6,5%	8,4%	5,2%	7,4%

Die Datenquellen werden auf der folgenden Seite genannt.

BIP pro Kopf und BIP je Beschäftigten (Erwerbstätigen): BIP-Werte zu Preisen von 2000

BIP-Entwicklung real: Die Preisbereinigung für die Regionen Schleswig-Holsteins entspricht der Preisbereinigung für Schleswig-Holstein

Industrieanteil: Anteil des Produzierenden Gewerbes an allen Erwerbstätigen

Arbeitslosenquoten: Auf deutscher Seite sind die Quoten bezogen auf alle zivilen Erwerbspersonen.

Datenquellen zu den wirtschaftlichen Grunddaten (Übersicht A1)

Bevölkerung:

<u>Deutschland</u>
Einwohnerzahlen zum 31.12. aus der amtlichen Bevölkerungsstatistik, Daten des Statistischen Landesamtes Schleswig-Holstein
Weiterhin: Bundesamt für Bauwesen und Raumordnung (Hrsg.), Aktuelle Daten zur Entwicklung der Städte, Kreise und Gemeinden, Ausgabe 2002. Bonn 2002.
<u>Dänemark</u>
Amtliche Statistik: Danmarks Statistik (2002)

Bruttoinlandsprodukt, Bruttowertschöpfung:

<u>Deutschland</u>
Bruttoinlandsprodukt zu Marktpreisen, in €
Daten vom Arbeitskreis „Volkswirtschaftliche Gesamtrechnung der Länder" beim Statistischen Bundesamt, Kreisergebnisse. Berechnungsstand des Statistischen Bundesamtes vom August 2001/Februar 2002. Angaben zu den jeweiligen Preisen, in der Übersicht 1 für Preise des Jahres 2000 geschätzt auf Basis der Preisentwicklung in Schleswig-Holstein.
<u>Dänemark</u>
Bruttowertschöpfung in DKR, real zu Preisen von 1995
Amtliche Statistik: Danmarks Statistik (2002)

Erwerbstätige:

<u>Deutschland</u>
Die Gesamtzahl aller Beschäftigten (einschl. Beamte, Selbständige und mithelfende Familienangehörige) wird durch die Erwerbstätigen (am Arbeitsort) erfasst.
Daten vom Arbeitskreis „Volkswirtschaftliche Gesamtrechnung der Länder" beim Statistischen Bundesamt, Erwerbstätigenrechnung, Kreisergebnisse. Jahreszahlen für 1991 bis 2000.
<u>Dänemark</u>
Erwerbstätige
Amtliche Statistik: Danmarks Statistik (2002)

Arbeitslose:

<u>Deutschland</u>
Zahl der gemeldeten Arbeitslosen bzw. Arbeitslosenquote (Arbeitslose bezogen auf die Zahl der zivilen Erwerbstätigen plus Arbeitslosen)
Daten aus der Statistik der Bundesanstalt für Arbeit, Berichte des Landesarbeitsamtes Nord
<u>Dänemark</u>
Arbeitslose, Arbeitslosenquoten
Amtliche Statistik: Danmarks Statistik (2002)

■ Anhang

Abb. A1: Wirtschafts- und Beschäftigungsdynamik 1992-2000 in den deutsch-dänischen Grenzräumen

Entwicklung der Zahl der Erwerbstätigen: Veränderungsrate 1992-2000 in %
Entwicklung des Bruttoinlandsproduktes (real): Veränderungsrate 1992-2000 in %
Datenquellen: siehe Anmerkungen zur Übersicht A1

BGW = Bundesgebiet West
SH = Schleswig-Holstein
SL = Grenzregion Schleswig
KERN = Grenzregion KERN
OHL = Grenzregion Ostholstein-Lübeck
DK = Dänemark
SJ = Grenzregion Sønderjylland
FYN = Grenzregion Fyns Amt
SA = Grenzregion Storstrøms Amt

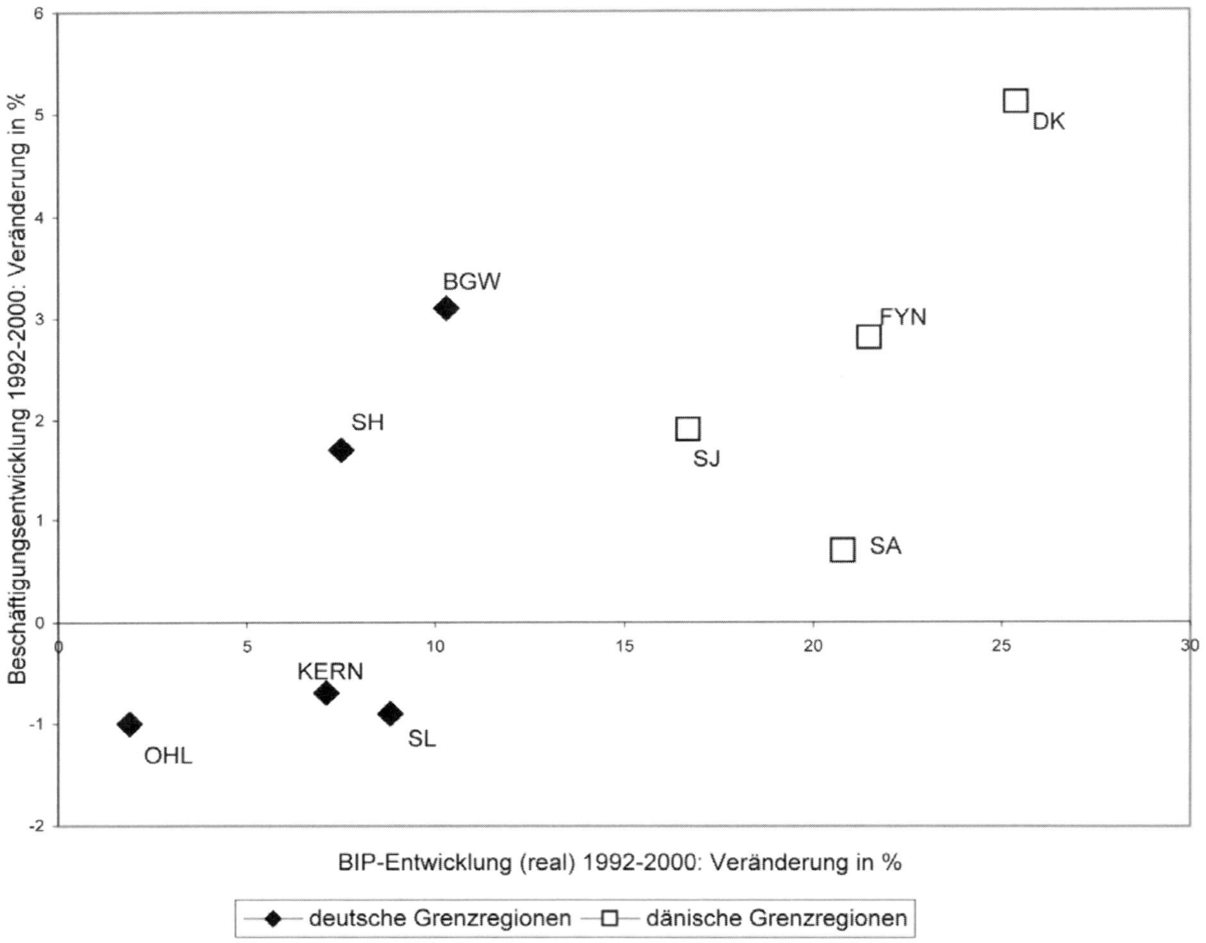

138

Tab. A2: Weitere wirtschaftliche Grunddaten für die deutsch-dänischen
Grenzräume

Teil (a): Bruttoinlandsprodukt, Einwohner, Erwerbstätige
Datenquellen: siehe Anmerkungen zur Übersicht A1

Zahlen für 1992 bzw. 1993 und 2000, Entwicklungskennziffern für 2000 (1992=100) bzw. (1993=100)
Zum Vergleich: Schleswig-Holstein bzw. Westdeutschland und Dänemark

Bruttoinlandsprodukt BIP in Mrd. € (in jew. Preisen)				Bruttowertschöpfung in Mrd. DKR (in Preisen von 1995)			
	1992	2000	Entw.		1993	2000	Entw.
Schleswig	7,9	9,5	119,9				
Ostholst.-Lübeck	8,1	9,1	113,0	Storstrøms Amt	27,9	33,9	121,7
KERN Region	14,4	17,0	118,2	Fyns Amt	60,5	71,2	117,5
Schlesw.-Holstein	52,3	62,0	118,6	Sønderjylland	35,1	44,7	127,2
Westdeutschland	1.412,2	1.726,7	122,3	Dänemark	805,6	998,2	123,9

Einwohner in Tsd.				Einwohner in Tsd.			
	1992	2000	Entw.		1993	2000	Entw.
Schleswig	424	446	105,0				
Ostholst.-Lübeck	409	415	101,5	Storstrøms Amt	302	303	100,4
KERN Region	702	715	101,7	Fyns Amt	465	472	101,4
Schlesw.-Holstein	2.662	2.782	104,5	Sønderjylland	251	253	100,9
Westdeutschland	62.698	64.908	103,5	Dänemark	5.181	5.330	102,9

Erwerbstätige (ET) in Tsd.				Erwerbstätige (ET) in Tsd.			
	1992	2000	Entw.		1993	2000	Entw.
Schleswig	211	209	99,1				
Ostholst.-Lübeck	200	198	99,0	Storstrøms Amt	122	124	101,9
KERN Region	342	339	99,3	Fyns Amt	226	233	103,1
Schlesw.-Holstein	1.212	1.233	101,7	Sønderjylland	125	127	101,7
Westdeutschland	30.296	31.225	103,1	Dänemark	2.610	2.759	105,7

Anhang

Tab. A2: Weitere wirtschaftliche Grunddaten für die deutsch-dänischen Grenzräume

Teil (b): Kennziffern der wirtschaftlichen Leistungsfähigkeit und der Wirtschaftsdynamik
Datenquellen: siehe Anmerkungen zur Übersicht A1

Zahlen für 1992 bzw. 1993 und 2000, Entwicklungskennziffern für 2000 (1992=100) bzw. (1993=100)
Zum Vergleich: Schleswig-Holstein bzw. Westdeutschland und Dänemark

BIP pro Kopf (in Tsd. €) (jeweilige Preise)	1992	2000	Entw.	BWS pro Kopf (in Tsd. DKR) (Preise von 1995)	1993	2000	Entw.
Schleswig	18,7	21,3	114,1				
Ostholst.-Lübeck	19,7	21,9	111,3	Storstrøms Amt	92,20	111,77	121,23
KERN Region	20,5	23,8	116,2	Fyns Amt	130,14	150,79	115,86
Schlesw.-Holstein	19,6	22,3	113,5	Sønderjylland	139,72	176,19	126,10
Westdeutschland	22,5	26,6	118,1	Dänemark	155,50	187,28	120,44

BIP pro Kopf: Indexzahlen (jew. Preise) Westdeutschland = 100	1992	2000	Entw.	BWS pro Kopf: Indexzahlen (Preise 1995) Dänemark = 100	1993	2000	Entw.
Schleswig	82,9	80,1	96,6				
Ostholst.-Lübeck	87,5	82,5	94,3	Storstrøms Amt	59,3	59,7	100,7
KERN Region	90,9	89,5	98,4	Fyns Amt	83,7	80,5	96,2
Schlesw.-Holstein	87,1	83,7	96,1	Sønderjylland	89,9	94,1	104,7
Westdeutschland	100,0	100,0	100,0	Dänemark	100,0	100,0	100,0

BIP pro ET (in Tsd. €, jew. Preise)	1992	2000	Entw.	BWS pro ET (in Tsd. DKR, Preise 1995)	1993	2000	Entw.
Schleswig	37,6	45,5	120,9				
Ostholst.-Lübeck	40,3	46,0	114,2	Storstrøms Amt	228,5	272,8	119,4
KERN Region	42,1	50,1	119,1	Fyns Amt	267,8	305,2	114,0
Schlesw.-Holstein	43,1	50,3	116,6	Sonderjylland	280,6	350,8	125,0
Westdeutschland	46,6	55,3	118,6	Dänemark	308,7	361,8	117,2

BIP pro ET: Index (jew. Preise) Westdeutschland = 100	1992	2000	Entw.	BWS pro ET: Index (Preise 1995) Dänemark = 100	1993	2000	Entw.
Schleswig	80,7	82,3	102,0				
Ostholst.-Lübeck	86,5	83,2	96,2	Storstrøms Amt	74,0	75,4	101,9
KERN Region	90,2	90,6	100,4	Fyns Amt	86,8	84,4	97,2
Schlesw.-Holstein	92,5	90,9	98,3	Sønderjylland	90,9	97,0	106,7
Westdeutschland	100,0	100,0	100,0	Dänemark	100,0	100,0	100,0

Anhang

Abb. A2: Langfristige Beschäftigungsdynamik der letzten 30 Jahre in den Grenzregionen Schleswig-Holsteins

Entwicklung der Zahl der Erwerbstätigen (am Arbeitsort) in der Periode 1970-1999, untergliedert in Teilperioden, durchschnittliche jährliche Veränderungsraten in %

Erwerbstätige: Durchschnittliche jährliche Veränderungsraten

	1970/76	1976/87	1987/90	1990/92	1992/96	1996/99
Bundesgebiet West	-0,52	0,40	1,71	1,68	-0,75	0,46
Grenzregion Schleswig	0,25	0,39	1,51	1,32	-0,74	0,32
Grenzregion KERN	-0,53	0,23	1,53	0,85	-0,41	-0,16
Grenzregion Ostholstein-Lübeck	-0,81	-0,10	1,50	2,29	-0,28	-0,20

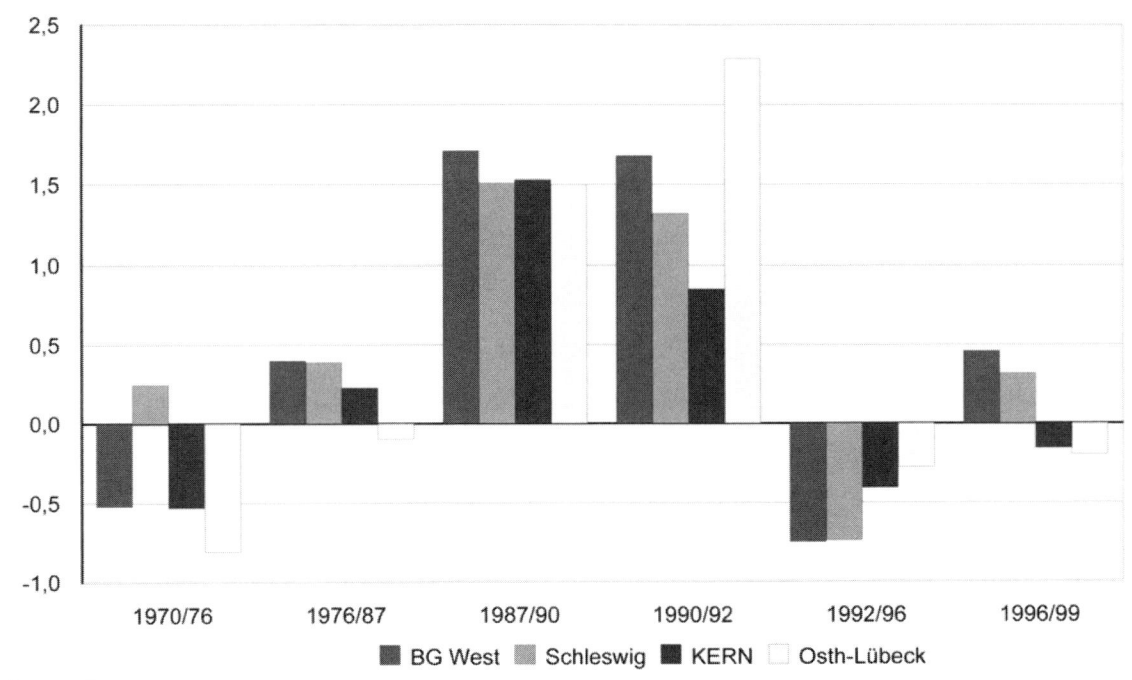

Anmerkungen:

Die Erwerbstätigenzahlen sind Schätzung des Instituts für Regionalforschung auf der Basis folgender statistischer Quellen:

Beschäftigte gemäß Arbeitsstättenzählung 1970 und 1987 (amtliche Statistik, Daten des Statistischen Bundesamtes und des Statistischen Landesamtes Schleswig-Holstein)

Erwerbstätige – Jahreszahlen für 1976 bis 1999 in allen westdeutschen Kreisen und Raumordnungsregionen, auf Basis der Statistik der Sozialversicherungspflichtig Beschäftigten (jährliche Daten vom 30.6.), der Arbeitsstättenzählungen 1970 und 1987 und der jährlichen Volkswirtschaftlichen Gesamtrechnung der Länder (Erwerbstätigenrechnung). Berechnungen durch Franz-Josef Bade, Fakultät Raumplanung der Universität Dortmund, im Rahmen der Abgrenzung der Fördergebiete für die Bund-Länder-Gemeinschaftsaufgabe „Verbesserung der regionalen Wirtschaftsstruktur". Franz-Josef Bade hat diese Daten der Arbeitsgruppe „Europäische Grenzräume" freundlicherweise zur Verfügung gestellt.

■ Anhang

Abb. A3: Beschäftigungsentwicklung der Grenzregionen Schleswig-Holsteins
im Vergleich zur Entwicklung im Bundesgebiet West

Durchschnittliche jährliche Veränderung des Anteils der Erwerbstätigen der Region an allen Erwerbstätigen im Bundesgebiet West

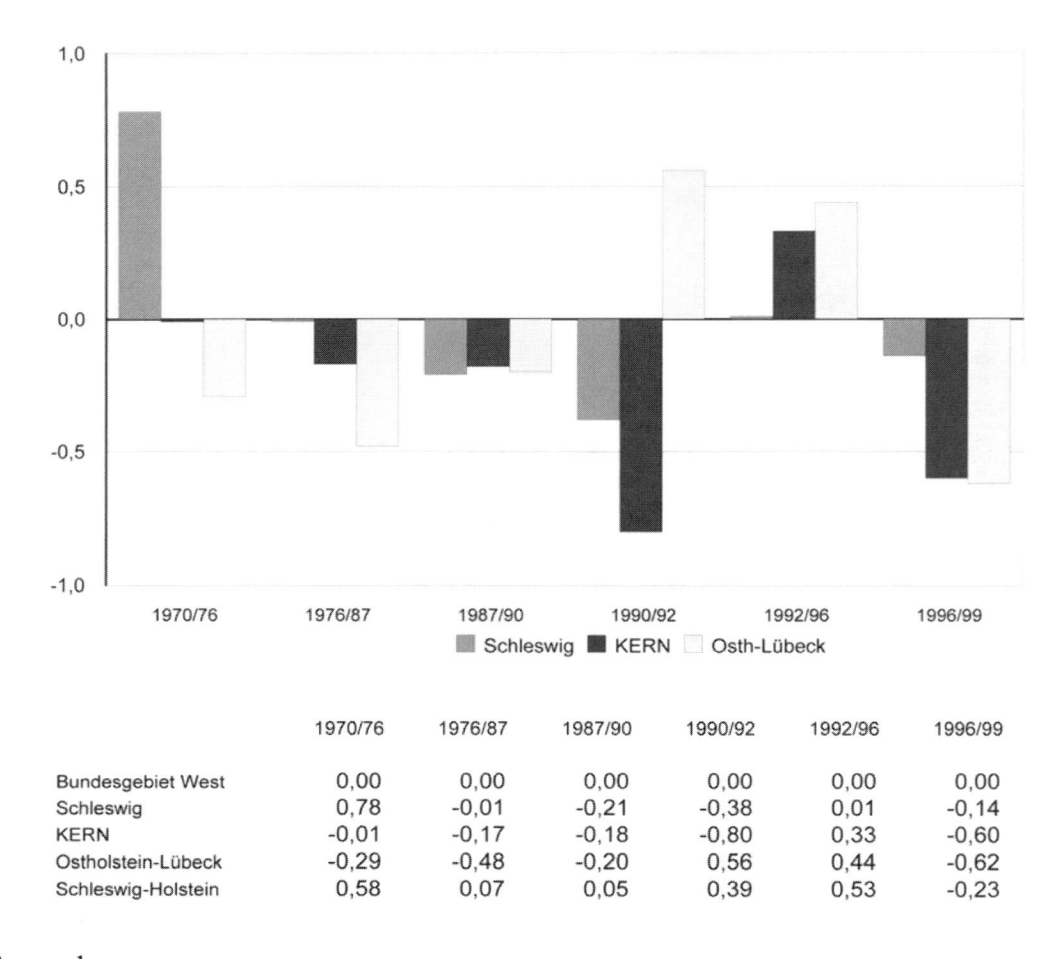

Basis: Indexreihe des regionalen Erwerbstätigenanteils (1970=100)

	1970/76	1976/87	1987/90	1990/92	1992/96	1996/99
Bundesgebiet West	0,00	0,00	0,00	0,00	0,00	0,00
Schleswig	0,78	-0,01	-0,21	-0,38	0,01	-0,14
KERN	-0,01	-0,17	-0,18	-0,80	0,33	-0,60
Ostholstein-Lübeck	-0,29	-0,48	-0,20	0,56	0,44	-0,62
Schleswig-Holstein	0,58	0,07	0,05	0,39	0,53	-0,23

Anmerkungen:

Datenquelle: siehe Anmerkungen zur Abbildung A2.
Zur Berechnung der Indexreihe und der jährlichen Veränderung der Indexwerte:

$E_r(t)$ Erwerbstätige in Region *r*, Zeitpunkt *t* (t_1 = laufender Zeitindex, t_0 = Basisjahr)

$e_r(t) = \dfrac{E_r(t)}{E_{BG}(t)}$ Anteil der Erwerbstätigen in Region *r* an allen Erwerbstätigen im Bundesgebiet

Indexreihe (Basis: t_0): $IND_r^{ET}(t_1) = 100 \cdot \dfrac{e_r(t_1)}{e_r(t_0)}$

Jahresdurchschnittliche Veränderung des Indexwertes (Jahre t_1, t_2), approximiert durch das arithmetische Mittel:

$$VIND_r^{ET}(t_1, t_2) = \dfrac{1}{t_2 - t_1} \cdot \left(IND_r^{ET}(t_2) - IND_r^{ET}(t_1)\right)$$

Anhang

Tab. A3: Langfristige Beschäftigungsdynamik der letzten 30 Jahre in den
Grenzregionen Schleswig-Holsteins – auf einen Blick

Zusammenfassende Darstellung der Befunde der Abbildungen A2 und A3 Beschäftigungsentwicklung 1970-1999: Zunahme (+) bzw. Rückgang (-)
Entwicklung in der Region relativ zum Bundesgebiet West: günstiger (+) bzw. ungünstiger (-)

Periode	Entwicklung absolut			Entwicklung relativ zum Bundesgebiet West		
	Schleswig	KERN	Ostholstein-Lübeck	Schleswig	KERN	Ostholstein-Lübeck
70/76	+	-	--	++	o	-
76/87	+	+	o	o	o	-
87/90	++	++	++	-	o	-
90/92	++	++	++	-	--	+
92/96	-	-	-	o	+	+
96/99	+	o	o	o	-	-

Abb. A4: Beschäftigungsentwicklung in den dänischen und deutschen
Grenzregionen 1983-2000

Entwicklung der Zahl der Erwerbstätigen (am Arbeitsort) in der Periode 1983-2001, Indexreihe (1983=100)

Zusammenfassende Darstellung der Abbildungen hierzu in den drei Fallstudien

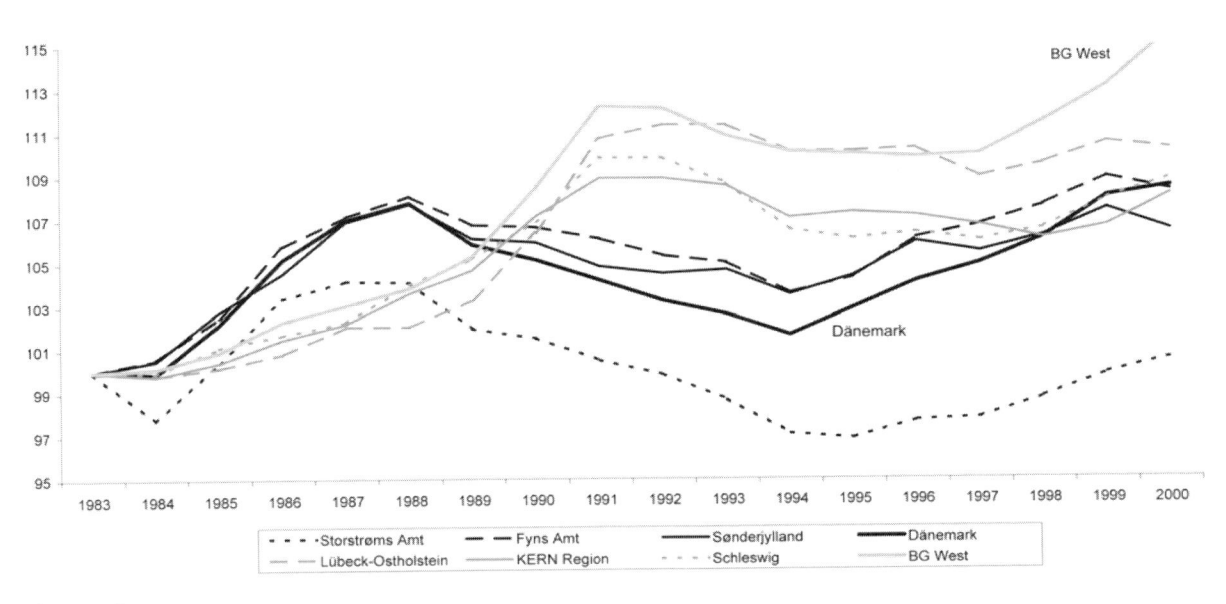

Anmerkungen:

Erwerbstätigenzahlen für die deutschen Regionen: Schätzung des Instituts für Regionalforschung auf der Basis folgender statistischer Quellen:

■ Anhang

Für die Jahre 1983 bis 1991: Jahreszahlen der Erwerbstätigen für 1976 bis 1999 in allen westdeutschen Kreisen und Raumordnungsregionen, auf Basis der Statistik der Sozialversicherungspflichtig Beschäftigten (jährliche Daten vom 30.6.), der Arbeitsstättenzählungen 1970 und 1987 und der jährlichen Volkswirtschaftlichen Gesamtrechnung der Länder (Erwerbstätigenrechnung). Berechnungen durch Franz-Josef Bade, Fakultät Raumplanung der Universität Dortmund, im Rahmen der Abgrenzung der Fördergebiete für die Bund-Länder-Gemeinschaftsaufgabe „Verbesserung der regionalen Wirtschaftsstruktur". Franz-Josef Bade hat diese Daten der Arbeitsgruppe „Europäische Grenzräume" freundlicherweise zur Verfügung gestellt.

Jahresdaten ab 1991: Erwerbstätigenzahlen des Arbeitskreises „Volkswirtschaftliche Gesamtrechnung der Länder" beim Statistischen Bundesamt, Erwerbstätigenrechnung, Kreisergebnisse. Jahreszahlen für 1991 bis 2000.

Erwerbstätigenzahlen für die dänischen Regionen: Amtliche Erwerbstätigenzahlen aus Danmarks Statistik (2002), die Daten wurden dem Arbeitskreis freundlicherweise von Michael Schack, Institut for graenseregionsforskning, Aabenraa, zur Verfügung gestellt.

Abb. A5: Beschäftigungstrends in den dänischen und deutschen Grenzregionen 1983-2000

Indexreihe der regionalen Erwerbstätigenanteile am jeweiligen Gesamtraum (Bundesgebiet West bzw. Dänemark), 1983=100

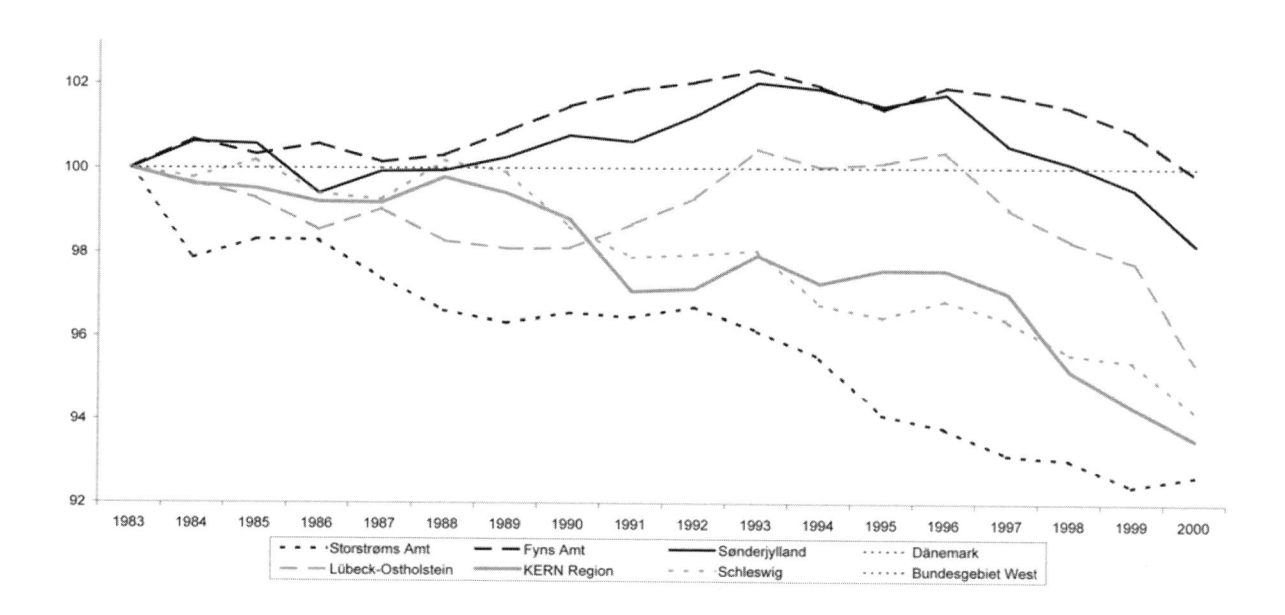

Anmerkungen:

Datenquelle: siehe Anmerkungen zur Abbildung A4.

Zur Berechnung der Indexreihe siehe Anmerkungen zur Abbildung A3.

Abb. A6: Arbeitslosigkeit in den dänischen und deutschen Grenzregionen
1984-2001

Jahresdurchschnittliche Arbeitslosenquoten

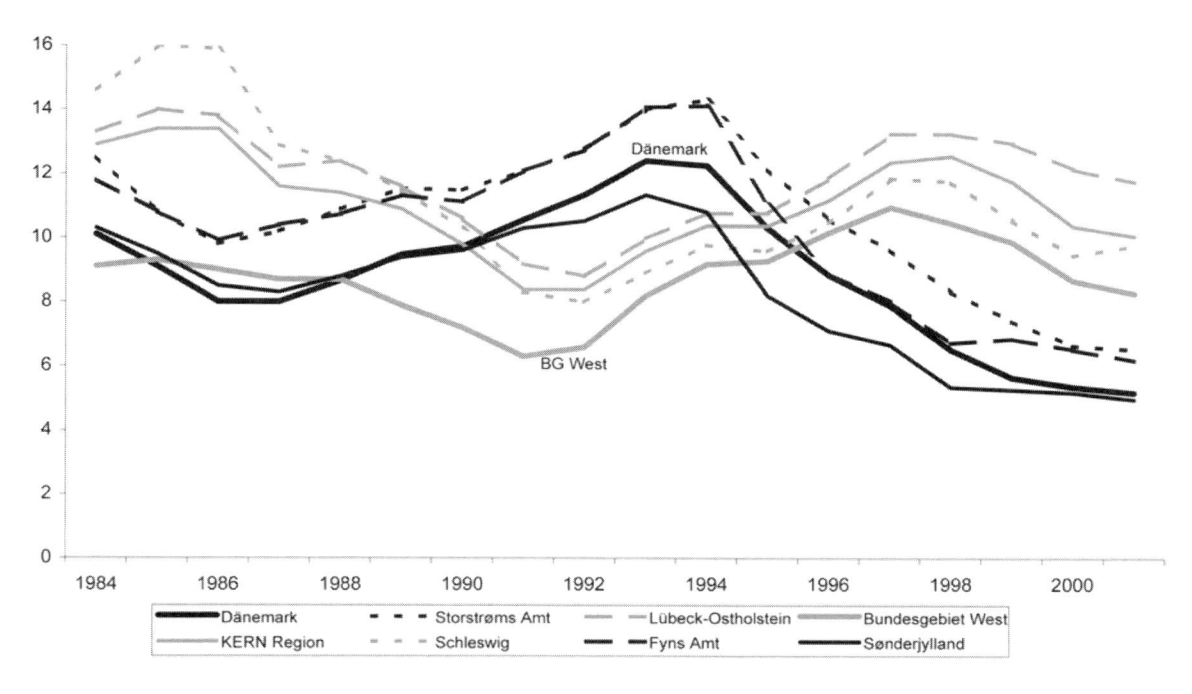

Anmerkungen:

Deutschland: Zahl der gemeldeten Arbeitslosen bzw. Arbeitslosenquoten (Arbeitslosenquote: Arbeitslose bezogen auf die Zahl der *abhängigen* zivilen Erwerbstätigen plus Arbeitslosen, also die höhere der in der deutschen Arbeitsmarktstatistik ausgewiesenen Quoten) – Daten aus der Statistik der Bundesanstalt für Arbeit, Berichte des Landesarbeitsamtes Nord

Dänemark: Arbeitslose, Arbeitslosenquoten – Daten aus der amtlichen Statistik (Danmarks Statistik, 2002). Die Daten wurden dem Arbeitskreis freundlicherweise von Michael Schack, Institut for graenseregionsforskning, Aabenraa, zur Verfügung gestellt.

Ergänzende empirische Befunde zu den deutsch-niederländischen Grenzräumen

	Bevölkerungsentwicklung (jeweils 1.1. bis 1.1.)											
	1980 - 1989			1989 - 1993			1993 - 1998			1998 - 2003		
	abs.	in v.T. (JD)	Abw. v.WD	abs.	in v.T. (JD)	Abw. v.WD	abs.	in v.T. (JD)	Abw. v.WD	abs.	in v.T. (JD)	Abw. v.WD
Deutschland	57.583	0,1	-0,2	2.584.897	8,1	-6,1	1.082.747	2,7	-1,8	479.301	1,2	-1,9
früheres Bundesgebiet (incl.Berlin(W.))	348.515	0,6	0,4	3.574.131	14,1	-0,1	1.398.774	4,2	-0,2			
Bundesgebiet West, oh.Berlin(W.) [WD]	142.854	0,3	0,0	3.470.677	14,2	0,0	1.430.813	4,5	0,0	978.962	3,0	0,0
Niedersachsen	-22.444	-0,3	-0,6	392.577	13,4	-0,8	261.835	6,8	2,3	135.074	3,4	0,4
Nordrhein-Westfalen	-218.927	-1,4	-1,7	805.107	11,7	-2,5	295.321	3,3	-1,2	101.868	1,1	-1,9
NDS/NRW Grenzraum insg.	37.136	1,0	0,7	240.479	14,2	0,0	183.253	8,2	3,7	101.007	4,4	1,4
engerer Grenzraum	42.284	2,8	2,5	96.288	14,0	-0,2	99.598	10,9	6,4	66.919	7,0	4,0
weiterer Grenzraum	-5.148	-0,2	-0,5	144.191	14,4	0,2	83.655	6,4	1,9	34.088	2,5	-0,5
NDS Grenzraum insg.	28.118	2,1	1,8	96.088	15,2	1,0	99.807	11,8	7,4	51.423	5,8	2,8
engerer Grenzraum	14.069	2,2	1,9	37.038	12,4	-1,8	43.875	11,1	6,6	26.504	6,4	3,4
weiterer Grenzraum	14.049	2,0	1,7	59.050	17,8	3,6	55.932	12,5	8,1	24.919	5,4	2,3
NRW Grenzraum insg.	9.018	0,4	0,1	144.391	13,7	-0,6	83.446	6,0	1,5	49.584	3,5	0,5
engerer Grenzraum	28.215	3,3	3,1	59.250	15,2	1,0	55.723	10,8	6,3	40.415	7,4	4,4
weiterer Grenzraum	-19.197	-1,3	-1,6	85.141	12,8	-1,5	27.723	3,2	-1,3	9.169	1,0	-2,0
EDR insg.	21.407	2,5	2,2	53.345	13,5	-0,7	68.749	13,0	8,5	39.733	7,1	4,1
engerer Grenzraum	13.251	2,4	2,2	32.335	12,9	-1,3	38.620	11,6	7,1	21.720	6,2	3,2
3 402 Emden,Stadt	-2.518	-5,5	-5,8	2.317	11,5	-2,7	-574	-2,2	-6,7	-195	-0,8	-3,8
3 452 Aurich	2.368	1,6	1,3	6.668	9,8	-4,4	8.470	9,5	5,0	5.988	6,4	3,4
3 454 Emsland	11.937	5,4	5,1	17.972	17,1	2,9	22.439	15,7	11,2	9.189	6,1	3,1
3 457 Leer	1.464	1,1	0,9	5.378	9,3	-4,9	8.285	10,9	6,4	6.738	8,4	5,4
weiterer Grenzraum	8.156	2,6	2,3	21.010	14,5	0,3	30.129	15,4	11,0	18.013	8,7	5,7
3 451 Ammerland	5.009	6,0	5,8	5.595	14,6	0,4	6.937	13,6	9,1	6.476	11,8	8,8
3 453 Cloppenburg	4.225	4,2	3,9	11.212	23,5	9,3	17.312	25,5	21,0	7.773	10,5	7,5
3 455 Friesland	-1.451	-1,7	-2,0	2.623	7,0	-7,2	3.641	7,5	3,0	2.234	4,5	1,4
3 462 Wittmund	373	0,8	0,5	1.580	7,5	-6,7	2.239	8,2	3,7	1.530	5,4	2,4
EUREGIO insg.	43.525	2,5	2,2	133.427	16,8	2,6	97.854	9,3	4,8	62.558	5,7	2,7
engerer Grenzraum	20.825	2,9	2,6	47.412	14,4	0,1	47.737	10,9	6,4	34.011	7,4	4,4
3 456 Grafschaft Bentheim	818	0,8	0,5	4.703	9,9	-4,3	5.255	8,4	4,0	4.784	7,4	4,4
5 554 Borken	15.894	5,8	5,5	19.880	15,6	1,4	18.962	11,2	6,7	14.962	8,4	5,4
5 566 Steinfurt	4.113	1,2	0,9	22.829	14,7	0,5	23.520	11,4	6,9	14.265	6,6	3,6
weiterer Grenzraum	22.700	2,2	2,0	86.015	18,5	4,3	50.117	8,1	3,6	28.547	4,5	1,5
3 404 Osnabrück,Stadt	-647	-0,5	-0,7	12.243	19,0	4,8	-184	-0,2	-4,7	-2.092	-2,5	-5,6
3 459 Osnabrück	6.540	2,5	2,2	25.797	21,0	6,7	25.987	15,5	11,1	8.998	5,1	2,1
5 515 Münster (Westf), Stadt	1.556	0,7	0,4	18.153	17,7	3,5	-1.934	-1,5	-5,9	3.807	2,9	-0,1
5 558 Coesfeld	11.863	7,6	7,3	14.418	19,7	5,5	15.141	15,2	10,7	10.476	9,9	6,8
5 570 Warendorf	3.388	1,5	1,3	15.404	15,1	0,9	11.107	8,2	3,7	7.358	5,3	2,3
EUREGIO Rhein-Waal insg.	-27.796	-2,5	-2,8	53.707	10,8	-3,4	16.650	2,6	-1,9	-1.284	-0,2	-3,2
engerer Grenzraum	8.208	3,5	3,2	16.541	15,4	1,2	13.241	9,3	4,8	11.188	7,5	4,5
5 154 Kleve	8.208	3,5	3,2	16.541	15,4	1,2	13.241	9,3	4,8	11.188	7,5	4,5
weiterer Grenzraum	-36.004	-4,2	-4,5	37.166	9,5	-4,7	3.409	0,7	-3,8	-12.472	-2,5	-5,5
5 112 Duisburg, Stadt	-43.846	-9,0	-9,3	11.647	5,5	-8,8	-10.032	-3,7	-8,2	-20.398	-7,8	-10,9
5 170 Wesel	7.842	2,1	1,8	25.519	14,5	0,3	13.441	5,8	1,3	7.926	3,4	0,3

NIW Niedersächsisches Institut für Wirtschaftsforschung e.V., Hannover

Anhang

	Natürliche Bevölkerungsentwicklung (jeweils 1.1. bis 1.1.)											
	1980 - 1989			1989 - 1993			1993 - 1998			1998 - 2003		
	abs.	in v.T. (JD)	Abw. v.WD	abs.	in v.T. (JD)	Abw. v.WD	abs.	in v.T. (JD)	Abw. v.WD	abs.	in v.T. (JD)	Abw. v.WD
Deutschland	-713.485	-1,0	0,2	-196.307	-0,6	-0,9	-468.294	-1,1	-1,2	-431.122	-1,0	-0,6
früheres Bundesgebiet (incl.Berlin(W.))	-771.634	-1,4	-0,2	36.629	0,1	-0,1	-17.733	-0,1	-0,1			
Bundesgebiet West, oh.Berlin(W.) [WD]	-646.160	-1,2	0,0	68.816	0,3	0,0	14.909	0,0	0,0	-141.889	-0,4	0,0
Niedersachsen	-122.544	-1,9	-0,7	-12.772	-0,4	-0,7	-10.775	-0,3	-0,3	-24.700	-0,6	-0,2
Nordrhein-Westfalen	-202.374	-1,3	-0,1	16.536	0,2	-0,0	-23.399	-0,3	-0,3	-73.697	-0,8	-0,4
NDS/NRW Grenzraum insg.	39.130	1,1	2,3	41.361	2,5	2,2	41.742	1,9	1,8	22.635	1,0	1,4
engerer Grenzraum	36.650	2,4	3,6	24.798	3,6	3,3	27.068	3,0	2,9	17.077	1,8	2,2
weiterer Grenzraum	2.480	0,1	1,3	16.563	1,7	1,4	14.674	1,1	1,1	5.558	0,4	0,9
NDS Grenzraum insg.	17.544	1,3	2,5	17.024	2,7	2,4	20.530	2,4	2,4	14.734	1,7	2,1
engerer Grenzraum	16.557	2,5	3,7	10.328	3,5	3,2	11.235	2,8	2,8	7.417	1,8	2,2
weiterer Grenzraum	987	0,1	1,3	6.696	2,0	1,7	9.295	2,1	2,0	7.317	1,6	2,0
NRW Grenzraum insg.	21.586	0,9	2,1	24.337	2,3	2,0	21.212	1,5	1,5	7.901	0,6	1,0
engerer Grenzraum	20.093	2,4	3,6	14.470	3,7	3,4	15.833	3,1	3,0	9.660	1,8	2,2
weiterer Grenzraum	1.493	0,1	1,3	9.867	1,5	1,2	5.379	0,6	0,6	-1.759	-0,2	0,2
EDR insg.	18.028	2,1	3,3	12.805	3,2	3,0	15.452	2,9	2,9	10.923	2,0	2,4
engerer Grenzraum	13.986	2,6	3,8	8.741	3,5	3,2	9.626	2,9	2,8	6.605	1,9	2,3
3 402 Emden,Stadt	-90	-0,2	1,0	273	1,4	1,1	33	0,1	0,1	-366	-1,4	-1,0
3 452 Aurich	1.802	1,2	2,4	1.487	2,2	1,9	1.383	1,6	1,5	511	0,5	1,0
3 454 Emsland	11.444	5,2	6,4	6.060	5,8	5,5	7.230	5,1	5,0	5.462	3,6	4,1
3 457 Leer	830	0,6	1,9	921	1,6	1,3	980	1,3	1,2	998	1,2	1,7
weiterer Grenzraum	4.042	1,3	2,5	4.064	2,8	2,5	5.826	3,0	2,9	4.318	2,1	2,5
3 451 Ammerland	869	1,0	2,3	866	2,3	2,0	1.051	2,1	2,0	692	1,3	1,7
3 453 Cloppenburg	4.496	4,5	5,7	2.957	6,2	5,9	4.463	6,6	6,5	3.994	5,4	5,8
3 455 Friesland	-1.584	-1,8	-0,6	1	0,0	-0,3	53	0,1	0,1	-425	-0,8	-0,4
3 462 Wittmund	261	0,5	1,8	240	1,1	0,9	259	0,9	0,9	57	0,2	0,6
EUREGIO insg.	32.057	1,8	3,1	25.765	3,2	3,0	29.998	2,8	2,8	21.823	2,0	2,4
engerer Grenzraum	22.579	3,1	4,3	14.527	4,4	4,1	16.950	3,9	3,8	11.436	2,5	2,9
3 456 Grafschaft Bentheim	2.571	2,5	3,7	1.587	3,3	3,1	1.609	2,6	2,5	812	1,3	1,7
5 554 Borken	11.956	4,4	5,6	7.424	5,8	5,5	8.272	4,9	4,8	5.782	3,2	3,7
5 566 Steinfurt	8.052	2,4	3,6	5.516	3,6	3,3	7.069	3,4	3,4	4.842	2,2	2,7
weiterer Grenzraum	9.478	0,9	2,1	11.238	2,4	2,1	13.048	2,1	2,1	10.387	1,6	2,1
3 404 Osnabrück,Stadt	-4.443	-3,2	-2,0	-479	-0,7	-1,0	-440	-0,5	-0,6	-341	-0,4	0,0
3 459 Osnabrück	1.388	0,5	1,7	3.111	2,5	2,2	3.909	2,3	2,3	3.340	1,9	2,3
5 515 Münster (Westf), Stadt	2.211	0,9	2,1	2.510	2,4	2,2	2.532	1,9	1,9	2.287	1,7	2,2
5 558 Coesfeld	5.975	3,8	5,0	3.188	4,4	4,1	4.057	4,1	4,0	2.510	2,4	2,8
5 570 Warendorf	4.347	2,0	3,2	2.908	2,9	2,6	2.990	2,2	2,2	2.591	1,9	2,3
EUREGIO Rhein-Waal insg.	-10.955	-1,0	0,2	2.791	0,6	0,3	-3.708	-0,6	-0,6	-10.111	-1,6	-1,1
engerer Grenzraum	85	0,0	1,2	1.530	1,4	1,1	492	0,3	0,3	-964	-0,6	-0,2
5 154 Kleve	85	0,0	1,2	1.530	1,4	1,1	492	0,3	0,3	-964	-0,6	-0,2
weiterer Grenzraum	-11.040	-1,3	-0,1	1.261	0,3	0,0	-4.200	-0,8	-0,9	-9.147	-1,8	-1,4
5 112 Duisburg, Stadt	-13.274	-2,7	-1,5	-1.714	-0,8	-1,1	-4.204	-1,6	-1,6	-6.587	-2,5	-2,1
5 170 Wesel	2.234	0,6	1,8	2.975	1,7	1,4	4	0,0	-0,0	-2.560	-1,1	-0,6

NIW Niedersächsisches Institut für Wirtschaftsforschung e.V., Hannover

Anhang

	Wanderungssaldo (jeweils 1.1. bis 1.1.)											
	1980 - 1989			1989 - 1993			1993 - 1998			1998 - 2003		
	abs.	in v.T. (JD)	Abw. v.WD	abs.	in v.T. (JD)	Abw. v.WD	abs.	in v.T. (JD)	Abw. v.WD	abs.	in v.T. (JD)	Abw. v.WD
Deutschland	2.798.946	4,0	3,7	1.243.976	3,9	-7,0	1.554.970	3,8	-0,6	1.462.772	3,6	0,1
früheres Bundesgebiet (incl.Berlin(W.))	2.808.567	5,1	4,8	1.248.252	4,9	-6,0	1.560.315	4,7	0,3			
Bundesgebiet West, oh.Berlin(W.) [WD]	2.707.317	5,1	4,7	1.203.252	4,9	-6,0	1.504.065	4,7	0,3	1.471.744	4,5	1,1
Niedersachsen	319.302	4,9	4,6	141.912	4,8	-6,1	177.390	4,6	0,2	176.288	4,5	1,0
Nordrhein-Westfalen	66.492	0,4	0,1	555.678	8,1	-2,9	318.720	3,6	-0,8	175.564	2,0	-1,5
NDS/NRW Grenzraum insg.	-709	-0,0	-0,3	199.118	11,8	0,8	141.285	6,3	1,9	78.372	3,4	-0,0
engerer Grenzraum	6.067	0,4	0,1	71.490	10,4	-0,6	72.299	7,9	3,5	49.842	5,2	1,8
weiterer Grenzraum	-6.776	-0,3	-0,6	127.628	12,8	1,8	68.986	5,3	0,8	28.530	2,1	-1,3
NDS Grenzraum insg.	10.647	0,8	0,4	79.064	12,5	1,6	79.277	9,4	5,0	36.689	4,2	0,7
engerer Grenzraum	-2.595	-0,4	-0,7	26.710	8,9	-2,0	32.640	8,2	3,8	19.087	4,6	1,2
weiterer Grenzraum	13.242	1,8	1,5	52.354	15,8	4,8	46.637	10,5	6,0	17.602	3,8	0,3
NRW Grenzraum insg.	-11.356	-0,5	-0,8	120.054	11,4	0,4	62.008	4,5	0,1	41.683	2,9	-0,5
engerer Grenzraum	8.662	1,0	0,7	44.780	11,5	0,5	39.659	7,7	3,2	30.755	5,7	2,2
weiterer Grenzraum	-20.018	-1,4	-1,7	75.274	11,3	0,3	22.349	2,6	-1,8	10.928	1,2	-2,2
EDR insg.	3.328	0,4	0,1	40.540	10,2	-0,7	53.297	10,1	5,7	28.810	5,2	1,7
engerer Grenzraum	-766	-0,1	-0,5	23.594	9,4	-1,6	28.994	8,7	4,3	15.115	4,3	0,9
3 402 Emden,Stadt	-2.351	-5,2	-5,5	2.044	10,1	-0,8	-607	-2,3	-6,8	171	0,7	-2,8
3 452 Aurich	561	0,4	0,0	5.181	7,6	-3,3	7.087	8,0	3,5	5.477	5,9	2,4
3 454 Emsland	506	0,2	-0,1	11.912	11,4	0,4	15.209	10,6	6,2	3.727	2,5	-1,0
3 457 Leer	518	0,4	0,1	4.457	7,7	-3,3	7.305	9,6	5,2	5.740	7,2	3,7
weiterer Grenzraum	4.094	1,3	1,0	16.946	11,7	0,7	24.303	12,5	8,0	13.695	6,6	3,2
3 451 Ammerland	4.210	5,1	4,7	4.729	12,3	1,4	5.886	11,5	7,1	5.784	10,6	7,1
3 453 Cloppenburg	-289	-0,3	-0,6	8.255	17,3	6,3	12.849	18,9	14,5	3.779	5,1	1,7
3 455 Friesland	121	0,1	-0,2	2.622	7,0	-4,0	3.588	7,4	3,0	2.659	5,3	1,8
3 462 Wittmund	52	0,1	-0,2	1.340	6,3	-4,6	1.980	7,2	2,8	1.473	5,2	1,7
EUREGIO insg.	11.978	0,7	0,4	107.662	13,5	2,6	67.625	6,4	2,0	40.735	3,7	0,3
engerer Grenzraum	-1.512	-0,2	-0,5	32.885	10,0	-1,0	30.552	7,0	2,6	22.575	4,9	1,5
3 456 Grafschaft Bentheim	-1.829	-1,7	-2,1	3.116	6,5	-4,4	3.646	5,9	1,4	3.972	6,2	2,7
5 554 Borken	4.112	1,5	1,2	12.456	9,8	-1,2	10.456	6,2	1,8	9.180	5,2	1,7
5 566 Steinfurt	-3.795	-1,1	-1,4	17.313	11,2	0,2	16.450	8,0	3,6	9.423	4,4	0,9
weiterer Grenzraum	13.490	1,3	1,0	74.777	16,1	5,1	37.073	6,0	1,6	18.160	2,9	-0,6
3 404 Osnabrück,Stadt	3.864	2,8	2,4	12.722	19,7	8,8	256	0,3	-4,1	-1.751	-2,1	-5,6
3 459 Osnabrück	5.284	2,0	1,7	22.686	18,4	7,5	22.078	13,2	8,8	5.658	3,2	-0,2
5 515 Münster (Westf), Stadt	-636	-0,3	-0,6	15.643	15,3	4,3	-4.466	-3,4	-7,8	1.520	1,1	-2,3
5 558 Coesfeld	6.027	3,8	3,5	11.230	15,3	4,4	11.084	11,1	6,7	7.966	7,5	4,0
5 570 Warendorf	-1.049	-0,5	-0,8	12.496	12,3	1,3	8.121	6,0	1,6	4.767	3,4	-0,0
EUREGIO Rhein-Waal insg.	-16.015	-1,5	-1,8	50.916	10,2	-0,7	20.363	3,2	-1,2	8.827	1,4	-2,1
engerer Grenzraum	8.345	3,6	3,2	15.011	14,0	3,0	12.753	8,9	4,5	12.152	8,2	4,7
5 154 Kleve	8.345	3,6	3,2	15.011	14,0	3,0	12.753	8,9	4,5	12.152	8,2	4,7
weiterer Grenzraum	-24.360	-2,8	-3,2	35.905	9,2	-1,7	7.610	1,5	-2,9	-3.325	-0,7	-4,1
5 112 Duisburg, Stadt	-30.095	-6,2	-6,5	13.361	6,3	-4,7	-5.822	-2,2	-6,6	-13.811	-5,3	-8,8
5 170 Wesel	5.735	1,5	1,2	22.544	12,8	1,8	13.432	5,8	1,4	10.486	4,4	1,0

NIW Niedersächsisches Institut für Wirtschaftsforschung e.V., Hannover

Anhang

	Bevölkerung am 1.1.2000 im Alter von ... bis unter ... Jahren															
	0 - 6		6 - 15		15 - 18		18 - 25		25 - 30		30 - 50		50 - 65		65 u. älter	
	Ant. in %	WD= 100	Ant. in %	WD= 100	Ant. in %	WD= 100	Ant. in %	WD= 100	Ant. in %	WD= 100	Ant. in %	WD= 100	Ant. in %	WD= 100	Ant. in %	WD= 100
Deutschland	5,8	92	9,9	99	3,3	106	7,8	103	6,4	98	31,6	100	19,0	101	16,2	100
früheres Bundesgebiet (incl.Berlin(W.))																
früheres Bundesgebiet (oh.Berlin(W.))	6,2	100	10,0	100	3,1	100	7,6	100	6,5	100	31,5	100	18,8	100	16,3	100
Niedersachsen	6,4	103	10,2	102	3,2	101	7,5	100	6,3	98	30,9	98	18,9	100	16,6	101
Nordrhein-Westfalen	6,2	99	10,1	101	3,2	100	7,5	99	6,3	98	31,4	100	18,8	100	16,6	102
NDS/NRW Grenzraum insg.	6,8	110	11,2	112	3,5	110	8,0	105	6,5	101	31,1	99	17,5	93	15,4	94
engerer Grenzraum	7,3	117	12,0	120	3,7	117	8,0	106	6,5	100	30,8	98	17,0	91	14,8	91
weiterer Grenzraum	6,5	105	10,7	107	3,3	105	7,9	105	6,6	102	31,3	99	17,8	95	15,9	97
NDS Grenzraum insg.	7,1	115	11,6	116	3,6	115	8,2	108	6,7	103	30,5	97	17,3	92	15,1	93
engerer Grenzraum	7,3	117	11,9	119	3,7	119	8,1	108	6,6	102	30,0	95	17,2	92	15,1	92
weiterer Grenzraum	7,0	113	11,3	113	3,5	112	8,2	108	6,7	103	30,8	98	17,3	92	15,1	93
NRW Grenzraum insg.	6,6	107	11,0	110	3,4	107	7,8	104	6,5	100	31,5	100	17,6	94	15,6	96
engerer Grenzraum	7,3	117	12,0	120	3,6	116	7,9	105	6,3	98	31,4	100	16,8	90	14,5	89
weiterer Grenzraum	6,3	101	10,4	104	3,2	101	7,8	103	6,5	101	31,5	100	18,0	96	16,2	99
EDR insg.	7,4	118	11,9	118	3,7	117	8,0	106	6,5	101	30,2	96	17,5	93	14,9	91
engerer Grenzraum	7,3	117	11,9	119	3,7	118	8,2	108	6,7	103	30,1	96	17,2	92	14,9	91
3 402 Emden,Stadt	6,3	101	10,1	101	3,1	100	7,9	105	6,9	106	29,3	93	18,9	101	17,5	107
3 452 Aurich	7,1	114	11,3	113	3,5	110	7,7	102	6,6	102	29,6	94	18,4	98	15,8	97
3 454 Emsland	7,6	122	12,7	127	4,1	130	8,7	115	6,8	105	30,6	97	15,9	85	13,6	83
3 457 Leer	7,2	116	11,6	116	3,5	113	7,7	102	6,5	101	30,1	96	17,9	95	15,4	94
weiterer Grenzraum	7,5	120	11,9	118	3,6	114	7,7	102	6,3	97	30,4	97	17,9	95	14,9	91
3 451 Ammerland	6,9	111	11,2	111	3,3	106	7,1	94	5,8	90	31,3	100	19,2	102	15,0	92
3 453 Cloppenburg	8,6	138	13,4	133	4,1	132	8,8	116	6,8	106	30,4	97	14,6	78	13,2	81
3 455 Friesland	6,7	107	10,8	108	3,1	97	6,7	88	5,6	87	29,8	95	20,8	111	16,5	101
3 462 Wittmund	7,0	113	11,0	110	3,5	110	7,8	103	6,7	104	29,4	93	18,7	100	15,8	97
EUREGIO insg.	7,0	113	11,4	113	3,5	112	8,3	110	6,8	106	31,4	100	16,7	89	14,8	91
engerer Grenzraum	7,5	120	12,2	122	3,7	118	8,1	108	6,5	100	31,0	99	16,5	88	14,5	89
3 456 Grafschaft Bentheim	7,3	118	12,1	121	3,8	120	8,1	106	6,4	99	29,4	93	16,8	90	16,1	99
5 554 Borken	7,7	124	12,7	126	3,8	122	8,3	110	6,5	101	31,2	99	16,1	86	13,6	83
5 566 Steinfurt	7,3	117	11,8	118	3,6	115	8,0	106	6,5	100	31,3	99	16,8	90	14,7	90
weiterer Grenzraum	6,7	108	10,7	107	3,4	108	8,5	112	7,1	110	31,7	101	16,8	89	15,1	92
3 404 Osnabrück,Stadt	5,3	85	8,1	81	2,8	89	9,6	127	8,4	130	30,8	98	17,5	93	17,4	107
3 459 Osnabrück	7,3	117	12,1	121	3,8	121	8,1	107	6,4	99	31,4	100	16,5	88	14,4	88
5 515 Münster (Westf), Stadt	5,9	95	8,5	84	2,6	83	9,0	119	8,9	138	33,5	106	16,2	86	15,5	95
5 558 Coesfeld	7,5	120	12,3	123	3,8	120	8,0	105	6,1	94	32,1	102	16,5	88	13,8	84
5 570 Warendorf	7,0	112	11,5	115	3,7	118	8,3	109	6,4	99	30,7	98	17,4	93	15,1	93
EUREGIO Rhein-Waal insg.	6,1	98	10,5	105	3,1	100	7,3	96	6,0	93	31,3	99	18,8	100	16,9	103
engerer Grenzraum	6,7	107	11,6	116	3,5	110	7,3	96	5,9	92	31,8	101	17,8	95	15,5	95
5 154 Kleve	6,7	107	11,6	116	3,5	110	7,3	96	5,9	92	31,8	101	17,8	95	15,5	95
weiterer Grenzraum	5,9	95	10,2	102	3,1	97	7,3	97	6,1	94	31,1	99	19,1	102	17,3	106
5 112 Duisburg, Stadt	5,9	95	9,6	96	2,9	91	7,4	98	6,3	98	30,3	96	19,1	102	18,5	113
5 170 Wesel	5,9	95	10,8	108	3,3	104	7,1	95	5,7	89	32,0	102	19,1	102	16,0	98

NIW Niedersächsisches Institut für Wirtschaftsforschung e.V., Hannover

Anhang

	Veränd. d. sozialvers.pfl. Beschäftigten insgesamt											
	1980 - 1989			1989 - 1992			1992 - 1998			1998 - 2002		
	abs.	in % (JD)	Abw. v.WD	abs.	in % (JD)	Abw. v.WD	abs.	in % (JD)	Abw. v.WD	abs.	in % (JD)	Abw. v.WD
Deutschland										363.343	0,3	-0,7
früheres Bundesgebiet (incl.Berlin(W.))	665.419	0,3	0,0	1.910.976	2,9	0,1	-1.455.860	-1,1	-0,1	840.570	0,9	0,0
Bundesgebiet West, oh.Berlin(W.) [WD]	636.154	0,3	0,0	1.785.106	2,8	0,0	-1.315.996	-1,0	0,0	852.674	1,0	0,0
Niedersachsen	19.786	0,1	-0,2	235.487	3,4	0,7	-94.175	-0,7	0,3	77.991	0,8	-0,2
Nordrhein-Westfalen	134.776	0,3	-0,1	523.460	3,0	0,2	-390.099	-1,1	-0,1	192.680	0,8	-0,2
NDS/NRW Grenzraum insg.	19.085	0,2	-0,2	122.330	3,2	0,5	-26.078	-0,3	0,7	53.256	1,0	0,0
engerer Grenzraum	23.186	0,6	0,2	55.906	3,9	1,1	4.735	0,2	1,1	22.112	1,0	0,1
weiterer Grenzraum	-4.101	-0,1	-0,4	66.424	2,8	0,1	-30.813	-0,6	0,4	31.144	1,0	0,0
NDS Grenzraum insg.	17.352	0,4	0,1	55.161	4,0	1,2	4.389	0,1	1,1	19.741	1,0	0,0
engerer Grenzraum	6.176	0,4	0,0	22.880	3,7	1,0	4.883	0,4	1,4	7.331	0,8	-0,2
weiterer Grenzraum	11.176	0,5	0,2	32.281	4,2	1,4	-494	0,0	1,0	12.410	1,1	0,1
NRW Grenzraum insg.	1.733	0,0	-0,3	67.169	2,8	0,0	-30.467	-0,6	0,4	33.515	1,0	0,0
engerer Grenzraum	17.010	0,7	0,4	33.026	4,0	1,2	-148	0,0	1,0	14.781	1,2	0,2
weiterer Grenzraum	-15.277	-0,3	-0,7	34.143	2,2	-0,6	-30.319	-0,9	0,1	18.734	0,9	-0,1
EDR insg.	9.257	0,4	0,1	33.354	4,2	1,4	7.766	0,4	1,4	11.596	1,0	0,0
engerer Grenzraum	5.869	0,4	0,1	19.570	3,8	1,1	5.992	0,5	1,5	6.831	0,9	-0,1
3 402 Emden,Stadt	259	0,1	-0,2	3.066	3,6	0,8	-2.870	-1,6	-0,6	363	0,3	-0,7
3 452 Aurich	-205	-0,1	-0,4	3.930	3,6	0,8	1.667	0,7	1,7	1.487	0,9	-0,1
3 454 Emsland	5.489	0,9	0,6	9.675	4,4	1,6	6.659	1,3	2,3	3.675	1,0	0,1
3 457 Leer	326	0,1	-0,2	2.899	3,1	0,3	536	0,3	1,3	1.306	0,9	0,0
weiterer Grenzraum	3.388	0,4	0,1	13.784	4,8	2,0	1.774	0,3	1,3	4.765	1,1	0,1
3 451 Ammerland	1.404	0,6	0,3	4.518	5,6	2,8	646	0,4	1,3	1.232	1,0	0,0
3 453 Cloppenburg	2.497	1,0	0,6	5.300	5,5	2,7	3.448	1,5	2,5	2.472	1,5	0,6
3 455 Friesland	-1.488	-0,7	-1,0	2.431	3,3	0,5	-2.010	-1,3	-0,3	1.099	1,1	0,1
3 462 Wittmund	975	1,0	0,6	1.535	4,3	1,5	-310	-0,4	0,6	-38	-0,1	-1,1
EUREGIO insg.	35.099	0,7	0,3	71.366	3,8	1,0	968	0,0	1,0	34.046	1,2	0,2
engerer Grenzraum	12.355	0,6	0,3	28.170	3,9	1,1	-398	0,0	1,0	12.621	1,2	0,2
3 456 Grafschaft Bentheim	307	0,1	-0,2	3.310	3,3	0,5	-1.109	-0,5	0,5	500	0,4	-0,6
5 554 Borken	7.921	1,0	0,6	11.781	4,0	1,2	1.587	0,2	1,2	6.996	1,6	0,6
5 566 Steinfurt	4.127	0,5	0,1	13.079	4,1	1,3	-876	-0,1	0,9	5.125	1,1	0,1
weiterer Grenzraum	22.744	0,7	0,4	43.196	3,7	0,9	1.366	0,1	1,0	21.425	1,3	0,3
3 404 Osnabrück,Stadt	-2.909	-0,4	-0,8	7.921	3,4	0,6	-3.222	-0,7	0,3	3.890	1,2	0,2
3 459 Osnabrück	10.697	1,6	1,3	10.576	4,3	1,5	954	0,2	1,2	3.755	1,0	0,0
5 515 Münster (Westf), Stadt	7.616	0,8	0,5	9.014	2,7	-0,1	344	0,0	1,0	10.983	2,2	1,3
5 558 Coesfeld	4.612	1,3	1,0	6.518	5,1	2,3	2.419	0,8	1,8	2.370	1,2	0,2
5 570 Warendorf	2.728	0,4	0,1	9.167	4,2	1,4	871	0,2	1,2	427	0,1	-0,9
EUREGIO Rhein-Waal insg.	-25.271	-0,7	-1,1	17.610	1,6	-1,2	-34.812	-1,6	-0,6	7.614	0,5	-0,4
engerer Grenzraum	4.962	0,9	0,5	8.166	4,0	1,2	-859	-0,2	0,8	2.660	0,9	-0,1
5 154 Kleve	4.962	0,9	0,5	8.166	4,0	1,2	-859	-0,2	0,8	2.660	0,9	-0,1
weiterer Grenzraum	-30.233	-1,1	-1,4	9.444	1,1	-1,7	-33.953	-1,9	-1,0	4.954	0,5	-0,5
5 112 Duisburg, Stadt	-36.198	-2,0	-2,3	66	0,0	-2,8	-29.294	-2,8	-1,8	912	0,1	-0,8
5 170 Wesel	5.965	0,6	0,3	9.378	2,8	0,0	-4.659	-0,7	0,3	4.042	0,9	-0,1

NIW   Niedersächsisches Institut für Wirtschaftsforschung e.V., Hannover

| | Veränderung der sozialversicherungspflichtig Beschäftigten im Produzierenden Gewerbe ||||||||||||
| | 1980 - 1989 ||| 1989 - 1992 ||| 1992 - 1998 ||| 1998 - 2002 |||
	abs.	in % (JD)	Abw. v.WD	abs.	in % (JD)	Abw. v.WD	abs.	in % (JD)	Abw. v.WD	abs.	in % (JD)	Abw. v.WD
Deutschland										-824.665	-2,1	-0,7
früheres Bundesgebiet (incl.Berlin(W.))	-627.368	-0,7	0,0	433.556	1,4	0,0	-1.807.937	-3,1	-0,1	-480.133	-1,4	-0,1
Bundesgebiet West, oh.Berlin(W.) [WD]	-610.488	-0,7	0,0	407.356	1,3	0,0	-1.712.605	-3,0	0,0	-440.134	-1,3	0,0
Niedersachsen	-95.177	-1,0	-0,4	83.060	2,7	1,4	-139.797	-2,3	0,7	-93.158	-2,5	-1,2
Nordrhein-Westfalen	-261.246	-1,0	-0,3	72.857	0,9	-0,5	-538.751	-3,4	-0,5	-297.297	-3,2	-1,9
NDS/NRW Grenzraum insg.	-62.001	-1,1	-0,4	41.911	2,3	1,0	-73.493	-2,0	0,9	-20.701	-1,0	0,4
engerer Grenzraum	-13.863	-0,6	0,0	25.428	3,5	2,2	-21.080	-1,4	1,6	-2.018	-0,2	1,1
weiterer Grenzraum	-48.138	-1,4	-0,7	16.483	1,5	0,2	-52.413	-2,5	0,5	-18.683	-1,5	-0,2
NDS Grenzraum insg.	-16.718	-0,9	-0,2	24.507	3,8	2,5	-16.847	-1,3	1,7	-8.376	-1,0	0,3
engerer Grenzraum	-8.050	-0,9	-0,3	11.457	4,0	2,6	-6.714	-1,1	1,9	-1.073	-0,3	1,1
weiterer Grenzraum	-8.668	-0,8	-0,2	13.050	3,7	2,4	-10.133	-1,4	1,6	-7.303	-1,6	-0,2
NRW Grenzraum insg.	-45.283	-1,2	-0,6	17.404	1,5	0,1	-56.646	-2,5	0,5	-12.325	-0,9	0,4
engerer Grenzraum	-5.813	-0,5	0,2	13.971	3,2	1,9	-14.366	-1,6	1,4	-945	-0,2	1,2
weiterer Grenzraum	-39.470	-1,7	-1,0	3.433	0,5	-0,9	-42.280	-3,1	-0,1	-11.380	-1,5	-0,1
EDR insg.	-11.767	-1,1	-0,4	16.308	4,5	3,2	-6.546	-0,8	2,1	-2.096	-0,4	0,9
engerer Grenzraum	-5.938	-0,9	-0,2	10.573	4,6	3,2	-3.173	-0,6	2,3	200	0,1	1,4
3 402 Emden,Stadt	-518	-0,3	0,3	2.053	4,0	2,7	-2.513	-2,4	0,6	-995	-1,6	-0,3
3 452 Aurich	-2.536	-2,3	-1,7	1.491	4,5	3,1	-44	-0,1	2,9	206	0,5	1,8
3 454 Emsland	33	0,0	0,7	5.727	5,0	3,6	311	0,1	3,1	661	0,4	1,7
3 457 Leer	-2.917	-2,9	-2,2	1.302	4,3	3,0	-927	-1,5	1,5	328	0,8	2,1
weiterer Grenzraum	-5.829	-1,4	-0,8	5.735	4,4	3,0	-3.373	-1,2	1,8	-2.296	-1,3	0,0
3 451 Ammerland	-1.544	-1,4	-0,8	1.856	5,2	3,9	-1.765	-2,4	0,6	-1.980	-4,3	-2,9
3 453 Cloppenburg	-698	-0,5	0,2	3.062	5,9	4,5	1.886	1,6	4,5	1.330	1,6	2,9
3 455 Friesland	-3.166	-2,7	-2,1	81	0,2	-1,1	-3.200	-5,4	-2,4	-1.878	-5,7	-4,4
3 462 Wittmund	-421	-1,4	-0,7	736	7,4	6,0	-294	-1,3	1,6	232	1,7	3,1
EUREGIO insg.	-11.595	-0,4	0,2	28.675	3,2	1,9	-29.792	-1,6	1,3	-11.474	-1,0	0,3
engerer Grenzraum	-6.444	-0,5	0,1	12.517	3,1	1,8	-15.827	-1,9	1,0	-1.924	-0,4	0,9
3 456 Grafschaft Bentheim	-2.112	-1,2	-0,5	884	1,5	0,2	-3.541	-3,2	-0,2	-1.273	-2,1	-0,7
5 554 Borken	-567	-0,1	0,5	5.493	3,3	1,9	-3.581	-1,0	1,9	1.304	0,6	1,9
5 566 Steinfurt	-3.765	-0,7	0,0	6.140	3,5	2,1	-8.705	-2,4	0,5	-1.955	-1,0	0,4
weiterer Grenzraum	-5.151	-0,4	0,3	16.158	3,3	1,9	-13.965	-1,4	1,6	-9.550	-1,5	-0,2
3 404 Osnabrück,Stadt	-5.479	-2,1	-1,4	1.855	2,3	1,0	-3.751	-2,4	0,6	-856	-0,9	0,4
3 459 Osnabrück	2.640	0,7	1,3	5.460	3,9	2,5	-3.009	-1,0	2,0	-4.151	-2,2	-0,8
5 515 Münster (Westf), Stadt	-350	-0,2	0,5	1.575	2,0	0,7	-2.612	-1,7	1,3	-185	-0,2	1,1
5 558 Coesfeld	-292	-0,2	0,5	2.295	4,0	2,7	-638	-0,5	2,4	-465	-0,6	0,7
5 570 Warendorf	-1.670	-0,4	0,2	4.973	3,7	2,3	-3.955	-1,4	1,6	-3.893	-2,3	-0,9
EUREGIO Rhein-Waal insg.	-38.639	-2,1	-1,4	-3.072	-0,6	-1,9	-37.155	-3,7	-0,8	-7.131	-1,3	0,0
engerer Grenzraum	-1.481	-0,6	0,1	2.338	2,6	1,3	-2.080	-1,1	1,8	-294	-0,3	1,1
5 154 Kleve	-1.481	-0,6	0,1	2.338	2,6	1,3	-2.080	-1,1	1,8	-294	-0,3	1,1
weiterer Grenzraum	-37.158	-2,3	-1,7	-5.410	-1,2	-2,5	-35.075	-4,3	-1,3	-6.837	-1,6	-0,2
5 112 Duisburg, Stadt	-36.371	-3,5	-2,8	-7.293	-2,6	-3,9	-25.459	-5,4	-2,5	-5.221	-2,2	-0,8
5 170 Wesel	-787	-0,1	0,5	1.883	1,0	-0,3	-9.616	-2,8	0,2	-1.616	-0,8	0,5

NIW Niedersächsisches Institut für Wirtschaftsforschung e.V., Hannover

Anhang

	Veränderung der sozialversicherungspflichtig Beschäftigten im Dienstleistungsbereich insgesamt											
	1980 - 1989			1989 - 1992			1992 - 1998			1998 - 2002		
	abs.	in % (JD)	Abw. v.WD	abs.	in % (JD)	Abw. v.WD	abs.	in % (JD)	Abw. v.WD	abs.	in % (JD)	Abw. v.WD
Deutschland										1.220.216	1,8	-0,6
früheres Bundesgebiet (incl.Berlin(W.))	1.295.269	1,4	0,0	1.473.240	4,2	0,1	374.312	0,5	-0,1	1.319.131	2,4	0,0
Bundesgebiet West, oh.Berlin(W.) [WD]	1.248.838	1,4	0,0	1.374.549	4,1	0,0	418.355	0,6	0,0	1.290.389	2,4	0,0
Niedersachsen	115.974	1,2	-0,2	152.530	4,1	0,0	47.441	0,6	0,0	113.327	1,9	-0,5
Nordrhein-Westfalen	392.255	1,7	0,3	447.025	5,1	1,0	150.004	0,8	0,2	360.318	2,5	0,1
NDS/NRW Grenzraum insg.	78.287	1,5	0,1	78.949	4,1	0,0	48.063	1,1	0,6	70.358	2,2	-0,2
engerer Grenzraum	35.712	2,0	0,6	29.987	4,4	0,3	25.624	1,6	1,1	25.008	2,1	-0,3
weiterer Grenzraum	42.575	1,3	-0,1	48.962	4,0	-0,1	22.439	0,8	0,3	45.350	2,3	-0,1
NDS Grenzraum insg.	32.900	1,8	0,4	30.360	4,3	0,2	21.051	1,3	0,8	25.475	2,2	-0,3
engerer Grenzraum	13.874	1,7	0,3	11.702	3,7	-0,4	10.733	1,5	1,0	9.873	1,9	-0,6
weiterer Grenzraum	19.026	1,9	0,5	18.658	4,8	0,7	10.318	1,2	0,6	15.602	2,4	0,0
NRW Grenzraum insg.	45.387	1,4	0,0	48.589	4,0	-0,1	27.012	1,0	0,4	44.883	2,3	-0,1
engerer Grenzraum	21.838	2,3	0,9	18.285	4,9	0,8	14.891	1,7	1,2	15.135	2,3	-0,1
weiterer Grenzraum	23.549	1,0	-0,4	30.304	3,6	-0,5	12.121	0,7	0,1	29.748	2,3	-0,2
EDR insg.	20.151	1,8	0,5	16.798	4,0	-0,1	13.122	1,4	0,8	13.204	1,9	-0,5
engerer Grenzraum	11.490	1,6	0,2	9.350	3,4	-0,7	8.269	1,4	0,8	8.114	1,8	-0,6
3 402 Emden,Stadt	745	0,8	-0,6	1.038	3,0	-1,1	-353	-0,5	-1,1	1.119	2,3	-0,2
3 452 Aurich	2.327	1,2	-0,2	2.567	3,5	-0,6	1.769	1,1	0,5	1.658	1,4	-1,0
3 454 Emsland	5.266	1,9	0,6	4.094	4,0	-0,2	5.312	2,2	1,7	4.302	2,3	-0,1
3 457 Leer	3.152	1,9	0,5	1.651	2,7	-1,4	1.541	1,1	0,6	1.035	1,1	-1,3
weiterer Grenzraum	8.661	2,4	1,0	7.448	5,2	1,1	4.853	1,5	0,9	5.090	2,1	-0,4
3 451 Ammerland	2.595	2,7	1,3	2.282	5,9	1,8	2.044	2,2	1,7	2.057	2,9	0,4
3 453 Cloppenburg	3.102	3,1	1,7	2.026	4,9	0,8	1.416	1,5	0,9	1.656	2,3	-0,1
3 455 Friesland	1.635	1,6	0,2	2.350	6,1	2,0	1.285	1,4	0,9	1.678	2,5	0,0
3 462 Wittmund	1.329	2,0	0,6	790	3,2	-0,9	108	0,2	-0,4	-301	-0,8	-3,3
EUREGIO insg.	45.586	1,8	0,4	42.025	4,4	0,3	32.422	1,5	0,9	42.763	2,6	0,2
engerer Grenzraum	18.191	2,3	1,0	15.145	5,0	0,9	16.106	2,3	1,7	14.224	2,6	0,1
3 456 Grafschaft Bentheim	2.384	2,2	0,9	2.352	5,6	1,5	2.464	2,5	1,9	1.759	2,3	-0,2
5 554 Borken	8.278	2,7	1,3	6.011	4,9	0,8	5.653	2,0	1,4	5.597	2,6	0,1
5 566 Steinfurt	7.529	2,1	0,7	6.782	4,8	0,7	7.989	2,4	1,9	6.868	2,7	0,2
weiterer Grenzraum	27.395	1,6	0,2	26.880	4,1	0,0	16.316	1,1	0,6	28.539	2,7	0,2
3 404 Osnabrück,Stadt	2.573	0,6	-0,8	6.068	4,0	-0,1	518	0,2	-0,4	3.991	1,8	-0,7
3 459 Osnabrück	7.792	3,2	1,9	5.142	5,2	1,1	4.947	2,1	1,6	6.521	3,6	1,2
5 515 Münster (Westf), Stadt	8.070	1,1	-0,2	7.257	2,8	-1,3	2.974	0,5	0,0	11.136	2,9	0,4
5 558 Coesfeld	4.761	2,8	1,5	4.162	6,1	2,0	3.069	1,9	1,3	2.822	2,3	-0,1
5 570 Warendorf	4.199	2,0	0,6	4.251	5,2	1,1	4.808	2,5	1,9	4.069	2,8	0,3
EUREGIO Rhein-Waal insg.	12.550	0,8	-0,5	20.126	3,8	-0,3	2.519	0,2	-0,4	14.391	1,7	-0,7
engerer Grenzraum	6.031	2,1	0,8	5.492	5,0	0,9	1.249	0,5	-0,1	2.670	1,5	-0,9
5 154 Kleve	6.031	2,1	0,8	5.492	5,0	0,9	1.249	0,5	-0,1	2.670	1,5	-0,9
weiterer Grenzraum	6.519	0,5	-0,8	14.634	3,4	-0,7	1.270	0,1	-0,4	11.721	1,8	-0,6
5 112 Duisburg, Stadt	99	0,0	-1,4	7.316	2,7	-1,4	-3.722	-0,7	-1,2	6.076	1,6	-0,9
5 170 Wesel	6.420	1,6	0,2	7.318	4,8	0,7	4.992	1,4	0,9	5.645	2,1	-0,3

NIW Niedersächsisches Institut für Wirtschaftsforschung e.V., Hannover

Anhang

	Sozialversicherungspflichtig Beschäftigte am 30.6.2002, Anteile an Insgesamt, WD = 100						
	Ins-ge-samt	Land- u. Forstw., Fischerei	Produzierendes Gewerbe				
			ins-ge-samt	Berg-bau	Verarbei-tendes Gewerbe +oh.Ang.	Energie- und Wasser-versorg.	Bau-gewerbe
Deutschland	100	139	95	98	92	106	110
früheres Bundesgebiet (incl.Berlin(W.))	100	98	99	97	98	98	100
früheres Bundesgebiet (oh.Berlin(W.))	100	100	100	100	100	100	100
Niedersachsen	100	172	97	112	92	98	118
Nordrhein-Westfalen	100	92	97	179	95	118	96
NDS/NRW Grenzraum insg.	100	197	106	316	97	87	131
engerer Grenzraum	100	218	115	216	107	66	152
weiterer Grenzraum	100	184	100	381	91	100	118
NDS Grenzraum insg.	100	249	107	138	100	61	144
engerer Grenzraum	100	212	109	224	99	77	153
weiterer Grenzraum	100	278	105	68	101	48	138
NRW Grenzraum insg.	100	166	105	425	96	102	123
engerer Grenzraum	100	223	119	210	112	58	151
weiterer Grenzraum	100	133	97	549	87	128	107
EDR insg.	100	321	108	135	97	65	159
engerer Grenzraum	100	217	109	149	100	80	150
3 402 Emden,Stadt	100	40	147	33	173	83	46
3 452 Aurich	100	320	71	39	56	57	141
3 454 Emsland	100	204	126	285	112	92	181
3 457 Leer	100	263	79	19	62	73	160
weiterer Grenzraum	100	504	106	109	92	39	176
3 451 Ammerland	100	918	89	16	75	25	170
3 453 Cloppenburg	100	465	144	263	130	41	213
3 455 Friesland	100	161	79	6	71	58	123
3 462 Wittmund	100	278	74	44	55	31	171
EUREGIO insg.	100	159	106	144	103	70	121
engerer Grenzraum	100	160	124	310	116	59	151
3 456 Grafschaft Bentheim	100	185	113	643	93	60	171
5 554 Borken	100	177	134	9	132	47	166
5 566 Steinfurt	100	137	116	499	108	71	130
weiterer Grenzraum	100	159	95	42	95	76	102
3 404 Osnabrück,Stadt	100	30	78	24	79	74	76
3 459 Osnabrück	100	225	129	58	129	37	146
5 515 Münster (Westf), Stadt	100	112	52	53	47	130	65
5 558 Coesfeld	100	276	98	9	93	67	133
5 570 Warendorf	100	213	139	47	149	42	116
EUREGIO Rhein-Waal insg.	100	165	105	821	86	140	129
engerer Grenzraum	100	428	100	55	88	54	161
5 154 Kleve	100	428	100	55	88	54	161
weiterer Grenzraum	100	93	106	1.031	85	164	120
5 112 Duisburg, Stadt	100	45	102	488	93	184	99
5 170 Wesel	100	156	112	1.752	75	137	147

NIW Niedersächsisches Institut für Wirtschaftsforschung e.V., Hannover

■ Anhang

		Sozialversicherungspflichtig Beschäftigte, Veränderung abs. 1998 - 2002					
		Ins-ge-samt	Land- u. Forstw., Fischerei	Produzierendes Gewerbe			
				ins-ge-samt	Berg-bau	Verarbei-tendes Gewerbe +oh.Ang.	Energie- und Wasser-versorg.	Bau-gewerbe

		Insgesamt	Land- u. Forstw., Fischerei	ins-gesamt	Berg-bau	Verarbeitendes Gewerbe +oh.Ang.	Energie- und Wasserversorg.	Baugewerbe
	Deutschland	363.343	-32.208	-824.665	-47.585	-197.137	-46.511	-533.432
	früheres Bundesgebiet (incl.Berlin(W.))	840.570	1.572	-480.133	-38.625	-181.186	-33.062	-227.260
	früheres Bundesgebiet (oh.Berlin(W.))	852.674	2.419	-440.134	-38.618	-165.252	-32.869	-203.395
	Niedersachsen	69.510	870	-44.687	-1.927	-12.255	-1.972	-28.533
	Nordrhein-Westfalen	152.912	3.168	-210.574	-30.464	-116.515	-10.794	-52.801
	NDS/NRW Grenzraum insg.	53.164	1.627	-18.821	-5.183	-3.377	-2.213	-8.048
	engerer Grenzraum	22.358	794	-3.444	-493	534	-667	-2.818
	weiterer Grenzraum	30.806	833	-15.377	-4.690	-3.911	-1.546	-5.230
	NDS Grenzraum insg.	19.649	670	-6.496	-484	-373	-702	-4.937
	engerer Grenzraum	7.577	203	-2.499	-318	556	-461	-2.276
	weiterer Grenzraum	12.072	467	-3.997	-166	-929	-241	-2.661
	NRW Grenzraum insg.	33.515	957	-12.325	-4.699	-3.004	-1.511	-3.111
	engerer Grenzraum	14.781	591	-945	-175	-22	-206	-542
	weiterer Grenzraum	18.734	366	-11.380	-4.524	-2.982	-1.305	-2.569
	EDR insg.	12.633	494	-1.065	-109	2.393	-441	-2.908
	engerer Grenzraum	7.280	148	-982	65	1.136	-452	-1.731
3 402	Emden,Stadt	-52	36	-1.207	36	-952	-187	-104
3 452	Aurich	1.419	-22	-217	8	779	-7	-997
3 454	Emsland	4.874	31	541	10	1.030	-263	-236
3 457	Leer	1.039	103	-99	11	279	5	-394
	weiterer Grenzraum	5.353	346	-83	-174	1.257	11	-1.177
3 451	Ammerland	1.535	26	-548	-26	-254	-15	-253
3 453	Cloppenburg	2.906	334	916	-158	1.629	14	-569
3 455	Friesland	1.199	-22	-457	-4	31	9	-493
3 462	Wittmund	-287	8	6	14	-149	3	138
	EUREGIO insg.	32.917	779	-10.625	-3.197	-3.304	-624	-3.500
	engerer Grenzraum	12.418	362	-2.168	-499	-547	-62	-1.060
3 456	Grafschaft Bentheim	297	55	-1.517	-383	-580	-9	-545
5 554	Borken	6.996	95	1.304	-7	1.572	-51	-210
5 566	Steinfurt	5.125	212	-1.955	-109	-1.539	-2	-305
	weiterer Grenzraum	20.499	417	-8.457	-2.698	-2.757	-562	-2.440
3 404	Osnabrück,Stadt	2.765	-39	-1.187	13	-435	-230	-535
3 459	Osnabrück	3.954	160	-2.727	-5	-1.751	-22	-949
5 515	Münster (Westf), Stadt	10.983	32	-185	72	454	-291	-420
5 558	Coesfeld	2.370	13	-465	0	-68	-24	-373
5 570	Warendorf	427	251	-3.893	-2.778	-957	5	-163
	EUREGIO Rhein-Waal insg.	7.614	354	-7.131	-1.877	-2.466	-1.148	-1.640
	engerer Grenzraum	2.660	284	-294	-59	-55	-153	-27
5 154	Kleve	2.660	284	-294	-59	-55	-153	-27
	weiterer Grenzraum	4.954	70	-6.837	-1.818	-2.411	-995	-1.613
5 112	Duisburg, Stadt	912	57	-5.221	-257	-3.173	-575	-1.216
5 170	Wesel	4.042	13	-1.616	-1.561	762	-420	-397

NIW Niedersächsisches Institut für Wirtschaftsforschung e.V., Hannover

Anhang

	Arbeitslosenquoten (Jahresdurchschnitt)													
	1997		1998		1999		2000		2001		2002		2003	
	in %	WD=100	in %	WD=100	in %	WD=100	in %	WD=100	in %	WD=100	in %	WD=100	in %	WD=100
Deutschland	12,7	118	12,3	120	11,7	122	10,7	127	10,3	129	10,8	127	11,6	124
früheres Bundesgebiet (incl.Berlin(W.))	11,0	102	10,5	102	9,9	103	8,7	103	8,3	104	8,7	102	0,0	0
Bundesgebiet West, oh.Berlin(W.) [WD]	10,8	100	10,3	100	9,6	100	8,4	100	8,0	100	8,5	100	9,3	100
Niedersachsen	12,9	119	12,3	120	11,5	120	10,3	122	10,0	125	10,2	120	10,7	115
Nordrhein-Westfalen	12,2	113	11,7	114	11,2	116	10,1	120	9,6	120	10,1	119	10,9	117
NDS/NRW Grenzraum insg.	11,9	110	11,3	110	10,6	110	9,4	111	9,0	113	9,3	109	9,9	106
engerer Grenzraum	11,5	106	10,8	105	10,1	105	9,0	107	8,6	107	8,8	103	9,5	102
weiterer Grenzraum	12,2	113	11,6	113	10,9	114	9,6	114	9,3	116	9,6	112	10,2	109
NDS Grenzraum insg.	12,8	118	11,9	116	10,9	114	9,8	116	9,4	118	9,6	113	10,2	109
engerer Grenzraum	13,9	129	12,9	126	11,8	123	10,9	129	10,3	129	10,3	121	11,1	119
weiterer Grenzraum	11,8	109	11,0	108	10,2	106	8,9	106	8,7	109	9,0	105	9,4	101
NRW Grenzraum insg.	11,4	106	10,9	106	10,4	108	9,1	108	8,7	109	9,0	106	9,7	104
engerer Grenzraum	9,7	90	9,2	89	8,8	92	7,7	91	7,3	92	7,7	90	8,3	89
weiterer Grenzraum	12,4	115	11,9	116	11,3	117	10,0	119	9,6	120	9,9	116	10,6	114
EDR insg.	13,9	128	13,1	128	12,0	125	10,9	130	10,4	130	10,4	122	11,0	118
engerer Grenzraum	14,3	132	13,4	130	12,3	128	11,5	136	10,8	135	10,7	125	11,4	122
3 402 Emden, Stadt	17,7	164	16,1	157	14,7	153	14,2	168	12,7	159	13,1	154	13,8	148
3 452 Aurich	14,9	138	14,0	136	13,0	135	13,1	155	12,6	158	12,3	144	13,0	139
3 454 Emsland	12,7	118	11,9	116	10,9	113	9,5	113	8,8	110	8,6	101	9,0	96
3 457 Leer	15,6	144	14,7	143	13,4	139	12,5	148	11,9	149	12,1	142	13,6	146
weiterer Grenzraum	13,1	122	12,7	124	11,5	120	10,1	120	9,9	123	9,8	115	10,3	110
3 451 Ammerland	11,5	106	11,2	109	10,6	110	9,5	113	9,6	120	9,5	111	9,9	106
3 453 Cloppenburg	12,8	118	12,2	119	10,7	111	8,8	104	8,7	108	8,3	97	8,7	93
3 455 Friesland	14,5	134	14,2	138	12,8	133	11,5	136	10,8	135	11,1	130	11,7	125
3 462 Wittmund	15,0	139	14,4	140	13,2	137	12,3	146	12,0	150	12,3	144	12,9	138
EUREGIO insg.	9,7	90	9,2	89	8,6	90	7,4	88	7,2	90	7,8	92	8,5	91
engerer Grenzraum	9,6	89	9,0	88	8,5	88	7,2	85	7,0	88	7,6	89	8,3	89
3 456 Grafschaft Bentheim	11,7	108	10,5	102	9,1	95	7,8	93	8,0	101	8,5	100	9,2	99
5 554 Borken	9,4	87	9,1	89	8,6	89	7,1	84	6,9	86	7,8	92	8,5	91
5 566 Steinfurt	9,1	84	8,5	83	8,2	85	7,1	84	6,8	85	7,2	84	7,9	85
weiterer Grenzraum	9,8	91	9,3	90	8,7	91	7,5	90	7,4	92	8,0	93	8,5	91
3 404 Osnabrück, Stadt	13,5	125	12,6	123	12,1	126	10,7	127	10,2	128	10,7	126	11,0	118
3 459 Osnabrück	9,5	88	8,5	83	7,9	82	6,8	81	6,7	84	7,3	86	7,8	84
5 515 Münster (Westf), Stadt	9,8	91	9,7	94	9,4	98	7,9	94	7,4	93	8,1	95	8,7	93
5 558 Coesfeld	8,3	77	8,1	79	7,5	78	6,5	77	6,4	80	7,1	84	7,8	84
5 570 Warendorf	9,2	85	8,7	85	8,1	84	7,1	84	7,2	90	7,7	90	8,4	91
EUREGIO Rhein-Waal insg.	14,1	130	13,3	130	12,8	133	11,5	137	10,9	137	20,0	234	21,1	226
engerer Grenzraum	10,9	101	10,3	100	10,1	105	9,2	109	8,6	108	8,3	97	8,7	93
5 154 Kleve	10,9	101	10,3	100	10,1	105	9,2	109	8,6	108	8,3	97	8,7	93
weiterer Grenzraum	14,9	138	14,2	138	13,5	141	12,2	145	11,6	145	11,7	137	12,4	133
5 112 Duisburg, Stadt	17,6	163	16,7	163	15,9	165	14,5	172	13,8	173	14,2	166	14,9	160
5 170 Wesel	11,8	109	11,3	110	10,8	112	9,6	114	9,2	115	9,0	106	9,8	105

NIW Niedersächsisches Institut für Wirtschaftsforschung e.V., Hannover

Anhang

	Bruttoinlandsprodukt zu Marktpreisen											
	1992			1994			1996			1997		
	in Mio EUR	1.000 EUR je Einw.	WD= 100	in Mio EUR	1.000 EUR je Einw.	WD= 100	in Mio EUR	1.000 EUR je Einw.	WD= 100	in Mio EUR	1.000 EUR je Einw.	WD= 100
Deutschland	1.613.200	20,0	89	1.735.500	21,3	92	1.833.700	22,4	93	1.871.600	22,8	93
früheres Bundesgebiet (incl.Berlin(W.))												
früheres Bundesgebiet (oh.Berlin(W.)	1.412.248	22,5	100	1.472.477	23,1	100	1.548.200	24,1	100	1.582.502	24,5	100
Niedersachsen	146.044	19,4	86	154.899	20,2	87	159.587	20,5	85	162.788	20,8	85
Nordrhein-Westfalen	380.786	21,6	96	393.369	22,1	96	411.366	23,0	95	420.783	23,4	95
NDS/NRW Grenzraum insg.	78.671	18,1	80	82.915	18,7	81	87.866	19,5	81	89.704	19,7	80
engerer Grenzraum	30.632	17,3	77	32.698	18,0	78	34.734	18,7	78	35.837	19,1	78
weiterer Grenzraum	48.039	18,7	83	50.217	19,2	83	53.132	20,0	83	53.866	20,2	82
NDS Grenzraum insg.	28.182	17,4	77	30.570	18,3	79	32.769	19,1	79	33.595	19,4	79
engerer Grenzraum	12.720	16,6	74	14.033	17,8	77	14.832	18,4	76	15.486	19,0	78
weiterer Grenzraum	15.462	18,0	80	16.537	18,7	81	17.937	19,7	82	18.109	19,7	80
NRW Grenzraum insg.	50.489	18,6	83	52.345	19,0	82	55.098	19,7	82	56.109	20,0	81
engerer Grenzraum	17.913	17,8	79	18.665	18,2	79	19.902	18,9	78	20.351	19,1	78
weiterer Grenzraum	32.577	19,0	85	33.679	19,5	84	35.196	20,2	84	35.758	20,5	83
EDR insg.	16.873	16,6	74	18.533	17,6	76	19.432	18,0	75	20.184	18,5	75
engerer Grenzraum	10.908	16,9	75	12.027	18,1	78	12.634	18,5	77	13.294	19,4	79
3 402 Emden,Stadt	1.666	32,3	143	1.719	33,0	143	1.612	31,3	130	1.764	34,2	139
3 452 Aurich	2.283	13,2	58	2.576	14,5	63	2.663	14,7	61	2.618	14,4	59
3 454 Emsland	4.747	17,5	78	5.351	18,9	82	6.028	20,5	85	6.409	21,6	88
3 457 Leer	2.211	15,0	66	2.381	15,8	68	2.331	15,1	63	2.502	16,0	65
weiterer Grenzraum	5.965	16,0	71	6.506	16,8	73	6.799	17,0	71	6.890	17,0	69
3 451 Ammerland	1.585	16,0	71	1.761	17,3	75	1.803	17,3	72	1.898	17,9	73
3 453 Cloppenburg	1.917	15,3	68	2.122	15,8	68	2.483	17,5	73	2.482	17,3	70
3 455 Friesland	1.617	16,9	75	1.690	17,5	76	1.650	16,8	70	1.643	16,6	68
3 462 Wittmund	846	15,8	70	932	17,1	74	862	15,5	65	867	15,5	63
EUREGIO insg.	39.813	19,4	86	42.027	20,0	87	45.125	21,1	87	45.940	21,3	87
engerer Grenzraum	14.951	17,6	78	15.679	18,1	78	16.736	18,8	78	17.120	19,0	78
3 456 Grafschaft Bentheim	1.812	14,9	66	2.006	16,2	70	2.198	17,4	72	2.193	17,3	70
5 554 Borken	6.185	18,8	84	6.438	19,2	83	6.972	20,2	84	7.241	20,8	85
5 566 Steinfurt	6.954	17,4	77	7.234	17,7	77	7.567	18,1	75	7.687	18,2	74
weiterer Grenzraum	24.862	20,7	92	26.348	21,4	93	28.388	22,6	94	28.820	22,9	93
3 404 Osnabrück,Stadt	4.623	27,9	124	4.852	28,9	125	5.451	32,5	135	5.322	31,9	130
3 459 Osnabrück	4.874	15,3	68	5.180	15,6	68	5.687	16,5	69	5.897	17,0	69
5 515 Münster (Westf), Stadt	7.596	28,6	127	8.019	30,2	130	8.452	31,9	132	8.688	32,8	134
5 558 Coesfeld	3.085	16,1	72	3.263	16,6	72	3.505	17,2	71	3.547	17,1	70
5 570 Warendorf	4.684	17,9	79	5.034	18,7	81	5.293	19,4	80	5.365	19,5	79
EUREGIO Rhein-Waal insg.	21.985	17,3	77	22.355	17,5	76	23.309	18,1	75	23.580	18,3	74
engerer Grenzraum	4.773	17,2	76	4.993	17,6	76	5.364	18,5	77	5.424	18,6	76
5 154 Kleve	4.773	17,2	76	4.993	17,6	76	5.364	18,5	77	5.424	18,6	76
weiterer Grenzraum	17.211	17,4	77	17.363	17,4	75	17.946	17,9	74	18.157	18,2	74
5 112 Duisburg, Stadt	10.310	19,1	85	10.335	19,3	83	10.784	20,2	84	10.895	20,5	84
5 170 Wesel	6.901	15,2	68	7.028	15,3	66	7.162	15,4	64	7.261	15,5	63

NIW Niedersächsisches Institut für Wirtschaftsforschung e.V., Hannover

	Bruttoinlandsprodukt zu Marktpreisen											
	1998			1999			2000			2001		
	in Mio EUR	1.000 EUR je Einw.	WD= 100	in Mio EUR	1.000 EUR je Einw.	WD= 100	in Mio EUR	1.000 EUR je Einw.	WD= 100	in Mio EUR	1.000 EUR je Einw.	WD= 100
Deutschland	1.929.400	23,5	93	1.978.600	24,1	93	2.030.000	24,7	93	2.071.200	25,2	93
früheres Bundesgebiet (incl.Berlin(W.))												
früheres Bundesgebiet (oh.Berlin(W.)	1.636.238	25,3	100	1.679.395	26,0	100	1.728.854	26,6	100	1.765.350	27,1	100
Niedersachsen	169.194	21,5	85	172.551	21,9	84	176.579	22,3	84	180.426	22,7	84
Nordrhein-Westfalen	432.506	24,1	95	440.619	24,5	94	450.137	25,0	94	458.078	25,4	94
NDS/NRW Grenzraum insg.	92.581	20,3	80	94.305	20,6	79	98.006	21,3	80	99.973	21,6	80
engerer Grenzraum	36.892	19,5	77	37.616	19,7	76	39.430	20,5	77	40.443	20,9	77
weiterer Grenzraum	55.689	20,9	82	56.688	21,2	82	58.576	21,8	82	59.530	22,1	82
NDS Grenzraum insg.	34.989	20,1	79	35.004	20,0	77	37.187	21,1	79	38.484	21,7	80
engerer Grenzraum	16.193	19,8	78	16.174	19,6	76	17.303	20,8	78	17.905	21,4	79
weiterer Grenzraum	18.796	20,4	80	18.831	20,3	78	19.884	21,3	80	20.579	21,9	81
NRW Grenzraum insg.	57.592	20,4	81	59.301	21,0	81	60.819	21,4	80	61.489	21,6	80
engerer Grenzraum	20.699	19,3	76	21.443	19,8	76	22.127	20,3	76	22.538	20,5	76
weiterer Grenzraum	36.893	21,1	83	37.858	21,7	83	38.692	22,1	83	38.951	22,2	82
EDR insg.	21.048	19,1	76	21.197	19,1	74	22.547	20,2	76	23.527	20,9	77
engerer Grenzraum	13.926	20,1	79	13.972	20,1	77	14.778	21,1	79	15.377	21,8	81
3 402 Emden, Stadt	2.140	41,5	164	2.034	39,6	153	1.987	39,0	146	2.075	40,7	150
3 452 Aurich	2.693	14,7	58	2.758	14,9	57	2.875	15,4	58	2.937	15,6	58
3 454 Emsland	6.576	22,1	87	6.577	21,9	84	7.180	23,8	89	7.514	24,7	91
3 457 Leer	2.517	16,0	63	2.603	16,3	63	2.737	17,0	64	2.851	17,6	65
weiterer Grenzraum	7.122	17,4	69	7.225	17,5	67	7.769	18,7	70	8.150	19,4	72
3 451 Ammerland	1.946	18,1	72	1.897	17,5	67	2.070	18,8	71	2.195	19,7	73
3 453 Cloppenburg	2.565	17,6	70	2.590	17,6	68	2.874	19,3	73	3.035	20,2	74
3 455 Friesland	1.718	17,2	68	1.835	18,4	71	1.894	18,8	71	1.968	19,5	72
3 462 Wittmund	893	15,8	63	903	15,8	61	931	16,2	61	952	16,6	61
EUREGIO insg.	46.944	21,6	85	48.185	22,1	85	49.727	22,6	85	50.424	22,8	84
engerer Grenzraum	17.414	19,2	76	17.885	19,6	75	18.812	20,4	77	19.110	20,6	76
3 456 Grafschaft Bentheim	2.267	17,7	70	2.202	17,1	66	2.525	19,5	73	2.528	19,4	72
5 554 Borken	7.386	21,0	83	7.691	21,7	83	7.948	22,2	83	8.047	22,3	82
5 566 Steinfurt	7.760	18,2	72	7.992	18,6	72	8.339	19,2	72	8.535	19,6	72
weiterer Grenzraum	29.530	23,4	92	30.301	23,9	92	30.915	24,3	91	31.314	24,4	90
3 404 Osnabrück, Stadt	5.648	34,0	134	5.482	33,3	128	5.923	36,1	136	6.025	36,8	136
3 459 Osnabrück	6.026	17,3	68	6.124	17,4	67	6.192	17,6	66	6.404	18,1	67
5 515 Münster (Westf), Stadt	8.940	33,8	133	9.445	35,7	138	9.363	35,3	133	9.384	35,3	130
5 558 Coesfeld	3.579	17,1	68	3.641	17,2	66	3.740	17,5	66	3.769	17,5	64
5 570 Warendorf	5.337	19,3	76	5.609	20,2	78	5.697	20,4	77	5.733	20.4	75
EUREGIO Rhein-Waal insg.	24.590	19,0	75	24.923	19,3	74	25.732	20,0	75	26.021	20,2	75
engerer Grenzraum	5.552	18,9	75	5.760	19,4	75	5.840	19,6	73	5.956	19,8	73
5 154 Kleve	5.552	18,9	75	5.760	19,4	75	5.840	19,6	73	5.956	19,8	73
weiterer Grenzraum	19.037	19,1	75	19.163	19,3	74	19.892	20,1	75	20.066	20,3	75
5 112 Duisburg, Stadt	11.565	22,0	87	11.478	22,0	85	12.051	23,3	87	12.157	23,7	87
5 170 Wesel	7.472	15,9	63	7.685	16,3	63	7.841	16,6	62	7.908	16,6	61

NIW Niedersächsisches Institut
für Wirtschaftsforschung e.V., Hannover

Anhang

	Bruttoinlandsprodukt zu Marktpreisen je Erwerbstätigen											
	1992			1994			1996			1997		
	in 1.000 EUR	WD=100	D=100	in 1.000 EUR	WD=100	D=100	in 1.000 EUR	WD=100	D=100	in 1.000 EUR	WD=100	D=100
Deutschland	42,6	91	100	46,5	94	100	49,2	94	100	50,3	94	100
früheres Bundesgebiet (incl.Berlin(W.))												
früheres Bundesgebiet (oh.Berlin(W.))	46,6	100	109	49,5	100	106	52,2	100	106	53,2	100	106
Niedersachsen	43,8	94	103	46,6	94	100	47,9	92	97	48,9	92	97
Nordrhein-Westfalen	47,4	102	111	50,3	102	108	52,7	101	107	53,6	101	107
NDS/NRW Grenzraum insg.	42,3	91	99	44,9	91	96	47,1	90	96	47,7	90	95
engerer Grenzraum	41,0	88	96	44,1	89	95	46,3	89	94	47,1	89	94
weiterer Grenzraum	43,1	92	101	45,4	92	98	47,7	91	97	48,1	90	96
NDS Grenzraum insg.	40,5	87	95	43,6	88	94	46,0	88	93	46,7	88	93
engerer Grenzraum	40,0	86	94	44,1	89	95	46,3	89	94	47,7	90	95
weiterer Grenzraum	40,9	88	96	43,2	87	93	45,8	88	93	45,9	86	91
NRW Grenzraum insg.	43,3	93	102	45,6	92	98	47,8	92	97	48,3	91	96
engerer Grenzraum	41,8	90	98	44,0	89	95	46,3	89	94	46,7	88	93
weiterer Grenzraum	44,2	95	104	46,6	94	100	48,8	93	99	49,2	92	98
EDR insg.	40,5	87	95	43,9	89	94	45,2	87	92	46,5	87	93
engerer Grenzraum	40,9	88	96	44,8	91	96	46,7	90	95	48,5	91	96
3 402 Emden,Stadt	45,4	97	107	50,3	102	108	49,7	95	101	53,8	101	107
3 452 Aurich	36,8	79	86	40,9	83	88	41,8	80	85	41,0	77	82
3 454 Emsland	40,6	87	95	44,5	90	96	49,1	94	100	51,1	96	102
3 457 Leer	43,4	93	102	46,8	95	101	45,3	87	92	47,9	90	95
weiterer Grenzraum	39,7	85	93	42,3	85	91	42,6	82	87	43,2	81	86
3 451 Ammerland	38,9	84	91	41,6	84	89	40,9	78	83	43,0	81	85
3 453 Cloppenburg	37,2	80	87	40,1	81	86	45,4	87	92	44,3	83	88
3 455 Friesland	45,8	98	107	47,4	96	102	43,3	83	88	44,0	83	87
3 462 Wittmund	37,3	80	88	40,8	82	88	38,2	73	78	39,5	74	79
EUREGIO insg.	42,0	90	99	44,4	90	95	47,1	90	96	47,4	89	94
engerer Grenzraum	40,3	86	95	42,9	87	92	45,2	87	92	45,7	86	91
3 456 Grafschaft Bentheim	35,6	76	84	40,2	81	86	43,8	84	89	43,7	82	87
5 554 Borken	41,3	88	97	42,9	87	92	45,5	87	93	46,6	87	93
5 566 Steinfurt	40,8	88	96	43,7	88	94	45,2	87	92	45,6	86	91
weiterer Grenzraum	43,1	92	101	45,4	92	98	48,2	92	98	48,4	91	96
3 404 Osnabrück,Stadt	43,2	93	101	46,4	94	100	52,2	100	106	50,5	95	100
3 459 Osnabrück	40,5	87	95	41,7	84	90	44,3	85	90	45,4	85	90
5 515 Münster (Westf), Stadt	45,6	98	107	48,3	98	104	51,0	98	104	52,0	98	103
5 558 Coesfeld	41,6	89	98	43,5	88	94	45,6	87	93	45,2	85	90
5 570 Warendorf	43,0	92	101	45,6	92	98	46,7	90	95	46,9	88	93
EUREGIO Rhein-Waal insg.	44,3	95	104	46,5	94	100	49,0	94	100	49,3	93	98
engerer Grenzraum	43,9	94	103	46,1	93	99	49,1	94	100	48,5	91	96
5 154 Kleve	43,9	94	103	46,1	93	99	49,1	94	100	48,5	91	96
weiterer Grenzraum	44,4	95	104	46,7	94	100	49,0	94	100	49,6	93	99
5 112 Duisburg, Stadt	45,7	98	107	48,8	99	105	52,4	100	106	53,2	100	106
5 170 Wesel	42,7	92	100	43,9	89	94	44,7	86	91	45,0	85	89

NIW Niedersächsisches Institut für Wirtschaftsforschung e.V., Hannover

Anhang

	Bruttoinlandsprodukt zu Marktpreisen je Erwerbstätigen											
	1998			1999			2000			2001		
	in 1.000 EUR	WD=100	D=100	in 1.000 EUR	WD=100	D=100	in 1.000 EUR	WD=100	D=100	in 1.000 EUR	WD=100	D=100
Deutschland	51,3	94	100	52,0	95	100	52,4	95	100	53,2	95	100
früheres Bundesgebiet (incl.Berlin(W.))												
früheres Bundesgebiet (oh.Berlin(W.)	54,3	100	106	55,0	100	106	55,3	100	106	56,0	100	105
Niedersachsen	50,4	93	98	50,6	92	97	50,7	92	97	51,8	92	97
Nordrhein-Westfalen	54,2	100	106	54,2	99	104	54,0	98	103	54,6	97	103
NDS/NRW Grenzraum insg.	48,2	89	94	48,2	88	93	48,8	88	93	49,4	88	93
engerer Grenzraum	47,4	87	92	47,3	86	91	48,3	87	92	49,0	88	92
weiterer Grenzraum	48,7	90	95	48,7	89	94	49,1	89	94	49,6	89	93
NDS Grenzraum insg.	47,7	88	93	46,9	85	90	48,7	88	93	49,8	89	94
engerer Grenzraum	48,8	90	95	47,8	87	92	50,1	91	96	51,1	91	96
weiterer Grenzraum	46,9	86	91	46,1	84	89	47,5	86	91	48,8	87	92
NRW Grenzraum insg.	48,4	89	94	49,0	89	94	48,8	88	93	49,1	88	92
engerer Grenzraum	46,3	85	90	47,0	86	90	47,0	85	90	47,5	85	89
weiterer Grenzraum	49,7	92	97	50,1	91	96	49,9	90	95	50,1	90	94
EDR insg.	47,5	87	93	46,9	85	90	48,8	88	93	50,4	90	95
engerer Grenzraum	49,7	92	97	49,0	89	94	50,8	92	97	52,1	93	98
3 402 Emden,Stadt	62,0	114	121	56,6	103	109	56,4	102	108	58,0	104	109
3 452 Aurich	41,3	76	80	41,6	76	80	42,3	77	81	43,4	77	81
3 454 Emsland	51,6	95	101	51,2	93	99	54,2	98	103	55,7	99	105
3 457 Leer	47,5	87	93	47,8	87	92	49,5	90	95	50,2	90	94
weiterer Grenzraum	43,7	80	85	43,4	79	83	45,5	82	87	47,6	85	89
3 451 Ammerland	43,4	80	85	41,7	76	80	44,7	81	85	46,5	83	87
3 453 Cloppenburg	45,0	83	88	43,9	80	85	46,9	85	90	48,4	86	91
3 455 Friesland	44,4	82	87	46,7	85	90	46,7	84	89	49,3	88	93
3 462 Wittmund	39,5	73	77	39,4	72	76	41,1	74	78	44,2	79	83
EUREGIO insg.	47,4	87	92	47,8	87	92	48,1	87	92	48,4	86	91
engerer Grenzraum	45,3	83	88	45,6	83	88	46,4	84	89	46,7	83	88
3 456 Grafschaft Bentheim	43,7	80	85	41,3	75	79	46,5	84	89	45,8	82	86
5 554 Borken	46,2	85	90	47,1	86	91	46,8	85	89	47,2	84	89
5 566 Steinfurt	44,8	83	87	45,4	83	87	46,1	83	88	46,4	83	87
weiterer Grenzraum	48,8	90	95	49,2	90	95	49,2	89	94	49,5	88	93
3 404 Osnabrück,Stadt	52,6	97	103	50,2	91	97	53,2	96	102	53,8	96	101
3 459 Osnabrück	46,3	85	90	46,1	84	89	45,5	82	87	46,2	82	87
5 515 Münster (Westf), Stadt	52,4	96	102	54,2	99	104	53,1	96	101	52,7	94	99
5 558 Coesfeld	44,7	82	87	44,5	81	86	44,7	81	85	45,3	81	85
5 570 Warendorf	45,7	84	89	47,6	87	92	47,1	85	90	47,6	85	89
EUREGIO Rhein-Waal insg.	50,3	93	98	50,0	91	96	50,1	91	96	50,5	90	95
engerer Grenzraum	48,6	89	95	49,2	90	95	48,8	88	93	49,5	88	93
5 154 Kleve	48,6	89	95	49,2	90	95	48,8	88	93	49,5	88	93
weiterer Grenzraum	50,8	94	99	50,3	91	97	50,5	91	96	50,8	91	95
5 112 Duisburg, Stadt	55,2	102	108	54,2	99	104	55,0	99	105	55,8	100	105
5 170 Wesel	45,2	83	88	45,3	82	87	44,9	81	86	44,6	80	84

NIW Niedersächsisches Institut für Wirtschaftsforschung e.V., Hannover

Kurzfassungen / Abtracts

Entwicklung europäischer Grenzräume bei abnehmender Bedeutung nationaler Grenzen

The development of European border regions as the importance of national borders declines

SILVIA STILLER

Integrationseffekte in Regionen an EU-Binnengrenzen – Implikationen der Standort- und Handelstheorie

Die Reduktion von Grenzhemmnissen hat die wirtschaftsgeographische Lage der inneren Grenzregionen der EU immens verändert. Während Grenzregionen auf nationaler Ebene periphere Regionen sind, erlangen Regionen entlang der Grenze zwischen Integrationspartnern eine zentrale Lage im gemeinsamen Markt dieser Länder. Der Beitrag geht der Frage nach, welche Implikationen die Standorttheorie und die Handelstheorie hinsichtlich der ökonomischen Integrationseffekte in inneren Grenzregionen haben. Das Fazit der Analyse ist, dass die betrachteten ökonomischen Theorien alles in allem nur vage Schlussfolgerungen hinsichtlich der ökonomischen Effekte von Integration in Grenzregionen ermöglichen. Ohne konkrete Kenntnis der Integrationsbedingungen erlauben die Standort- und Handelstheorie keine eindeutige Prognose darüber, ob Integration die Wirtschaftskraft von Grenzregionen erhöht. Die räumlichen Effekte des Grenzabbaus hängen vor allem von der Höhe der internationalen Handelskosten, der Integrationsintensität und der Mobilität von Firmen und Arbeitskräften ab.

Integrational Effects within Regions on EU internal borders – Implications of Location and Trade Theory

The reduction of the obstacles posed by national borders has led to major changes regarding the geo-economic locations of the EU's internal border regions. Whereas border regions at a national level are regarded as peripheral, the regions along the borders between partner states involved in a process of integration take on a key role within the common market shared by these two countries. This article explores the implications of location theory and of trade theory with regard to the economic effects of integration in internal border regions. The author's overall conclusion, based on this analysis, is that the economic theories considered allow only vague conclusions to be drawn regarding the economic effects of integration in border regions. In the absence of concrete knowledge of the prevailing conditions affecting integration, location and trade theory is unable to provide an unequivocal prognosis on whether or not the economic strength of border regions will be enhanced by integration. The spatial effects of the dismantling of borders depend in particular on the cost levels of international trade, on the intensity of integration, and on the mobility of businesses and of the workforce.

Hayo Herrmann / Michael Schack

Fallstudien für deutsch-dänische Grenzräume

In allen drei Fallstudien kommt hinsichtlich der Blickrichtung der regionalen Akteure eine Asymmetrie zum Ausdruck: Generell ist auf dänischer Seite nur selten von einer „Randlage" die Rede. Man sieht sich hier vielmehr nah am großen deutschen Markt, zum Teil auch nah der Øresundregion, während auf deutscher Seite die benachbarten dänischen und skandinavischen Wirtschaftsräume kaum ins Gewicht fallen. Diese unterschiedlichen Einschätzungen resultieren aus ökonomischen Entwicklungsdivergenzen, die in den letzten 20 Jahren das Bild in den Grenzräumen geprägt haben.

Hinter allen Befunden in den Fallstudien steht die starke Integration der Grenzregionen in ihre jeweiligen nationalen Makroökonomien, während die grenzüberschreitende Integration durch „Grenzen in den Köpfen" und durch unterschiedliche administrative Strukturen behindert wird. Bislang ist das INTERREG-Programm ein wesentlicher Motivationsfaktor der grenzüberschreitenden Zusammenarbeit. In allen drei Grenzräumen war und ist das Programm notwendig, um die Potenziale der grenzüberschreitenden Zusammenarbeit auszuschöpfen.

Case Studies for German/Danish Border Regions

With regard to the orientation of regional actors, all three case studies reveal the same asymmetry: on the Danish side of the border people rarely speak in terms of their "peripheral location". The view is rather that their location is close to the very important German market, or equally to the Øresund region; in Germany, on the other hand, the neighbouring economic areas represented by Denmark, and Scandinavia in general, are not regarded as particularly significant. These differing evaluations are the result of the divergences in economic developments which, over the last 20 years, have formed the way of thinking in these border regions.

Underlying the findings of all of the case studies is the strong integration of border regions within their respective national economies; at the same time, cross-border integration is largely impeded by the "frontiers in people's minds" and through the differences in administrative structures. The INTERREG programme has been a major motivating factor behind cross-border co-operation. In all three border regions, there continues to be a need for the programme to maximise the potentialities of cross-border co-operation.

Rainer Danielzyk / Huib Ernste / Hans-Ulrich Jung

Fallstudien für deutsch-niederländische Grenzräume

In diesem Kapitel werden Bevölkerung, Beschäftigung, Arbeitslosigkeit und Wirtschaftskraft für die drei deutsch-niederländischen Grenzräume Ems Dollart Region, EUREGIO (Rhein-Ems-Ijssel) und Euregio Rhein-Waal untersucht. Auf Grund großer Schwierigkeiten, vergleichbare Daten zu finden, kann dieses nur für die jeweiligen nationalen Teilräume geschehen. Dabei wird deutlich, dass die Dynamik der jeweiligen Grenzregionen eher derjenigen der nationalen Referenzräume entspricht und in den Teilräumen beiderseits der Grenze kaum gemeinsame Entwicklungstendenzen zu finden sind. Des Weiteren wird deutlich, dass weite Teile dieser Grenzräume, mit Ausnahme des Nordens der Ems-Dollart-Region, mehr oder minder stark mit national bedeutsamen Agglomerationen verflochten sind und von daher – im Gegensatz zu vielen anderen Grenzräumen – keinesfalls als „Peripherien" gelten können.

Darüber hinaus werden, vor dem Hintergrund einer Darstellung der Geschichte der drei Euregios, Überlegungen zur Weiterentwicklung der Organisationsformen und der strukturpolitischen Strategien vorgestellt. Dabei wird unter anderem der Frage nachgegangen, inwieweit in Zukunft, stärker als bisher, die Grenzräume als „Schnittstellen" zwischen immer noch deutlich differenzierten nationalen Wirtschafts- und Kulturräumen gesehen werden und daraus resultierende Entwicklungspotentiale genutzt werden sollten.

Case Studies for German/Dutch Border Regions

This chapter examines population, employment, unemployment and the workforce in the three German/Dutch border regions: the Ems Dollart region; the EUREGIO Rhine-Ems-Ijssel; and EUREGIO Rhine-Waal. Due to the great difficulty in finding comparable data, this can only be undertaken for the respective national sub-regions. What this reveals, however, is that the dynamics of the various border areas tend to be in line with the situation in reference regions within the respective country; there are few signs of similarities in economic development between the various parts of these regions on either side of the national border. Moreover, it is evident that significant sections of these border regions, with the exception of the Ems/Dollar region, are, to a greater of lesser extent, more closely integrated with major national agglomerations; consequently, and in contrast to many other border regions, these areas hardly rank as "peripheral locations".

In the context of reviewing the history of the three Euregions, the authors also present a number of ideas for the further development of organisational structures and of strategies for structure policy. They are interested in particular in the extent to which border regions might in the future come to be seen, to a greater degree than they are currently, as "interfaces" between what are still clearly distinct national economic and cultural spaces, as well as in how the ensuing potentialities for development should be made use of.

KONRAD LAMMERS

Die Entwicklung in deutsch-dänischen und deutsch-niederländischen Grenzregionen vor dem Hintergrund ökonomischer Theorien

In diesem Kapitel wird der Versuch unternommen, die Ergebnisse der Fallstudien vor dem Hintergrund der ökonomischen Theorie zusammenfassend zu diskutieren, die in Kapitel 2 dieser Studie dargestellt wurden. Die untersuchten Grenzräume haben sich sehr unterschiedlich entwickelt. Nur in einigen Grenzregionen hat die Integration positive Entwicklungsimpulse im Beobachtungszeitraum (seit Ende der 80er Jahre) ausgelöst. In einigen Regionen konnte der Abbau von Grenzhemmnissen aufgrund geographischer Gegebenheiten nicht zu positiven Entwicklungsimpulsen führen. Auch nach bedeutsamen Integrationsschritten bestehen immer noch erhebliche Grenzhemmnisse; diese resultieren aus Unterschieden in den institutionellen Regelungen zwischen den EU-Mitgliedsländern. Auch dort, wo aus der Grenzöffnung positive Entwicklungsimpulse vermutet werden können, sind die grenzüberschreitenden Verflechtungen und Abhängigkeiten, verglichen mit denen zwischen Regionen innerhalb der Mitgliedsländer, gering geblieben.

Development in German/Danish and German/Dutch Border Regions against the Background of Economic Theories

This chapter aims to present a summary and discussion of the findings of the case studies against the background of the economic theories set out in Chapter 2. The various border regions examined have displayed extremely diverse development; only in a few cases has integration unleashed positive impulses for development over the study period (since the end of the '80s). As an effect of local geographical circumstances, in a number of regions the removal of the obstacles represented by national borders has not proved to be sufficient to trigger positive impulses for development. And even after significant steps have been taken towards integration, national borders continue to represent a major impediment, due in particular to differences in institutional practices in place in the various EU member states. Even in those cases where the opening of borders can be assumed to have triggered positive impulses for development, cross-border connections and interdependencies have remained relatively rare compared with the interaction which takes place between regions within the member states.

LUDWIG THORMÄHLEN

Grenzübergreifende Zusammenarbeit in europäischen Grenzräumen – eine bewertende Zusammenfassung

Für die europäischen Grenzräume im Raum Norddeutschland/Niederlande/Dänemark wurden die ökonomischen Effekte der europäischen Integration untersucht. Dabei zeigt sich, dass bisher kaum parallele Entwicklungstrends beiderseits der Grenzen zu erkennen sind. Auch sind Verflechtungen über nationale Grenzen hinweg wenig ausgeprägt. Längerfristig wirkende Grenzhindernisse stehen dem entgegen. Dennoch nimmt eine große Zahl regionaler Akteure mit maßgeblicher Unterstützung durch die EU (INTERREG) und nationale Regierungen grenzraumspezifische Aufgaben wahr. Fortschritte bei der grenzübergreifenden Zusammenarbeit sind unverkennbar. Für die Zukunft zeichnen sich jedoch neue tief greifende Veränderungen durch demographische und weltwirtschaftliche Entwicklungen sowie durch die EU-Erweiterung ab. Gelingt es den Grenzräumen, den neuen Herausforderungen durch Formulierung gemeinsamer regionaler Entwicklungsstrategien im Zuge der Programmdiskussion für die Zeit nach 2006 gerecht zu werden? Und werden die künftigen EU-Rahmenbedingungen den spezifischen Erfordernissen in den Grenzräumen gerecht?

Cross-border Co-operation in European Border Regions – an Overview and Appraisal

A study was undertaken into the economic effects of European integration with particular reference to European border regions including parts of Northern Germany, the Netherlands and Denmark. One result of the study is to show that to date there have been very few examples of development tendencies running in parallel on either side of national borders. Similarly, cross-border interactions and interdependencies do not play any significant role and are thwarted by longer-term obstacles posed by national borders. Nevertheless, a significant number of regional actors are currently discharging tasks framed specifically to address border regions; in this they are receiving vital support both through the EU (INTERREG) and from national governments. Progress in cross-border co-operation is unmistakable. However, looking to the future there are already clear signs of new and far-reaching changes resulting from developments in demographics and in the world economy, as well as from EU enlargement. Will these border regions succeed in meeting the new challenges by coming up with new, joint strategies for regional development within the framework of the programme for the period after 2006? And, will future EU structures and frameworks do justice to the specific requirements of border regions?

PLANUNGSBEGRIFFE
IN EUROPA

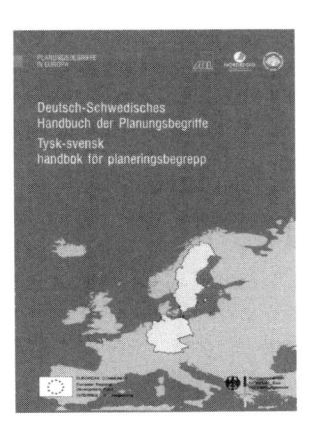

Deutsch-Schwedisches Handbuch der Planungsbegriffe

Planungsbegriffe in Europa
Hannover 2001, 426 S., farbiger Kartenanhang
ISBN 3-88838-531-8

INHALT

KÖNIGREICH SCHWEDEN

1. **Staatsaufbau**
1.1 Demokratie in Schweden
1.2 Öffentlichkeitsprinzip
1.3 Aufgaben des Reichstages
1.4 Aufgaben der Regierung
1.5 Aufgaben des Staatsoberhauptes
1.6 Zentrale Staatsverwaltung
1.7 Die regionale Staatsverwaltung
1.8 Die Gemeinden

2. **Planungssystem**
2.1 Das kommunale Planungsmonopol
2.2 Umweltgesetz
2.3 Plan- und Baugesetz
2.4 Bürgerbeteiligung in der Planung
2.5 Gemeindegrenzen überschreitende Planung
2.6 Aufgaben des Staates in der Planung
2.7 Zusammenarbeit innerhalb der Europäischen Union

3. **Zentrale Planungsbegriffe**

Bestellmöglichkeiten:
- über den Buchhandel
- VSB-Verlagsservice Braunschweig GmbH
  Postfach 47 38, 38037 Braunschweig
  Tel. (0 18 05) 7 08 - 7 09, Fax (05 31) 7 08 - 6 19,
  E-Mail: vsb-bestellservice@westermann.de
- Onlineshop auf der ARL-Homepage:
  www.ARL-net.de (Rubrik "Bücher")

INHALT

BUNDESREPUBLIK DEUTSCHLAND

1. **Staats- und Verwaltungsaufbau der Bundesrepublik Deutschland**
1.1 Grundlagen der Staatsordnung
1.2 Oberste Bundesorgane und Bundesbehörden
1.2.1 Bundestag
1.2.2 Bundesrat
1.2.3 Bundespräsident
1.2.4 Bundesregierung
1.2.5 Bundesgerichte
1.2.6 Bundesverwaltung
1.3 Länder
1.4 Kommunale Selbstverwaltung
1.4.1 Gemeinden
1.4.2 Kreise
1.5 Finanzordnung

2. **Planungssystem der Bundesrepublik Deutschland**
2.1 Bundesraumordnung
2.2 Landesplanung
2.2.1 Planungsfunktion
2.2.2 Koordinierungs- und Sicherungsfunktion
2.3 Regionalplanung
2.4 Bauleitplanung
2.5 Fachplanung

3. **Zentrale Planungsbegriffe**

PLANUNGSBEGRIFFE
IN EUROPA

Deutsch-Niederländisches Handbuch der Planungsbegriffe

Planungsbegriffe in Europa
Hannover 2003, 374 S., farbiger Kartenanhang
ISBN 3-88838-535-0

Das Deutsch-Niederländische Handbuch der Planungsbegriffe ergänzt die von der ARL initiierte und herausgegebene sowie mit zahlreichen Partnern in den beteiligten Ländern erarbeitete Reihe „Planungsbegriffe in Europa" um einen weiteren Band. Die Handbücher leisten einen wichtigen Beitrag zur Verbesserung der Kenntnisse und des gegenseitigen Verständnisses der politisch-administrativen, rechtlichen, sozioökonomischen und landeskulturellen Verhältnisse der jeweiligen Partnerländer.

Dies gilt vor allem für die räumliche Planung und Politik, die in den einzelnen Staaten rechtlich, organisatorisch und verfahrensmäßig unterschiedlich ausgestaltet ist und verschiedene Planungsbegriffe verwendet. Dabei nimmt die Bedeutung grenzübergreifender Zusammenarbeit im Zeitalter von Information und Kommunikation in allen daseinsrelevanten Bereichen und auf allen räumlichen Ebenen zu.

Dem Glossar mit Erläuterungen zu den wichtigsten Planungsbegriffen wurden einführende Kapitel über den Staats- und Verwaltungsaufbau sowie über die Planungssysteme in Deutschland und den Niederlanden vorangestellt. Plankarten der verschiedenen Planungsebenen veranschaulichen die Darstellungen.

Das Deutsch-Niederländische Handbuch der Planungsbegriffe wurde gemeinsam vom niederländischen Directoraat-Generaal Ruimte (DGR) und der ARL konzipiert und finanziert. Die Erarbeitung lag in den Händen eines Projektteams, dem neben Vertretern des DGR und des Sekretariats der ARL vor allem Wissenschaftlerinnen und Wissenschaftler der Universitäten Nijmegen und Dortmund angehörten.

Das Handbuch ist eine Fundgrube des Wissens, auch über den engeren Bereich der räumlichen Planung hinaus. Es ist eine wertvolle Arbeitshilfe für Städte, ländliche Gemeinden, Provinzen, Bezirksregierungen und Landesverwaltungen, Wirtschaftsunternehmen, Hochschulen und gesellschaftliche Gruppen, die mit Einrichtungen und Partnern aus beiden Ländern zusammenarbeiten.

INHALT

Vorwort

Einführung

TEIL I: NIEDERLANDE
  1 Staats und Verwaltungsstruktur
  2 System der Raumplanung
  3 Kernbegriffe der Raumordnungspolitik

TEIL II: BUNDESREPUBLIK DEUTSCHLAND
  1 Staats- und Verwaltungsaufbau
  2 Planungssystem
  3 Zentrale Planungsbegriffe

TEIL III: REGISTER DER BEGRIFFE
  1 Niederlande
  2 Bundesrepublik Deutschland

TEIL IV: KARTENANHANG

Bestellmöglichkeiten:
- über den Buchhandel
- VSB-Verlagsservice Braunschweig GmbH
  Postfach 47 38, 38037 Braunschweig
  Tel. (0 18 05) 7 08 - 7 09, Fax (05 31) 7 08 - 6 19,
  E-Mail: vsb-bestellservice@westermann.de
- Onlineshop auf der ARL-Homepage:
  www.ARL-net.de (Rubrik "Bücher")